新小売進化論

企業戦略のスパイラル循環

原田 保／木村 剛
Tamotsu Harada　Tsuyoshi Kimura

大学教育出版

はしがき

　昨今、世界の小売企業を取り巻く経営戦略の環境は、急速なグローバル化の進展やアジアの市場としての成熟によって多大な影響を受けている。このような状況下では、我が国の小売業においても、従来型のクローズド指向の日本型のローカル経営から、よりオープン指向の英語圏的なグローバル経営への転換が強力に要請されている。我が国の小売業に最も必要とされている現状の課題は、真に顧客に支持される企業への転換と、いかなる環境にも自在に、かつスピーディに適応が可能なパワフルな企業への急速な転換である。そこで、このような問題意識に立脚して、小売業の未来により大きな可能性を期待すべく1998年に『小売進化論』を上梓した。

　現在から十数年ほど以前の1988年頃から我が国の小売企業における戦略を振り返るならば、以下のようなことを想起することができる。1980年代の後半には、小売企業はまさに新産業資本として1つの頂点を迎え、我が国の経済社会に対しても、基幹産業の1つとして多大な貢献を果たすまでになった。そして、とりわけ大手小売資本においては、こぞって生活情報産業を指向することによって、国家的な課題でもあった経済のソフト化やサービス化に向けた牽引車的な役割を担っていた。しかしながら、1990年代初頭のバブルの崩壊によって、これらの戦略も根本的な転換を余儀なくされた。そして、その後には本業回帰の戦略としてのリストラクチャリングや単なるローコスト策に終始してしまったリエンジニアリング、そしてシステムの変更をほとんど伴っていないリマーケティング、と本来ではまったく望むべくもない不本意な対応が強いられてきた。

　このような状況下で、世界においては経済・社会のパラダイムは産業の時代から情報の時代へと急速に転換し、まさにデジタルエコノミーともいうべき新たな時代が登場している。すなわち、産業の時代における時間や空間の持つ制約を、いともたやすく乗り越えられるバーチャルフロンティアの誕生により、企業戦略

のパラダイムについても、従来とは異なるものへの再構築が要請されるのである。そして、小売企業においても、来るべきマルチメディア企業社会に生き残りを賭けた、まさに従来型の戦略パラダイムからの根本的な脱却が期待されている。具体的には、たとえば、デジタル流通戦略ともいうべき先進情報システムの活用によるマルチメディア経営の展開などである。こうなると、従来のマスマーケティングからパーソナルマーケティングへというマーケティング戦略の根本的な転換が、そして、このマーケティング戦略の転換を構造的に支えるためには、サプライチェーンとして確立しつつある既存の流通システムのカスタマーサポートシステムへのダイナミックな転換が急務の課題になる。

このような状況下で、今や小売企業の期待されるべき新たな戦略としては、いわゆる攻めの経営が不可欠な条件になっている。そこで、本著では、このような問題意識に立脚して、小売企業における戦略展開の方法論として戦略のスパイラル循環という仮説を構築し、この仮説に基づく小売企業の次世代戦略の基本方向についての提示を行うことにした。この小売企業戦略におけるスパイラル循環は、リストラクチャリング（成長戦略）、リエンジニアリング（効率化戦略）、リマーケティング（差別化戦略）、リインベンティング（再生化戦略）、という4つの戦略が順次時系列にスパイラル的な展開をすることで、より高次の戦略段階へと高まっていく戦略形態である。これからの小売企業の発展に向けては、このような連続的なスパイラル循環を戦略的に活用することで、まさに次世代型のパワーリテイラーへ向けた進化が確実なものになる。

なお、21世紀初頭の現在は、まさにこのスパイラル循環のリインベンティングのステージからリストラクチャリングのステージに、ちょうど一歩を踏み込んだ段階に遭遇している。このような状況下では、小売企業における基本戦略の構築には、実務に精通しながらも、古い概念にまったく縛られない若い優れた経営者に委ねることが望まれる。なぜならば、この段階で展開される攻めの経営に必要な戦略の構築は、いわゆるグローバル、かつベンチャー的戦略領域なのであり、それゆえ、けっして評論に終始しがちなコンサルタントや文献研究のみに依存しがちな研究者が行えるような戦略領域ではないからである。すなわち、ここでいう攻めの経営戦略とは、高度な実務家が品格のあるビジョンに基づいて実体的に

策定するものなのである。

　このような見解から、小売企業の戦略現場から理由あって立ち去った著者としては、小売企業の若い経営者が、これからの小売業の未来を賭けた企業戦略の将来構想の構築へ向けて、積極的なそして主体的な取り組みに果敢に挑戦することを期待するのである。かって、著者は30歳代の後半に、ある著書で小売企業における役員は40歳代でなければならないと論述したことがあるのだが、今でも、その思いは依然としてまったく変わっていない。世の中の変化を素直に捉えて行うべきことを雑音に煩わされずに行える年齢制限は、残念ながらいつの時代においても40歳代までなのである。

　是非、40歳代前半の有能な経営者には、50歳代以上の先輩経営者が引退できるように、自らが企業の経営を主体的に担うべく気概を持つことを期待する。かって、人生は50年といわれたのだが、デジタル時代の本格的な到来により、現在では、ドッグイヤーが喧伝されるように企業人生は50歳までと考える時代に突入している。著者は、自身としてはまったく幸運にも40歳代前半で役員になり、そして50歳になる直前には企業の現場から撤退できたことは自ら主張してきた初心を貫けたことでもあり、その意味では、企業に対してはたいへん感謝しており、また大いに満足している。

　なお、本書で論述した小売企業における4つの戦略ステージの中で、リインベンティングのステージまでの戦略についてはある程度言及できたのだが、これから到来する次世代のリストラクチャリングのステージにおける戦略については十分に言及できていない。しかしながら、前述したように、この領域については現役の若い経営者が自ら構築すべき領域と理解すべきなのである。もちろん、本書においても、それなりのヒントについては言及したつもりである。

　また、本著の全体をとおして読みとっていただきたい点は、これからの小売企業の経営戦略にとって科学的経営という視点が必要不可欠であり、当面は、とりわけ経営のシステム化が最大の課題である、ということである。しかしながら、ここで留意すべきは、このシステム経営は単にマストリダクションの観点からのみ展開されるのではなく、企業をこれからのアライアンス経営時代やスピード経営時代に適合させるべく価値創造の戦略として展開されるべきである、というこ

とである。その理由は、これからの小売企業の経営に要請されている最大の課題は、市場や組織に対しても完全にオープンで、かつパワフルな企業によって組織化されるネットワーク体によるコラボレーション経営の実現であるからである。

　なお、本著は、元来、かって著者が執筆した多数の著書や論文の中から、とりわけ小売企業の戦略に関係があり、かつ著者の唱える戦略のスパイラル循環に適合する論説にのみ限ってセレクトして再編集したものである。したがって、一部には少しばかり古い論説が収録されているのだが、本著を貫いている全体の論調については、著者は、現在においてさえ十分に有効である、との確信を持っている。なお、著者は、現在では大学において経営戦略論や経営管理論を担当しており、これからは、もはや戦略プランナーとして、直接小売企業とは正面から向き合うこともないと思い、本著の出版を思いたったわけである。その意味では、この『小売進化論』は著者の小売業におけるいわば卒業論文ともいうべきものであり、また、一方では小売時代における墓碑銘でもある。

　しかし、昨今、年を重ねるに伴い、『小売進化論』には時代にふさわしくない論説もあるように感じたこともあり、このたび4本の論説を入れかえたことも含め、これを装いも新たに『新 小売進化論』として出版することにした。

　その際に、新しい感性や視点を取り入れるべく、若い友人である木村剛に一部協力をお願いした。また、本書を出版することができたのは、ひとえに株式会社大学教育出版取締役出版部長の佐藤守氏の熱心なご協力の賜物であることをここに記し、著者からの謝意にかえることとする。

2003年7月1日

　　　　　　　　　　　　　　　　　　　　　　　　　　　　原田　保

新小売進化論
―― 企業戦略のスパイラル循環 ――
目　次

はしがき ……………………………………………………………………… i

■序　章■　「小売進化論」序説 ……………………………………………… 1
　　　1．競争戦略の段階的発展　　1
　　　2．小売企業の未来展望　　4
　　　3．小売企業戦略のスパイラル循環　　6
　　　4．スパイラル循環における戦略ポジション　　9

第1部　戦略的ビジョン経営──「リストラクチャリング」

■第1章■　百貨店の構造課題と対応シナリオ ……………………………… 16
　　　1．日本の百貨店の持つ問題点と課題　　16
　　　2．日本の百貨店の持つ組織病理　　17
　　　3．病理の克服へ向けた組織革新のアプローチ軸　　24
　　　4．戦略発想としての柔らかい組織術　　28

■第2章■　百貨店型のチェーンオペレーションシステム ………………… 41
　　　1．百貨店型チェーンオペレーションの前提　　41
　　　2．組織モデルとしてのモジュールネットワーク　　44
　　　3．モジュールネットワークを支えるディベロッパー　　48
　　　4．21世紀へ向けたイノベーターへの期待　　52

■第3章■　生活情報産業のグローバルネットワーク形成 ………………… 54
　　　1．生活情報産業における国際化の持つ意義　　54
　　　2．流通産業の国際化へ向けた基本的考え方　　54
　　　3．今後期待されるグローバル流通業の基本概念　　59
　　　4．開発輸入の強化・拡大の基本方向　　61

5．グローバル活動の段階的展開　63
　　　6．統合化を指向するグローバル化戦略　64

■第4章■　生活情報産業のマーケティング＆マネジメント……………65
　　　1．新しいステージに突入したリストラクチャリング　65
　　　2．生活者マーケティングのリーダーを指向する百貨店　66
　　　3．複合事業拠点化を指向する百貨店店舗事業　69
　　　4．フレキシブルマネジメント体質への転換　72

第2部　科学的システム経営──「リエンジニアリング」

■第1章■　統合型チェーンシステムによるリエンジニアリング…………78
　　　1．リエンジニアリングの流通への活用　78
　　　2．リエンジニアリング発想によるチェーンオペレーション　79
　　　3．納品物流のビジネスロジスティクス展開　83
　　　4．配送物流の有料化への戦略的対応　90
　　　5．ロジスティクス世紀の本格的到来　96

■第2章■　SCMが小売業にもたらすインパクト　……………………97
　　　1．SCMとは何かを考える　97
　　　2．デルコンピュータのケース　99
　　　3．SCMがもたらすメリット　102
　　　4．SCMが小売業界に与えるインパクト　103

■第3章■　QRの戦略展開による流通革新……………………………105
　　　1．QRの展開による流通システム改革　105
　　　2．QRによる百貨店MDCシステム改革　106

3．流通システムの改革へ向けたQRの課題　*108*
　　4．百貨店の近代化に向けたQRへの取り組み　*109*
　　5．流通EDI確立へのQRとECRの統合・進化　*111*

■第4章■　百貨店のハンガー共同納品代行システム　…………*114*
　　1．ハンガー共同納品代行システムのメリット　*114*
　　2．ハンガー共同納品代行システムによるBPR　*115*
　　3．ハンガー共同納品代行システムの基本特性　*116*
　　4．ハンガー共同納品代行システムのコスト改善　*120*
　　5．納代業者共同センターの基本機能　*123*
　　6．ハンガー共同納品代行システムによる業務改革　*125*

第3部　生活者中心主義経営──「リマーケティング」

■第1章■　小売業におけるブランド戦略　………………………*130*
　　1．ブランド概念の拡張　*130*
　　2．ブランドエクイティの構成要素　*131*
　　3．ブランド創造型小売業　*132*
　　4．小売業におけるブランド構築の方向性　*139*

■第2章■　小売業のエンタテインメント戦略　…………………*141*
　　1．エンタテインメントビジネスの伸張　*141*
　　2．市場の成熟化とエンタテインメント　*143*
　　3．エンタテインメントの創造　*144*
　　4．エンタテインメントを軸とした小売戦略　*145*
　　5．エンタテインメントの構成要素　*149*

■第3章■ 価格革命時代の流通システム戦略 ……………………………… *152*
    1．小売流通システムに要請される課題　*152*
    2．価格破壊への戦略的対応方向　*152*
    3．小売を軸にした小売ECRの仮説　*154*
    4．米国におけるECRの先進形態　*156*
    5．協創的競争による流通革新への展望　*159*

■第4章■ ニーズ多様化時代の消費パラダイム …………………………… *161*
    1．ハイティーン消費に顕著な微差異化現象　*161*
    2．定着しつつある高質化商品の購買行動　*163*
    3．高まりつつあるオブジェ化商品の購買行動　*164*
    4．拡大基調によるツール化商品の購買行動　*165*
    5．一物多価時代の本格的到来　*167*

第4部　顧客リテンション経営──「リインベンティング」

■第1章■ 流通CALSによる流通システム革新 …………………………… *170*
    1．流通システムの再構築へ向けた課題形成　*170*
    2．流通CALSの基本的な考え方　*172*
    3．流通CALSのビジネスシステム　*174*
    4．EUC指向の分散統合型システム　*176*
    5．流通システム化へ向けた課題　*178*

■第2章■ CRMによる顧客との関係性強化 ……………………………… *180*
    1．CRMとは何かを考える　*180*
    2．CRMによる顧客との関係性強化　*181*
    3．顧客との関係性を維持する方法　*184*

4．最高度の顧客満足がもたらすもの　　185
　　5．CRM戦略の展開と課題　　186
　　6．小売業におけるCRMの活用　　189
　　7．CRMを超えて　　189

■第3章■　顧客データベースとPOSの戦略活用 ………… 191
　　1．システム化の推進による百貨店改革　　191
　　2．エンタプライズサーバーとデータベースの導入　　192
　　3．パートナーシップによるデータベース開発　　194
　　4．小売戦略の転換に向けた次世代POSの役割　　196
　　5．次世代POSシステムの導入基本計画　　198
　　6．次世代POSのデータベースマーケティング活用　　202

■第4章■　小売業のマルチメディアマーケティング ………… 205
　　1．デジタル流通革命へのパラダイム転換　　205
　　2．マルチメディアマーケティングの重点ターゲット　　207
　　3．マルチメディアマーケティングの店舗戦略　　209
　　4．マルチメディアマーケティングのコミュニケーション　　211
　　5．マルチメディアマーケティングによる競争優位　　213

主な参考文献 ………………………………………………… 214
初出稿リスト ………………………………………………… 216
索　引 ………………………………………………………… 217

新 小売進化論
―― 企業戦略のスパイラル循環 ――

■ 序　　章 ■

「小売進化論」序説

１．競争戦略の段階的発展

　我が国における小売企業の競争戦略の展開は、産業進化的にみるならば地域軸と経営軸の２軸で捉えた段階的な発展論として表せる（図表-序-1）。言い換えれば、前者の地域軸は競争形態であり、後者の経営軸は競争主体ということである。したがって、前者の地域軸における発展は小売企業の競争形態における進化プロセスで、後者の経営軸における発展は小売企業の競争主体における進化プロセス

図表-序-1　　小売企業における競争戦略の段階的発展

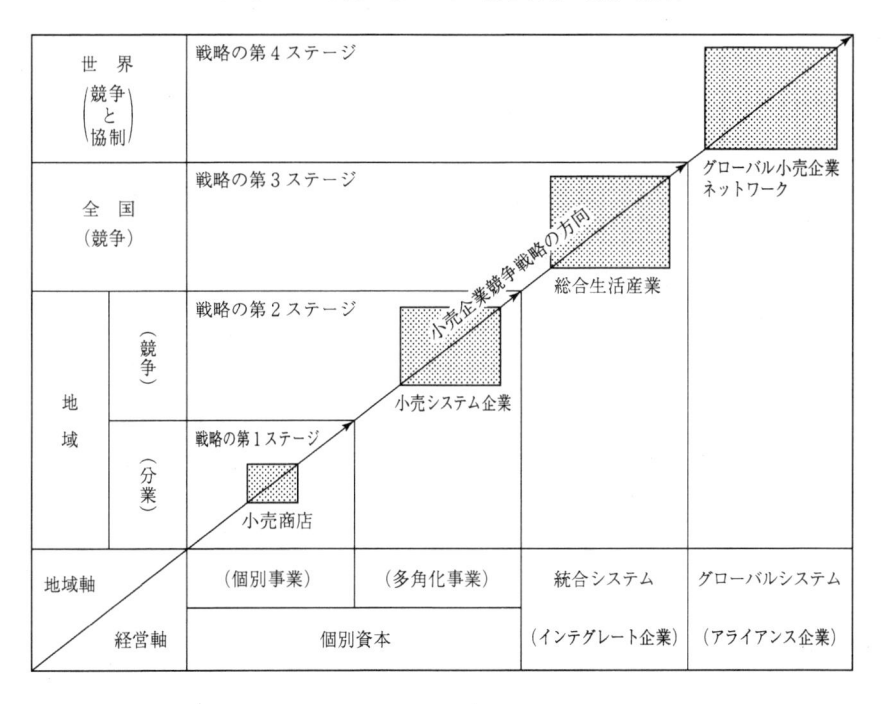

地域軸 ＼ 経営軸	(個別事業)	(多角化事業)	統合システム	グローバルシステム
世界（競争と協調）				戦略の第4ステージ／グローバル小売企業ネットワーク
全国（競争）	戦略の第3ステージ		総合生活産業	
地域（競争）	戦略の第2ステージ	小売システム企業		
地域（分業）	戦略の第1ステージ／小売商店			
	個別資本		(インテグレート企業)	(アライアンス企業)

（小売企業競争戦略の方向）

ということになる。

　そこで、まず、最初に、地域軸における競争形態の進化プロセスの概要についての要約を行うことにする。この進化プロセスについては、4つのステージによる発展段階として捉えることができる。すなわち、第1ステージは地域間の分業段階、第2ステージは地域間の競争段階、第3ステージは全国型での競争段階、第4ステージがグローバル型での競争段階、という発展段階として規定できる。次に、経営軸における競争形態の進化プロセスであるが、これについては、以下の4つのステージによる発展段階として捉えることができる。すなわち、第1ステージは個別事業の経営段階、第2ステージは多角化事業の経営段階、第3ステージがインテグレート事業の経営段階、第4ステージがアライアンス事業の経営段階、という発展段階である。そして、それぞれの地域軸の各発展段階には、おおむね経営軸の各発展段階が対応している。

　すなわち、地域軸における第1ステージの地域間の分業の段階には個別事業の経営段階が、第2ステージの地域間の競争段階には多角化事業の経営段階が、第3ステージの全国型の競争段階にはインテグレート事業の経営段階が、第4ステージのグローバル型の競争段階にはアライアンス事業の経営段階が、というような対応である。そして、各発展段階においては、それぞれに特徴的な小売企業像が現出することになる。具体的には、第1ステージにおける小売企業像は生業としての商店が、第2ステージの小売企業像では小売システム企業が、第3ステージの小売企業像では総合生活産業が、第4ステージの小売企業像ではグローバル企業ネットワークが、それぞれ現出することになる。

　第1ステージにおいては、理論的には地域間で分業を行うのだから、原則的には、無競争の状態、あるいは独占的な競争状態を意味している。この段階のイメージとは、今も細々と残っている近所のやおやとかさかなやなどの小規模な専業店が1つのクローズドな地域にワンセットで存在しているような形態である。この段階においては、小規模ではあるのだが、専業店はクローズドな地域の市場を独占的に支配している。また、この段階における経営軸の発展段階は未だ個別事業経営の段階であり、これは、すなわち、特定の業種で単店による経営を成功させ、その後少しずつ多店舗化へ向かう段階である。

第2ステージにおいては、一般的にはチェーンオペレーション手法を採用した広域の競争が展開されることになり、このことによって、競争のスコープとしての地域は従来以上に拡大する傾向を強めるのである。また、この段階における競争形態では、とりわけ個店による競争からショッピングセンターや商店街といった、いわゆる面の競争構造が特徴になっている。このように、各地域ごとに、地域事業としての事業の多角化と多拠点化が段階的に進展する。こうして、科学的な管理手法を採用する地域を代表する小売企業資本が形成されてくる。

　第3ステージにおいては、全国を競争戦略の舞台とした全国資本どうしの多拠点・多事業による寡占化へ向けた熾烈な競争に突入する。この段階では、小売資本という狭い枠を超えた、いわばウォルマートの製販同盟に代表されるような小売とメーカーとのコラボレーション志向の企業間関係も新たに模索されはじめている。したがって、この段階における競争戦略とは、小売やメーカーという個別業種間の競争ではなく、メーカー、卸、小売の3者のいずれかがリーダーシップを発揮する流通システム全体を貫くシステム間における競争である。こうして、既存のサプライチェーン発想に立脚したチャネル政策の根本的な再構築が要請されるのである。そして、既存の流通システムの抜本的な再構築と、プロダクトパイプラインのカスタマーサポートシステムへの転換が強力に要請されてくる。すなわち、従来型の闇雲にプロダクトパイプラインとしての規模の生産性を追求する活用方法から、生活者として個的な存在である消費者へのサポート機能としての活用方法へ、という転換へ向けた検討が期待されてくる。

　そして、このような状況下で、いよいよ我が国の小売企業も第4ステージのグローバルな小売企業のネットワークの構築段階を迎えている。言い換えれば、今後の小売企業における競争戦略は、いかにすばやくグローバルスタンダード経営を確立できるかによっている。その意味では、競争と協創を同時に追求するためのオープンな経営体質の獲得やバーチャルコーポレーションのマネジメントこそが、これからの急務の課題になっている。

2．小売企業の未来展望

　このように第4ステージに突入すると、我が国の小売企業は新たな競争戦略のフェーズを迎える。すなわち、これからは、個別企業の戦略を超えて、いかにグローバルな社会システムとして流通システムのイノベーションを行うか、という観点がとりわけ大切になる。また、昨今では、インターネットの華々しい登場によって、まさにデジタルエコノミーが本格的に現出しており、このようなサイバー世紀ともいえる状況下では、これからの小売企業の戦略に対しては、まさに企業の存亡を賭けた戦略パラダイムの転換が強く要請されるのである。具体的には、プロシューマー時代の到来に基づいた新たなマーケティング戦略の構築と、これを可能にする先進的な情報システムの整備があげることができる。

　そこで、ここでは、以上の問題意識に立脚して、これからの流通システムの展望についての論述を行う。昨今、とりわけ注目を浴びているパーソナルマーケティングの華々しい登場の真の意味は、実は、カスタマーレディ発想による流通システムの抜本的再構築の段階的な実現なのである。この流通システムの段階的な変化は、まず、第1段階のシステムとしては、インターネットによってもたらさ

図表-序-2　インタラクティブダイレクトシステムの概念

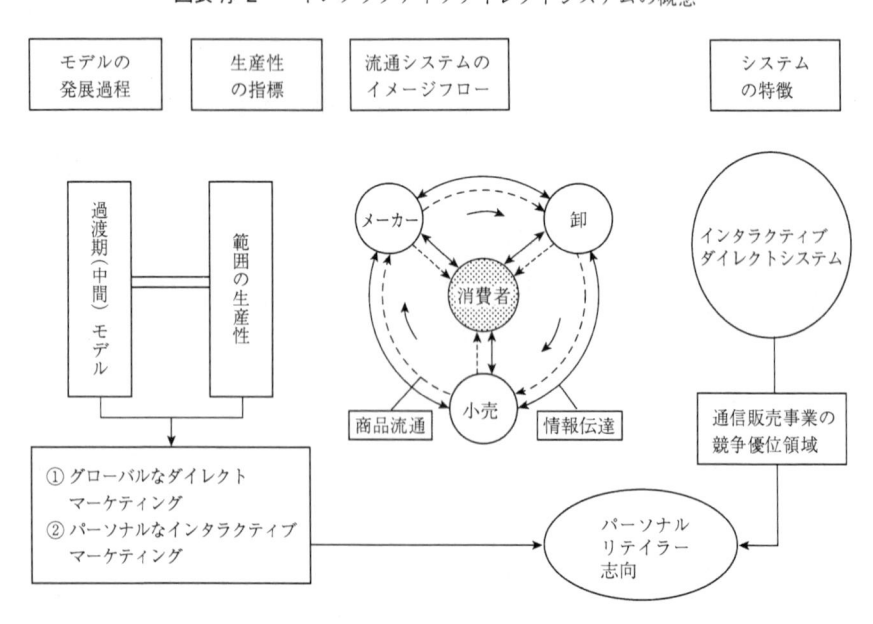

れたダイレクトでインタラクティブなネットワークシステムを登場させている。このネットワークシステムの特徴は、商品の流通と情報の流通が従来のサプライチェーンのそれらとまったく異なることである（図表-序-2）。すなわち、商品流通や情報伝達の双方が、共に、消費者を中心にした円環状に配置されているシステム形態なのである。このネットワーク型のシステムにおいては、商品流通は、消費者に対して従来からの小売のみならず、メーカーや卸からも、それぞれ自在にダイレクトな商品やサービスの提供が行える。そして、これによって、サプライチェーンからデマンドチェーンへのパラダイム転換が実現することになる。また、一方の情報伝達においても、先進的な情報ネットワークを活用することで、消費者と小売間、消費者と卸間、消費者とメーカー間、さらにはメーカー、卸、小売の3者間においてさえ、互いにインタラクティブなアクセスが可能になる。

　そして、このシステムが第2段階へと進化していくと、いよいよネットワークの生産性を追求することになる。この段階においては、既存の流通システムは完全に解体して、よりオン・デマンドなエージェントシステムなどが構築されてくる。そして、もしもエージェント機能を効果的に活用するならば、いよいよ商品流通と情報流通をそれぞれ独立したシステムとして運用できる、いわゆるネットワーク型システムが実現する。また、このエージェントシステムを戦略的に活用することによって、いよいよエージェントビジネスというバーチャルフロンティアの開発が本格的に行われる。

　そして、最終的には、第3段階のシステムとしてのプロシューマーネットワークともいうべき画期的なシステムへと進化していく。この段階においては、先進的な情報技術の発展と広範な情報リテラシィの展開によって、商品やサービスの提供者たるプロバイダーと商品やサービスの受容者としてのユーザーが、それぞれエージェント機能を内在化させている。そして、いよいよ、かってアルビン・トフラーが提言したプロシューマーの世界に踏み込むことになる。言い換えれば、誰もがユーザーであり、同時にプロバイダーになるのである。もちろん、この段階では、ユーザーとプロバイダーとの自由な役割の交代や両者のシンクロナイゼーションも可能になる。

　こうして、生活者は、流通システムの段階的な進化に伴って、生活局面ごとの

個別ニーズへの自在な選択を行えることになる。このプロセスを通じて、伝統的な流通革命論に準拠した伝統的な流通システムとしてのサプライチェーンは、次第に次世代流通システムとしてのエージェントシステムへと進化する。

3．小売企業戦略のスパイラル循環

　以上、小売企業における戦略概念の発展過程を概観したのだが、個別企業の実際の戦略展開についても、一定の時系列的な発展法則が存在しているようである。すなわち、企業戦略はそもそも時代の要請によって大きく転換するのだが、経済の循環サイクルとの関係もあってか、一定程度のサイクルを描いたスパイラル的な循環による進化を行っている。具体的には、このスパイラル循環とは、以下に論述する4つのステージからなる循環サイクルによる戦略の発展過程なのである。

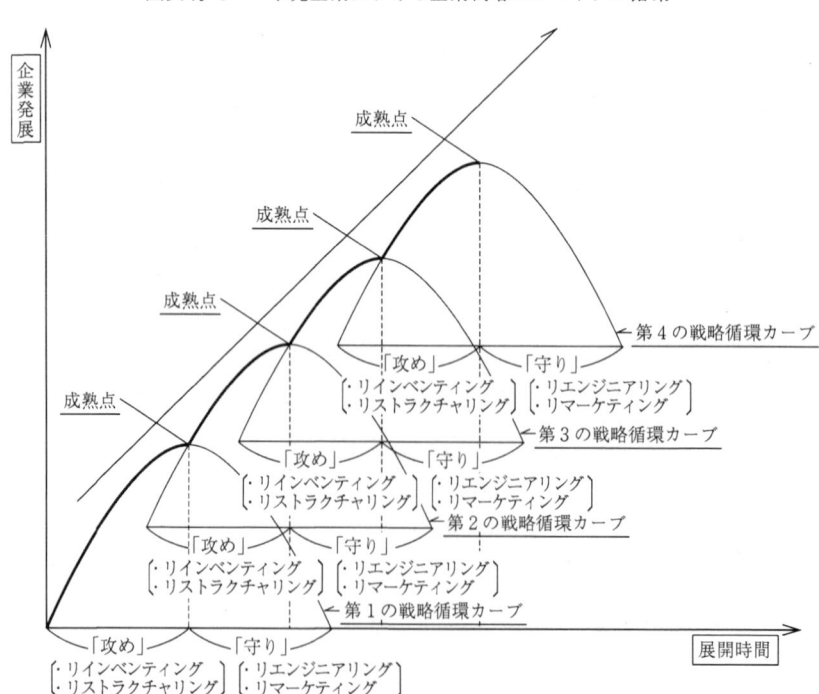

図表-序-3　小売企業における企業戦略のスパイラル循環

すなわち、実体的には、第1ステージがリストラクチャリング、第2ステージがリエンジニアリング、第3ステージがリマーケティング、第4ステージがリインベンティングなのである。そこで、この企業戦略における循環サイクルをバブル期以降の経済と個別企業の戦略と関連づけパワーリテイルへの進化過程として論述を行っていく（図表-序-3）。

　第1のリストラクチャリングのステージでは、我が国の経済における高度成長期に対応すべく、バブルの頂点にいたるまでの小売企業の産業化を指向して、面と線の双方における急速な拡大路線の徹底した追求が行われた。具体的には、規模の経済における生産性を追求するためには多店舗展開を、範囲の経済の生産性を追求するためには多角化戦略を、というような2つの戦略の同時展開が行われていた。そして、この戦略の延長線上には、すでに顕著になっていたグローバル化への対応戦略も位置づけられていたのである。このような段階に求められるべき経営戦略とはグループ経営であり、これによるシナジー効果を実現すべきソフトコネクション指向の経営形が指向されていた。この段階では、とりわけ大手量販店資本を中心にして多くの小売企業が総合生活産業化を志向した。そして、このような戦略展開から、現在のダイエーグループ、イオングループ、かつてのマイカルグループ、セゾングループなどの総合生活産業ともいうべき新産業資本が誕生した。もちろん、現状においては、この段階の戦略が、バブルの崩壊もありかなりの部分が裏目に出てしまい、経営への多大な負の資産になっているが、しかし、マクロ的な戦略の発展過程から捉えれば、このような膨張過程も避けて通れない歴史の必然であった、とも考えられる。

　第2のリエンジニアリングのステージでは、バブルの崩壊に伴ういわば後始末的な戦略対応であって、我が国ではもっぱら贅肉落としの戦略として活用されたリストラクチャリングと共に、前向きな業務プロセスの根本的な改革を目指すという戦略指向の対応とはならなかった。しかしながら、この段階で、ある種の科学的経営の小売業への積極的な導入が模索されて、結果として、ある程度の業務の標準化や経費の削減も実現できたのである。その意味で、リエンジニアリングの成果は、我が国の小売企業にとって、それなりの意味のあるものになったのである。そして、同時に、この段階においては、量販店とか百貨店とか専門店とか

いう業種・業態論などより、むしろ、チェーン経営を展開している企業なのか、そうでない企業なのかというようなシステム論を、より重視するオペレーション面のイノベーションを指向する傾向が強くなった。だからこそ、我が国の小売企業は、この段階を経ることによって、企業間の連携やグローバル視点での標準的なシステム経営のインフラを整備することができたのである。その意味では、リエンジニアリングを経ることで、我が国の小売業はグローバルに通用するパワーリテイルとしての経営基盤を形成した、ともいえる。

　第3のリマーケティングのステージでは、経営戦略のターゲットを離れていった顧客に再び向けようとした。リエンジニアリングのステージでは企業の内側に対してのみ目が向けられたため、多くの企業では市場への対応力が幾分脆弱になってしまった。このような状況下で、規制緩和の方向が打ち出されたことや、またアジア地域の成長に世界の目が向けられたことなどによって、我が国の小売企業の競争環境もより一層厳しい状況になっていた。この段階になると、いよいよ攻めの経営を指向すべく、今度は利益指向型の成長戦略を実現すべく新たな経営手法の開発を指向する展開が強く要請されてきた。具体的には、たとえば、郊外立地のSC開発、価格破壊への構造的対応へ向けた差別化指向の商品政策への転換、そして、攻めの経営をシステムとして展開するためのコーポレートカルチャーまで含んだ組織革新などが、各社において次第に展開されていった。

　そして、第4のリインベンティングのステージでは、企業再成に向けたビジョンの再構築と、これを支える経営システムの確立が行われることになった。たとえば、顧客指向の経営と科学的な経営を同時に実現する経営システムとして、百貨店業界においては、百貨店型のチェーンオペレーションシステムなども本格的に展開されてきた。そのためには、これをサポートすべく先進的な情報システムが投入される経営のデジタル化も大いに進展した。

　また、本来は第4ステージのリインベンティングを、これに続く次の循環サイクルの第1ステージのリストラクチャリングに早期にスイッチするには、最初の循環サイクルの第3ステージのリマーケティングと次の循環サイクルの第1ステージのリストラクチャリングとが期間的に重なるような展用が望ましいわけである。すなわち、最初の循環サイクルのカーブが守りの経営による下降局面に入る

前に、次の経営循環のカーブに戦略的にスイッチさせることが大切なのである。その意味では、リストラクチャリング、リエンジニアリング、リマーケティング、リインベンティングという循環サイクルを可能なかぎりアジルに、そして、スパイラル的に好循環させる戦略構築のシステム化が必要とされる。

なお、本書においては、第1ステージをリストラクチャリング、第2ステージをリエンジニアリング、第3ステージをリマーケティング、第4ステージをリインベンティングと位置づけた。しかしながら、戦略循環の概念設定としては、リインベンティングを第1ステージにしたサイクルの設定が本来的なものである、と考えられる。

4．スパイラル循環における各戦略ポジション
(1) 戦略的ビジョン経営へ向けたリストラクチャリング

第1部に所収してある論説は、すべてバブル崩壊前の経済の拡大成長期に上梓されたものだが、現在においてもいささかもその価値が減じていない、と確信している。それらは、具体的には、第1章の「百貨店の構造課題と対応シナリオ」、第2章の「百貨店型のチェーンオペレーション」、第3章の「生活情報産業のグローバルネットワーク形成」、第4章の「生活情報産業のマーケティング＆マネジメント」、という4編の論説である。

これらの論説が言及している1987年から1990年ぐらいまでの期間は、実はちょうどバブルの頂点を控えた成長戦略の最盛期にあたっている。その当時、一介の小売業が我が国を支える新産業資本として大いに成長し、各流通資本においても、脱小売資本を目指すべく総合生活産業の実現を模索していた最中にあった。そのような状況下で、著者が勤務していた西武百貨店では、脱西武、脱小売、脱池袋を標榜した果敢な挑戦を行っていた時代でもあった。

ところが、バブルが崩壊するや、このバブル期の拡大戦略と多角化戦略は一夜にして企業存続を危うくする犯罪的なものとして弾劾された。しかしながら、時の流れに従い、現在では再び、著者の主張する成長戦略としてのリストラクチャリング、効率化戦略としてのリエンジニアリング、差別化戦略としてのリマーケ

ティング、再生化戦略としてのリインベンティングという戦略のスパイラル的循環をめぐり、新たな飛躍への前向きなリストラクチャリングが期待されるステージを迎えている（図表-序-4）。

　このような状況下で、小売業は生活者優位の時代のサポート機能として、再び総合生活産業としてのサービス産業資本の形成に挑戦すべきであり、そのためには、新規事業の積極的な開発と、これをネットワークするソフトコネクションが不可欠なのである。また、とりわけグローバル化への戦略的対応やサービス化の進展に伴う情報商品の開発要請、さらにはニーズの個別化に伴うパーソナルなリレーションシップなどが急務の課題になっている。このような状況下で、今こそ前回のバブルの轍を踏むことなく、また、昨今では戦略課題でもあるコーポレートガバナンスやカスタマーレスポンスへの対応を積極果敢な攻めの経営戦略として構築することが要請されている。

図表-序-4　　スパイラル循環における戦略の位置

```
                    テクノロジー指向
        ┌─────────────────┬─────────────────┐
        │ Ⅰ ―ドメイン革新―  ―プロセス革新― Ⅱ │
        │ リストラクチャリング   リエンジニアリン  │
        │ （戦略的ビジョン経営） （科学的システム経営）│
        │                                     │
攻めの経営                （渦巻き）            守りの経営
        │                                     │
        │ リインベンティング     リマーケティング    │
        │ （顧客リテンション経営）（生活者中心主義経営）│
        │ Ⅳ ―ビジョン革新―  ―マーケット革新― Ⅲ │
        └─────────────────┴─────────────────┘
                     アセット指向
```

(2) 科学的システム経営に向けたリエンジニアリング

　第2部に所収してある論説は、主に百貨店においても本格的に物流が課題になりつつあった時期に上梓され、現在になってようやく実務的な展開が本格化している戦略についてである。したがって、未だに百貨店における科学的経営へ向けた戦略的な対応は完成の域には達してはいない。それらは、具体的には、第1章の「統合チェーンシステムによるリエンジニアリング」、第2章の「SCMが小売業界にもたらすインパクト」、第3章の「QRの戦略展開による流通革新」、第4章の「百貨店のハンガー共同納品代行システム」、という4編の論説である。

　バブルの崩壊後、コスト削減を直接的な目的にした多角化事業からの撤退や、新人事制度の導入による人件費のカットなど、いわゆる守りの経営のためのリストラクチャリングが一巡した後に、科学的な経営を標榜したシステム化を追求する一連のリエンジニアリングが各企業における戦略の中心課題になった。このような状況下で、百貨店型においてもシステム化の方法論が真剣に模索され、この結果チェーンオペレーション発想による店舗経営と商品計画が推進され始めた。

　そして、マーチャンダイジング戦略の視点から、とりわけ物流の後進性が問題視され、物流のリエンジニアリングをロジスティクス化の観点から追求することになった。とりわけ、納品物流については、システムクリエイトとプロフィットプロダクツの双方を追求する戦略課題として、きわめて重要である、と認識されるようになった。当然ながら、ここではアウトソーシングの戦略的展開や情報システムによるバックアップなどが不可欠な課題である。

　このような観点から、著者はビジネスロジスティクス化への取り組みを行うことによって、実際の百貨店における経営改革においても、物流費の大幅なローコスト（3年間で以前の5割を切る売比水準）を実現し、また物流改革を起点としてQRやECRによる取引活動のシステム化へと進化させたのである。このような物流エンジニアリングのディフュージョンによって、百貨店におけるリエンジニアリングによる科学的経営実現の可能性が生じることになった。

(3) 生活者中心主義経営へ向けたリマーケティング

　第3部に所収してある論説は、著者が戦略経営視点で継続的に発表してきた論

説を中心にして、新たな論説を加えることで再構成したものである。具体的には、第1章の「小売業におけるブランド戦略」、第2章の「小売業のエンタテインメント戦略」、第3章の「価格革命時代の流通システム戦略」、第4章の「ニーズ多様化時代の消費パラダイム論」、という4編の論説である。

ここで主張していることは、第1は小売業は生活者のための産業である、第2はそのためのマーケティングを実践するには組織戦略やシステム戦略が不可欠である、という2点である。現実の経営においては、ややもするとリストラクチャリングやリエンジニアリングが表面的な経営能力を見せかける方便に終始しやすいのに対し、このリマーケティングは市場創造を目的とせざるをえない、いわば顧客の支持力を表すバロメーターなのである。確かに、売上至上主義には問題が多いのだが、そうはいっても成長性の獲得は利益の捻出と同様に重要な経営課題なのである。

この短期的な利益の増大は、コストを削減することによって、すなわち社内の権力を完全に掌握すれば、すなわち、すばやい意思決定と強力な人事の支配を行うことで容易に実現可能なのである。しかしながら、一方、売上を安定的に確実に増大させることは、顧客からの信頼と支持がなければ実現できない。その意味では、今後は、より多くの顧客から圧倒的な支持を獲得すべく生活者指向の攻撃的マーケティングの展開が強く期待されてくる。すなわち、いまや、第3部で論述したように、顧客一人ひとりのニーズへの完全な対応が期待されるような時代が到来している。

このような状況下では、プロフィットプロダクツとカスタマーサティスファクションの同時実現と、第2部で論述した科学的なシステム経営と人間を軸にするヒューマンなコラボレーションの同時実現の、双方が大いに期待されてくる。

(4) 顧客リテンション経営へ向けたリインベンティング

第4部に所収してある論説は、著者の企業人としての最後の仕事であった情報システム部長時代に上梓されたものを中心に編集されている。これらの論説に基づいて開発された流通CALSの展開は、現在きわめて先進的で実際的なシステムとして社会的にも多大な評価を獲得している。なお、著者によって初めて提言さ

れ、そして、小売企業という器を借りて開発された流通CALSは、1996年には流通システム大賞（日刊工業新聞社主催）において日本商工会議所会頭賞、1997年には情報化月間（通商産業省主催）において通商産業大臣賞を連続して受賞した、まさにグローバルな次世代流通システムの先進コンセプトなのである。

したがって、ここでは、このような社会的にも多大な貢献を果たすことになったリインベンティングの観点から企業戦略の再成を可能にする流通CALSに関連する4編の論説を収録した。具体的には、第1章の「流通CALSによる流通システム革新」、第2章の「CRMによる顧客との関係性強化」、第3章の「顧客データベースとPOSの戦略活用」、第4章の「小売業のマルチメディアマーケティング」、という4編の論説である。

また、これら第4部の論説は、著者の主張する小売業の戦略発展論であるスパイラル循環論において、リストラクチャリングのステージ、リエンジニアリングのステージ、リマーケティングのステージ、リインベンティングのステージからなる戦略循環の第4ステージに関するものである。おりしも、今回取り組むべきリインベンティングに関するステージは、デジタル革命の嵐が吹き荒ぶ時代の転換期ということから、世界的にも情報化への装備に対する戦略的な投資と、デジタル化を軸にした企業文化の革新へ向けたビジョンの再生が、共に最大の関心領域になっている。

こうして、デジタル化への対応を流通CALSで展開することで、グローバルスタンダード経営、スピード経営、コアコンピタンス経営、コラボレーション経営、カスタマーレスポンス経営など、現時点におけるすべての経営戦略課題を一挙に解決することが可能になる。そして、流通CALSの導入によって、マーケティング戦略におけるパーソナルマーケティングの創出、流通システムのカスタマーサポートシステムへの進化を可能にするパラダイムの転換も実現する。

第1部

戦略的ビジョン経営
リストラクチャリング

Restructuring

- 第1章　百貨店の構造課題と対応シナリオ
- 第2章　百貨店型のチェーンオペレーションシステム
- 第3章　生活情報産業のグローバルネットワーク形成
- 第4章　生活情報産業のマーケティング&マネジメント

■ 第 1 章 ■
百貨店の構造課題と対応シナリオ

1．日本の百貨店の持つ問題点と課題

　百貨店を取り巻く経営環境は次第に厳しさを増しており、成熟期を迎えた百貨店にとっては先行きの不透明さが悩みの種になっている。すなわち、百貨店は他業態との多重的な競争関係の渦に巻き込まれ、まさに生き残りを賭けた危機にさらされている。だからこそ、百貨店業が本来持っている革新性や時代性のいち早い再生が強く期待されている。そこで、21世紀に再び百貨店が生活者マーケティング領域においてヘゲモニーを奪還することを願い、百貨店の復権へ向けた特にマーケティング力の復権を可能にする組織革新のニューパラダイムを提言することにした。

　百貨店は、大型小売業の中で最も歴史が古い業態であるのだが、残念ながら1970年以降の我が国においては、百貨店の時代は終わったといわれてすでに久しい状況である。現在では、小売業のリーディング業態は完全に量販店などに移っており、百貨店は他の業態の後塵を拝するような位置に甘んじている。しかしながら、百貨店の復権にまったく光明がないわけではない。その理由は、百貨店のビジネスライフサイクルが他の小売業態よりもはるかに長いからである（図表-1-1-1）。

　百貨店が誕生したずっと後に生まれた業態で、その後急成長してもうすでに下降局面に入ってしまった業態も実はたくさんある。それに比べ、百貨店業は時間をかけて育ってきたのだから、逆に復興プログラムの構築も十分な時間をかけて行える。また、ある意味で形式知は不十分なのだが、暗黙知についてはそれなりに蓄積しているというメリットも十分に活用できる。ただし、これは、逆にいうならば、衰退がなかなか本格的に自覚できないということにもなり、また、1つの戦略が他の問題に応用しづらいという経営戦略上の問題点であり、実は、これ

で安心してもいけないのである。

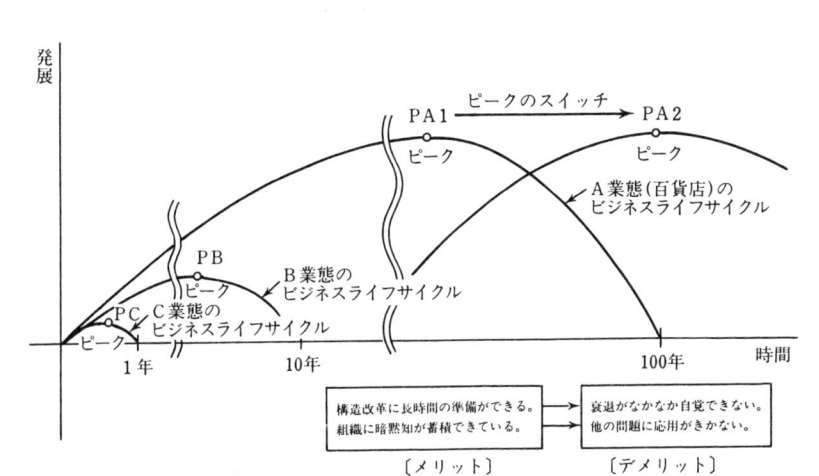

図表-1-1-1　百貨店のビジネスライフサイクルの特徴

2．日本の百貨店の持つ組織病理
(1) 百貨店に跋扈しているテリトリーの王様

　百貨店の組織における問題点としては、まず多数のテリトリーの王様が跋扈していることである。このテリトリーの王様病とは、とりわけラインの長である店長や事業部長などがかかりやすい病気なのである。すなわち、在任期間が長くなればなるほど、自分の仕事のやり方に強くこだわったり自分の仕事領域を守ろうとしたりする傾向が強まり、新しいことなどにはけっして挑戦しないとか本社の方針をまったく無視するようになる病気である。

　このようにテリトリーの王様は、自らの組織をいかに守るか、そして、自らの組織をいかに拡大し自分の地位を高めていくのかに腐心する。山にたとえていうならば、筑波山よりは箱根山、さらにそれより富士山のほうが望ましい、という考え方をとるのである。すなわち、自分が立つ位置をより上げることによって、自らが見渡せる裾野を拡げたいという上昇志向と領土に対する支配欲により、組

織運営が行われるのである。

　また、もう1つの問題点は、各企業におけるビジネスの単位やファンクションの単位が、個別の企業や業界が歴史的に形成してきた組織に呪縛されて、そこから容易に抜け出せないことである。すなわち、その企業なり業種を歴史的に支えてきた基本的な枠組みをまったく変更することなく、表層的な部分のみを組み換えるという、いわば四輪馬車のふさ飾り的レベルでの組織戦略に終始してきたのである。これが、これまで一流企業のゼネラルスタッフが行ってきた組織戦略であった。

　これからは、このような表層的な対応ではなく、各企業が歴史的に内在させている組織原単位の根本的な課題解決へ向けて、極限的な努力に基づいた抜本的な脱構築ともいうべき対応が要請されてくる。そういう意味では、まず、組織の長が、自ら組織の壁に呪縛されない自由で創造的な発想を持った組織計画を構築することが必要になる。すなわち、テリトリーの王様の組織的な殲滅を考えると同時に、テリトリーの王様自身に対して、自らのテリトリーを放棄する努力を強いることが必要なのである。つまり、企業に対しては一切の組織的な権限を委ねるべきというテリトリーの王様に対する大政奉還的発想で対応が強く求められるようになる。

　したがって、これからの組織戦略においては、スタッフ組織よりは、むしろ店長や事業部長に代表されるライン組織とそのマネジャーに重点をおいた組織革新を真剣に考えることが大切になる。

　百貨店にあっては店長は非常に偉い存在であって、それぞれ500人なり1,000人という多くの社員、取引先の応援社員まで含めると数千人、とりわけ大型店の場合では1万人近くの人間のトップとして君臨して膨大な権力を保持している。この権力者としての店長をテリトリーの王様から転換させることこそが、これからの百貨店の組織改革に不可欠な条件である。今や、すでに規模の時代は終焉しつつあり、産業界全体にとっては経営の質を問われる時代が到来している。そうなると、ますますきめ細かいサービスによるきめ細かい商売、すなわち、質をベースにしたマーケティングとマネジメントの実践が要請されてくる。そのためにも、テリトリーの王様病にとりわけかかりやすい店長や事業部長の行動規範を抜本的に変えていくこと、すなわち、従来の店長像を大きく変えることが必要になるわけであ

る。そのためには、店長に対する人事や店舗組織の抜本的組み替えが、これからの百貨店における経営の戦略的な重点課題としてクローズアップされてくる。

(2) 形式的・表面的な対応に終始する本社スタッフ

次の問題点は、本部官僚による組織の私物化である。これは、当然ながら、組織戦略は誰が立案すべきかという問題にも関連してくる。もともと組織戦略と経営課題との関係は、ある組織戦略を投入すればある経営課題が解決するという1対1の因果関係にはない場合が多い。経営課題と組織戦略を多重的にリンクさせ、どのように最大の効果を狙うかがプランナーとしての組織担当者の戦略課題なのである。このことは、ゼネラルスタッフである企画室やあるいは経営企画部で、本当に組織戦略が結果的に構築できるのかという問題でもある。すなわち、組織自体をどう変えるかという観点のみでは、実は、組織上の課題を解決することはできない。したがって、ゼネラルスタッフは勿論のこと、他の本社スタッフがスタッフ発想で次から次へと組織をいじるような組織改革を行っても、あまり効果は期待できないわけである。では、逆に、ラインが組織戦略のイニシアチブをとるべきかというと、これも全社的視点や戦略的発想という点では不十分であったり、マネジャーがテリトリーの王様病にかかったりして、これもなかなか難しい問題である。

現実には、ゼネラルスタッフ部門が事業の実権を握っているラインの責任者に対して力不足であったり、ラインの仕事への理解不足やラインに対する納得性の説得が未熟であったりするため、結果的には、両者が形式的に妥協しながら表面的な組織対応に終始するのである。ゼネラルスタッフ部門にとってみれば、ほとんど形式的にしか対応できないという無力感を感じるし、問題の本質を捉えたつっこんだ仕事を行おうなどという意識はまったく持ちにくい状態でもある。こういった閉塞状態から脱却するためにも、これからは組織戦略にかかわる仕事の革新が強く要請されてくる。

(3) 慢性的な成人病と化しつつある百貨店病

以上のように、本当に邪魔なテリトリーの王様や無能な本社官僚の存在があっ

て、現在では百貨店は百貨店の持つ固有の病気を含めて様々な病気に感染してしまっている。したがって、この病気を克服し治癒させることが急務であり、その上で百貨店の復興へ向けて前向きな対応を戦略構築視点に立って行うことが必要になる。

そこで、まず行うべき対応施策は以下の2点である。第1は、百貨店病を克服する過程で変化を創造する力を獲得することである。すなわち、マーケットという外部空間に対するポジティブなパワーのみならず、企業という内部空間に対して変化を仕掛けるための力をもう一度百貨店自身の手に取り戻すための行動を大切にすることである。

第2は、その上でただ単に変化を創造するのではなく変化のプロセスで何らかの新しい価値をつくり上げる、すなわち付加価値の誘発が可能になる変化の仕掛けを目指した組織マネジメントを展開することである。このような問題意識から、あらためて百貨店をみると、百貨店病ともいうべき業種固有の病気と大企業になったが故にかかってしまった後天的な病気である大企業病という2種類の病気が混然一体となって、まさに負のシナジー効果とでもいうべき状況に陥っている。そこで、順次表面に表れている症状の1つひとつを解きほぐして、それらの病気

図表-1-1-2　百貨店病の基本体系

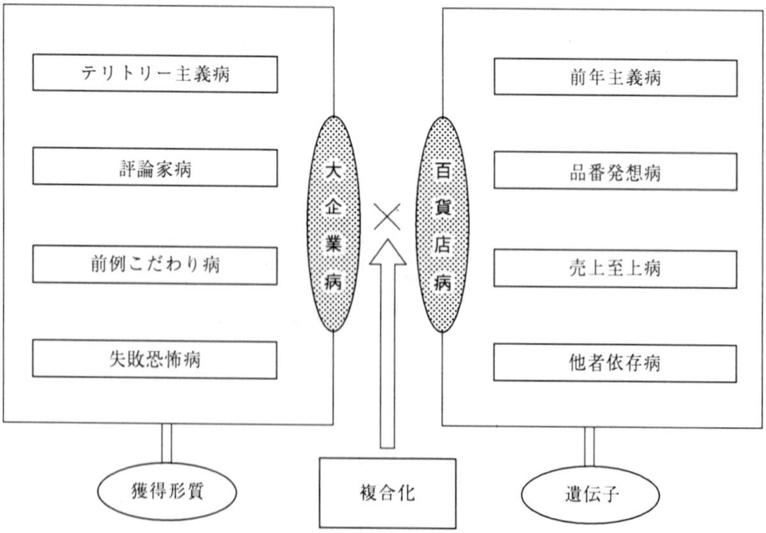

の根本原因を正確に把握することにする。
　百貨店のかかっている病気を一覧にすると、百貨店病が4つと大企業病が4つで、合計8つの病気に整理することができる（図表-1-1-2）。これらの病気にかかることで、百貨店は売上、利益が共に量販店に完全に凌駕されてしまい、同時に、得意分野である変化の演出や付加価値形成力の低下もきたした。さらには、戦略計画やマーケティングにかかわるプランニング能力も低下し、労働の質の低下とあいまってサービス力が低下するという百貨店にとっての致命傷ともいうべき状況にも陥ってしまった。
　これらの病気を、百貨店であることによって遺伝子レベルで先天的宿命的に組み込まれてしまった百貨店病と、大企業になったために後天的に獲得してしまった獲得形質としての大企業病に分別し、それぞれに対応策を考えることにした。

(4) 百貨店であるが故に宿命として持つ病気

　そこでまず、百貨店病としてあげた4つの病気から簡単に説明する。
　第1の前年主義病というのは、百貨店の予算は前年比何パーセントという前年比発想で行うことに起因する病気で、売上や利益が前年比100％以上いっていれば、「マル」はもらえなくても「バツ」はつかないということで、それ以上の努力は無理して行わない、低いところで目標に限界を設定してしまうことである。
　このような考え方を打破することが、今後の百貨店にとってはきわめて重要な課題であり、そういう意味では、バブルの崩壊とともにやってきた不況は千載一遇のチャンスとして捉えるべきものである。いかに頑張っても前年比95％とか97％しか到達できなければ、これまでの前年発想を抜本的に転換せざるをえない状態になる。
　これまでは、前年割れの売上高予算などはとても考えられなかったことであり、小売業においては、ともかく前年よりも少しでも売上を増やしていくことが前提条件なのであった。実際には、来年は前年比100％はとてもいかないとしても、竹槍精神も含めて予算上は何とか100％以上を設定して、結果が前年比99％とか98％ぐらいの実績が見込めるならば、後はコストでつじつまを合わせ利益で何とか予算をクリアさせようという、いわばややイージーゴーイングなつじつま合わせ的

な対応も行われていた。しかしながら、これだけ景気が悪化すると競争力のある企業においても、前年比97％ぐらいしか予算組みができない状況に立ちいたり、とりわけ競争力が弱い企業になると95％ぐらいに落として組まざるをえない状況である。しかしながら、このことは、むしろ今までの前年主義病という病気を治すためには千載一遇のチャンスが訪れたと理解すべきであり、もし前年比97％で売上予算を組まざるをえない状況なら、この病気を克服するために必要な風土の獲得と仕組みの構築は、逆により容易に実現できると考えられる。

　第2は品番発想病という病気である。これについては、企業ごとに呼称は少し違っていると思うが、一般的には店舗における最小の販売単位である品番ときわめて関係の深い病気である。

　歴史的に見ると、店舗の組織は随分変化しているようだが、実は、ずっと変わっていない組織の単位が2つあり、それらは店舗と品番なのである。すなわち、百貨店の組織にとって最も大切な組織単位である店舗と品番にはまったくメスを入れてこなかったのである。このことは商売の本質的な組み替えはまったく行っていなかったということであり、ここに今までの組織戦略の欠点が見いだせる。これからは、ただ単に既存の店舗や品番の括りを組み替えるということだけではなく、店舗や品番そのものを脱構築する戦略視点で組織を捉える必要が生じてくる。そして、これを商売が実際に分かっている人、すなわちマーケットを本当に理解している人が行うならば、その効果は絶大なものになるはずである。

　第3は売上至上病である。これはすべての商売の成果を日割りの売上で評価しようということから生じる病気である。このため、店頭での物販以外のビジネスの展開がその個々の本質を無視され店頭物販の枠組で規制されることになり、このことによって、店頭物販以外の事業に本格的な取り組みができなくなる。

　第4は他者依存病である。これまでは、百貨店は取引先にいわばおんぶにだっこ型で仕事を行ってきたことは否めない事実である。もちろん、このことには良いところもあったわけですべて悪いときめつけるわけにはいかない。しかしながら、取引先に頼りきってしまう企業姿勢そのものにはやはり大きな問題がある、と考えるべきである。すなわち、依存することの心地よさを身につけてしまったがために、本来、決して依存してはいけない領域にまで無意識的に依存してしまう体質

が、百貨店においては組織の上層部から末端にいたるまでに定着してしまった。

　したがって、百貨店の復権のためにはこれらの4つの病気を徹底的に治癒させることが大切なのである。しかしながら、この遺伝子で組み込まれた先天的な難病を組織的に克服するためには、並大抵の努力では不十分であることも明白である。

(5) 大企業化することで後天的に感染した病気

　次に、企業規模が大きくなったがためにかかってしまった後天的な病気について触れてみる。第1のテリトリー主義病は、前述したようにライン組織の長の多くが王様になりたいことから発病した病気だし、本社スタッフが高級官僚になりたがるコーポクラシーに根ざした病気でもある。すなわち、権限規程と職務分掌を金科玉条のごとく頑なに守り抜き、この範囲内でのみ仕事を行ってテリトリーを侵して他人の仕事に踏み込むことなどは決して行わないという暗黙の了解の下に、いたずらにルーチンワークにいそしむことである。

　第2は評論家病である。これは、百貨店も大企業になってくると、企業運営にそれなりに理屈が必要になることに起因している。すなわち、事業活動から遊離したところで知識のみが一人歩きを始める場合が増えるのである。たとえば、知識の提供のみが仕事であるようなスタッフが生まれ、こういう人たちは、すべての企業の活動をもっぱら分析対象としてのみ捉えるため、自らを主体者とした行動が大切だという風土が弱くなってしまう。本当は、実際の行動をとおして知識を積み重ねることから組織的な知識創造ができ、このことで初めて企業革新なども可能になるのである。したがって、このような評論家が増えることは、長期的に知識創造のダイナミズムが発揮できない恐れが生じてしまう。

　第3は前例こだわり病である。企業組織の中で新しいことを行うということは、実際にはきわめて難しいことではある。それは、新しいことを行うためにはまず、クリエイティビティが要請されること、そして、また、現状の会社の規定やルールに抵触する場合も非常に多いことがその原因だからである。これらの障害を乗り越えて、あるいは打ち崩して創造的な仕事を推し進めるには大変なエネルギーがいるし、何度も何度も壁にぶつかるうちに次第にエネルギーも喪失してしまう。そうなると、前例にこだわって楽に仕事を行うという前例主義に陥りやすくなる。

このことは、前例にこだわっている人が悪いということよりは、こだわるように追い込んでいる組織風土に問題がある、と考えるべきである。

　第4は失敗恐怖症である。これは失敗しないことが最善であると考えて、そのためには様々な理由をつけて徹底的に責任を回避し、そして、他人に仕事を可能なかぎり押しつけて、自分では何もしない病気である。これは、組織が失敗をきたしたときの恐怖が個人を支配している状態で、このため構成員の全員が失敗を怖がって何もしなくなる、という病気である。

3．病理の克服へ向けた組織革新のアプローチ軸
(1) 構造こわしによる組織のブレイクスルー

　このように、現在の百貨店は重度の百貨店病におかされ、満身創痍のまさに廃人ともいうべき状態なのである。したがって、ここでは、このような状態からいち早く脱皮して再び創造力に満ち溢れた若々しい企業組織をどう再生させるかを考えるべく、いくつかの組織革新のアプローチ軸の提示を行うことにした。

　第1は、構造こわしによる組織のブレイクスルー戦略の重要さについてである。この考え方は、歴史を重ねた組織の中に自然に生まれてくる構造は、常にこわすことが要請されるという視点に立っている。とりわけ、これからは変化の導入や革新の創出が大切で、個人の持つ様々な心理的抵抗を克服して組織改革を行うには構造こわしが不可欠になるはずである。この構造こわしには、古川久敬が提唱しているコンセプトなのだが、これを効果的に活用するならば、既存のパラダイムから脱却すべく脱構築型の組織戦略の構築というブレイクスルーが大いに期待できる。

(2) 組織有機体な発想からの自己増殖型組織

　第2のコンセプトは自己増殖型組織であり、これはいわば生物学的な観点から組織を考えるアプローチで、組織有機体ともいうべき考え方に立った組織戦略なのである。生物は変化する環境の中で生き延びるための様々な工夫を身につけているが、企業においても厳しい環境の中で存続するには、たえず適切な姿に身を

変えながら経営活動を推進している。すなわち、このような企業の変身の術をいわば生物の進化や脱皮になぞらえて考えることで、組織の再改編や新設を生物体としての企業の自己増殖活動と重ねるのである。現在、企業組織が抱えている多様な課題を解決するには既存の組織枠での小手先の対応では不可能である。そのため、あたかもアメーバーのようにいつでもその時々の経営環境の変化に適した形に自己を変容させうるフレキシビリティが必要になり、かつダイナミックな組織対応も必要になる。したがって、これからは、多くの組織戦略上の活用領域を持つ自己増殖型組織の積極的な実務への取り込みが重要になる。

(3) スパン・オブ・コントロールの呪縛からの脱却

　従来から、組織を考える場合にはヒエラルキーの中でのオーソリティの配分や分権化を中心にしてきたが、このことはスパン・オブ・コントロールの問題が中心テーマであったことを示している。

　しかしながら、スパン・オブ・コントロールという観点は、次第に長い歴史の中で形骸化が進んで、これに捉われていては組織のブレイクスルーを期待することが困難になり、このような考え方からの脱却が強く望まれてきた。第3は、このスパン・オブ・コントロールという考え方に代えて、これからは組織の各構成メンバーに対するリーダーの発揮すべきリーダーシップに注目することが大切なテーマになることである。とりわけ、各種のプロジェクトチームの活動に際して、プロジェクトリーダーのリーダーシップが現実的で、かつ重要な課題になってくる。このスパン・オブ・コントロールの呪縛からの脱却は、また、組織の力点をマネジメントからリーダーシップに移動させることも意味している。

(4) 関係論重視によるリレーションシップマネジメント

　第4は、マネジメント上の課題として、個々のメンバー間の人的ネットワークをどのように組み上げるかがクローズアップされることである。言い換えれば、このような視点を組織戦略に組み込むことが大切であることを意味している。実は、欧米に比べれば厳格ではないが、従来から、日本のヒエラルキー組織においても個人が全体の中で自分の仕事の持つ意味を理解することは比較的容易であっ

たし、また、自分なりにこつこつと努力するならば十分に満足のいく仕事をこなせていた。これは、個人のミッションが暗黙的にではあるが、具体的に、かつ固定的に決められているためで、また、それに基づいた的確なマネジメントが実践されていたからなのである。

しかしながら、最近では多くの人が、自分がいくら努力しても全体の仕事はほとんど進捗しないという焦燥感に陥り、このためもあってか、ヒエラルキー組織の限界がクローズアップされている。すなわち、与えられた仕事に対して自分の努力だけでは解答が出せなくなったことは、ヒエラルキー組織の中での個人の仕事の自立性が著しく低下したことを示している。

言い換えれば、このことは、1つの戦略的命題に応えるためには、多くの異なった組織や個人と前向きで密接な相互依存型の関係を樹立して、シナジー効果を創出することが不可欠な条件になったことを意味している。そのためには、従来の分担論から関係論へと、組織マネジメントの発想の力点を移動することが必要になる。これは、すなわち、ある課題をブレイクダウンして業務化していく方法論から、多くの人と手を結んだ上で多重的かつ複合的なリレーションをつくり上げていく方法論へ、という転換である。

これからは、ヒエラルキー型組織に特有の分担型マネジメントに代えて、このリレーションマネジメントというネットワーク型組織にふさわしい組織マネジメント方法が大切になる。すなわち、このことは関係論が付加価値を創出するという視点を大切にした組織戦略を重視すべき時代になったことである。

(5) 組織の神話を超えた新たな神話作り

このリレーションマネジメントに関連するもう1つの大切なテーマとして、第5はコッターのいうところの組織の神話について考えることにする。ここでは、我々が組織の中で当然のことと受け止めている事実や先輩から受け継いできた常識の多くは実は組織の中における神話であって、だからこそ、神話と現実の違いを理解することが必要だし、それが本当に理解できた時に、初めて組織のパフォーマンスが上がることが示されている。そういう意味では、我々が、先輩や上司から教わったことや歴史的に組織の中に蓄積された神話を、あばいていくことが

重要なのである。

　たとえば、管理職の仕事には権威を持っているという1つの神話がある。これまでの経営学では、管理職というのは権威があり、それゆえ、それに対しては皆がいうことを聞かなければならないといわれてきた。しかしながら、コッターによれば、実際には、管理職の仕事はほとんどが他人に依存しているため、むしろ、自分は何もできないことになる。とりわけ、これまでのマネジャーにとっては、自分に直接報告する部下の存在が最も重要とされていた。ヒエラルキー型の組織であれば、マネジャーはいわばテリトリーの王様なので、そのような考え方でも成り立ってきたのである。しかしながら、実際には、そのようにはたちいかなくなってきた。具体的には、レベルやランクやマネジャーとの距離といったものにとらわれずに必要な仕事を行っていくためには、すべての部下や他の部門の人たち、あるいは他社との関係など多数の他者との関係づくりが重要になるからである。このようなことに注意していなければ、実は効果的な仕事がまったくできないことが、最近になってはっきりと分かってきたのである。

　それでは、仕事に要求される能力とはいったいどんなものなのだろうか。神話としては、当然ながら、計画化や組織化、あるいは、スタッフィング、指導力、評価などについての知識が大切だとされている。しかしながら、実は、それだけでは仕事をやり遂げることはできない。実際に必要とされていることは仕事に内在しているパワーギャップを埋めることであり、そのパワーギャップを埋めるに足るパワーを身につけることが個人にとっては重要な課題になる。

　また、部下を指導するための行動についての神話としては、基本的な管理プロセス、すなわち、計画や組織化、スタッフィングや指導力が重要とされてきたのだが、現在では、状況に応じてソフトな対応とハードな対応を使い分けるといった多様なアプローチが必要なことがわかってきた。このように、組織には様々な神話が存在しており、このような神話の呪縛から抜け出ることが必要になっている。しかしながら、この混迷の時代にさらなる求心力を持たせるためには、個人の力を超えたところで能力を引き出せるコンダクターを作り上げる新たなビジョンとしての神話作りが求められる。もちろん、ここでいう新しい神話とは古臭い化石のような神話でなく、ビジョンともいうべき生きた神話であって、結局、神話からの脱却

は、また、生きた神話を作り上げることを目指すことになる。そして、この新しい神話を超えた神話の創造こそが組織戦略のブレイクスルーをも可能にする。

(6) パワーと影響力による組織化の方法論

　第6は、このような組織の神話崩しとの関連から、コッターが現在の組織運営にとって最も重要なものはパワーと影響力である、と述べていることである。組織のエクセレンスは、個人のエクセレンスなしには不可能である。そして、今日では、個人のエクセレンスはとりわけ専門職や管理職では技術的才能以上のものを求められている。すなわち、洗練された社会的な技量が要求されている。具体的には、人々を集めて多くの障害にもめげず重要な目的を達成するリーダーシップの技量、我々を分裂させようとする諸々の力に負けず意味のある目的に人々を引っ張っていく技量などである。すなわち、管理職、専門職としてのエクセレンスは、企業の日常生活のパワーダイナミックスに対抗するのではなく、我々のために活用するこつを必要としている。

　この背景には、もちろん組織における多様性と相互依存の増大に伴い、管理職も一般社員も、仕事においては強いリーダーシップを発揮せざるをえなくなっているという状況がある。それは、すなわち、仕事を成し遂げるには多くの人の協力を必要とするのに、他の人々に対する公式的なパワーが与えられないケースが増えているからである。したがって、パワーの源泉として、情報や知識、仕事をする上でのよき対人関係、個人的能力、知的な活動計画、資源のネットワーク、よい実績などを積み上ることが必要になる。すなわち、これからは、組織化の方法論として、これからは非公式なパワーと、これの持つ影響力に大いに注目する必要がある。

4．戦略発想としての柔らかい組織術

(1) 組織術としての柔らかい組織

　ここでは、創造性の獲得に向けた組織論のテーマとして、柔らかい組織術の具体的な発想について論述する。すなわち、柔らかい組織の構築に向けた基本的な

処方箋としては以下の2点があげられる。

　第1は壁崩しであって、これは昔流行したコンピューターゲームのブロック崩しのようなイメージで、百貨店病についての論述のとおり、小売業に特徴的な品番とか店舗という組織の壁を乗り越えることが重要である、ということである。第2は規定崩しであって、これは、過去の経験からのみ作り上げられた慣習法的な規定とかルールというものを打ち破っていくことや、乗り越えていくことである。もちろん、規定やルールというのは企業に必要なものなのだが、それがいつまでも同じ状態であってよいわけではない。企業は、いつでも、時代とともにルールや規定を変えていくためのパワーを内在しなければならないし、社員一人ひとりがそのパワーにならなければいけない。そういうパワーを促進したり助長したりするような仕掛けを組織の内部に持つことも、これからは大いに大切なことである。

　このような問題意識から、以下に具体的な柔らかい組織術の提案を行った。すなわち、第1は結節点としてのノードとネットワーク組織、第2はクロスボード型のモザイク組織、第3は関係の持ち方こそが現在の組織にとって重要なポイントであるという観点に立った多重契約型のリレーション構造、第4は触媒機能として期待されるプロデューサー、第5は全担型のオルガナイザーとしての組織編集者について、それぞれコンセプチャルな論述を行うことにした。

(2) 結節点としてのノードとネットワーク組織

　本来、ネットワーク、あるいはネットワーク組織というのは脱中心的な組織であり、それゆえ中心があってはならない組織である。しかしながら、中心がないと企業全体に求心力を持たせることが困難になるため、その克服の方法論を検討することが、ネットワーク組織を実務に適用する際には前提になってくる。

　さて、ネットワーク組織とヒエラルキー組織とを比較するとその違いは以下の2点に整理できる。まず、個の自由度については、当然ながら、ネットワーク組織のほうが高く、ヒエラルキー組織のほうが低くなっている。なぜならば、もともと、ネットワーク組織というのは脱中心型の組織であって、一方、ヒエラルキー組織は頂上から下界を支配する組織だからである。次に、要素の組み替えについてはネットワーク組織のほうが柔軟で、逆に、ヒエラルキー組織のほうが柔軟性に乏

しい。また、組織を組み替える際の基盤は、ネットワーク組織の方は個人の創発性であって、一方ヒエラルキー組織のほうは中心、または頂上からの指示である。

しかしながら、実際の企業経営においては、こうした利点を持つネットワーク組織を理論どおり適用するのは非常に難しいものである。そこで、ここでは、ネットワーク組織にある種の求心力を働かせるため中点を設定してみる。言い換えれば、中点のあるネットワーク組織が作れないかという仮説を持つことにする。このネットワーク組織の中点とは、情報システムにおけるネットワークの情報の結び目（ノード）に類似している、と考えてよい。この中点については、ヒエラルキー組織ではないので、権力的な中心とかセンターという支配概念で説明するのはふさわしくなく、たとえば情報やソフトやノウハウの組織における結節点のような機能である、と考えるべきである。

そこで、ここでは、この中点を活用したネットワーク組織に求心力を発揮させる方法を考える。これは、また、組織の結節点の活用や組織の連結によって組織全体の付加価値を高める試みでもある。言い換えれば、組織の連結培養器としてノードを上手にネットワーク組織に持ち込むことで、ネットワーク組織の長所で

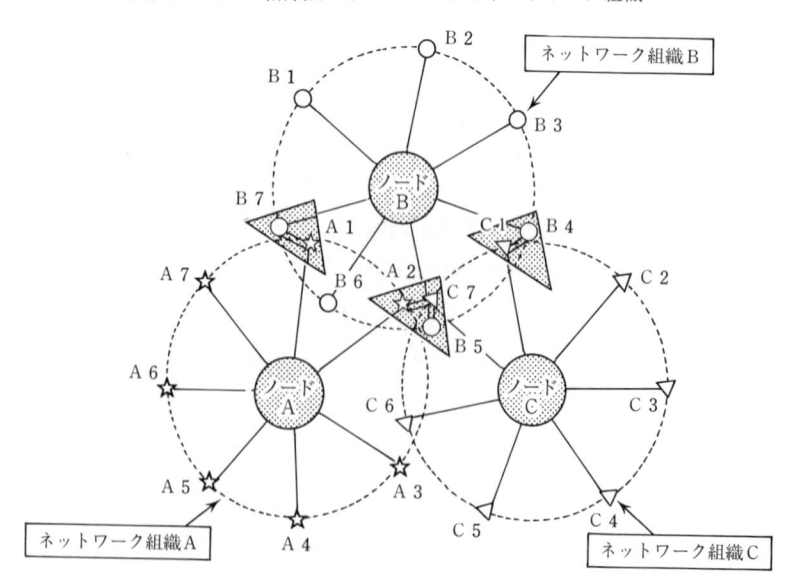

図表-1-1-3　結節点としてのノードとネットワーク組織

ある権力志向ではない状態を維持しながら、同時に、求心力を付与する、という考え方なのである。

　それでは、以下に、この考え方を具体的に展開する（図表-1-1-3）。図表のA、B、Cはそれぞれのネットワーク組織の結節点としてのノードであり、それぞれのノードの周りには組織の構成員としての個人（☆、△、○）がいる。ノードの中身は、マネジャーという人間であってもよいし、ミッションという目に見えないもの、あるいは単なる情報、または何らかの権限であってもよい。いずれにしても、ノードとは人を繋ぐ結節点であって、組織に何らかの求心力を与えるものである。

　また、もう1つ大切な点は△の網かけ部分であって、このことは、ネットワーク組織AとBの構成員が同じ人物である、ということを示している。すなわち、A1とB7は同一人物であって、この人はネットワーク組織AではA1とカウントされており、ネットワーク組織BではB7であるカウントされている。

　それから、3つのネットワーク組織が重なっている図の真ん中の人は実は3つの背番号があるわけで、たとえば、組織Aのサークルの中ではA2、組織Bのサークルの中ではB5、組織Cのサークルの中ではC7、ということになる。もちろん、全員が、このように複数のネットワーク組織に所属するとは限らないのだが、個人の資質や組織の要請によっては、多重的にかかわりあいを持つ人が輩出するようになる。

　このように、複数のネットワーク組織のノードと連結している人は、特定の組織体から完全に支配されるポジションにはいない。言い換えれば、このことは、個人と組織の関係が、1つの組織が個人を支配するという支配－被支配の関係から脱却し、個人の人格とか生活の全側面が組織に包括された関係になる、ということである。

　これは、すなわち、個人が2つ、3つと複数の組織と関係を持つようになれば、その人の社会的なニーズが高くなる、ということを意味しているし、これからは、このような人間の企業組織に対する影響力がますます強まってくる。

　また、真の意味での専門職制度とは、実は、このような組織関係の中にも適用しうる制度として構築されるべきものなのである。その意味では、多くの企業が

形式的に採用している現在の専門職制度は強く再考が要請される。すなわち、従来のやや求心力的視点での企業ロイヤルティやベテラン社員のモラルアップを目的としたツールとしての専門職制度ではなく、逆に、個人の能力を多面的に活用するという視点から、すなわち、専門職制度を組織に対する遠心力を働かせるツールとして考えることが必要になる。

このように、ネットワーク組織においては成員一人ひとりが1日の中で時間を自在に切り分けて複数の部門の仕事を同時並行的に行うようになる。また、これに近いことは、すでにプロジェクトチームや兼務発令という形で行われているが、実際にはなかなか上手には運営できないで、結果的に途中で自然解組になることが多いようでもある。また、このような個人が複数組織の仕事を行うことは、たとえばマーケティングスタッフを事例として考えると、よく理解できる。たとえマーケティングの専門能力は事業領域ごとに差異があっても、基本的には、共通した能力部分はかなり大きなものである。このような観点に立つと、優れたマーケッターは、ある特定の領域に限定して能力を発揮させるよりは、複数の仕事にコミットさせて能力を多面的に発揮させるほうが、個人にも、組織にも、共にメリットが大きいわけである。

たとえば、マーケティングスタッフの場合、20代後半から30代前半ぐらいまでの間に能力を伸ばすが、年が若いためヒエラルキー組織の中では地位が低く、能力に反して限定された権限しか与えられない。したがって、その権限の範囲内で仕事をやらざるをえないわけで、そのため、個人は能力を十分発揮する場を持てず、会社もその個人の能力を十分使いきれないことにもなる。しかしながら、こうした優れたマーケッターは、商品開発を行わせても、また、業態開発のマーケティングを行わせても、さらには、オペレーションレベルのプロモーション企画させても、いずれの場合も優れたマーケッターである、ということが多いのである。

このように、企業にとって、複数の領域で優れた専門能力を持った人間を育て上げることが大切な課題になるし、そのためには、優れたタレントを持つ若い社員が、ヒエラルキー組織の壁を破った自由な行動が獲得できる状況をつくり出すためのシステムの構築が強く求められる。

具体的には、人材育成のための教育の仕組みを改善したり、既存の組織とは異

なる組織にテンポラリーに人材をプールしたり、人事部がいわば人材のエージェント的な役割を担うべきなので、今後は、ニーズに応じて的確な人材を派遣するシステムについて検討する必要がある。

　このことは、組織づくりにあたって、事業とか機能の単位ではなく、その時その時の企業のミッションに重点をおいて組織化を行うという視点を強く持つ考え方でもある。たとえば、ある種のミッションに向けて、必要な人材をテンポラリーにオルガナイズし、ミッションが変われば組織そのものは解散するので、個人の立場から見れば組織はテンポラリーな存在で、このことは個人は組織に従属的に所属してないことなのである。

　次に、このようにミッションで編成される組織は、今までの機能的な組織とどこが違うかを考えてみる。機能的な組織はどうしても責任と権限で縛られるため、短期的なレスポンシビリティ、つまり、生産性を高めることが先決事項になる。しかしながら、これからより大切なことは、個人としての短期的なレスポンシビリティよりは、むしろ、チーム全体としての創造性の発揮と組織総体としてのシナジー効果の創出という長期的なレスポンシビリティである。これは、すなわち、生産性視点ではなく創造性視点に立つと、その目的は組織の継続ではなくいかに行動するかになり、それゆえ、むしろ、組織の継続はその結果としての１つの姿である、という考え方になる。

　このような考え方を延長すると、会社に所属している社員などはいったいどのように説明されるのだろうか。一般的には、サラリーマンの名刺には○○会社○○部の誰それということで、どこかの部署に所属しているのが原則である。しかしながら、これからは、たとえば組織をオルガナイズする部門として組織部があるならば、個人は戸籍の管理部門の各部門に所属する必要がない、というような考え方を持つことができる。すなわち、ミッションと個人との組み合わせについては組織部が一括して行い、そして、その組織形態は、いわゆるプロジェクトチームでも、タスクフォースのようなテンポラリーなものでもよいことになる。そこにおいては、個人は○○部のだれそれということだけでは、アイデンティティを築き上げるのはまったく困難なのである。これからは、このように個人のアイデンティティや個人の能力をベースに、同時に複数の組織に対して、しかも、テ

図表-1-1-4　クロスボード型のモザイク組織

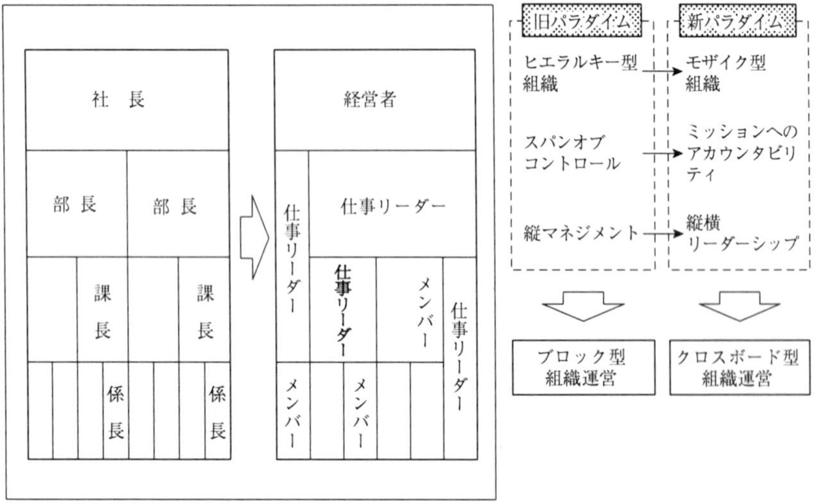

ンポラリーに関係を持つことが一般的になりつつある。

(3) クロスボード型のモザイク組織

　次に、ヒエラルキー組織の長所を残しながらも、ネットワーク的な考え方を戦略的に盛り込んだ組織について論述する（図表-1-1-4）。ヒエラルキー組織の特徴とは、原則として、上から下への分権化の過程で下部の機能のすべてが上部組織に含まれる形態なのである。したがって、ある部長に2人の課長が部下でいるならば、この2人の課長の仕事は原則的には部長の仕事の枠を出ることは許されてはいない。また、これは、課長の仕事を合わせたのが部長の仕事であって、課長のレスポンシビリティが部長のそれをはみ出ていない、というような仕組みである。

　しかしながら、逆説的であるが、このように一見効率的にみえるヒエラルキー組織は、現実的には、硬直的でもあり無駄も多いようである。最近では、組織の重複や組織の無駄を排することが経営の重点課題となっている。そこで、他の組織による代替とか、ある階層には特定の機能しか付与しない、というような脱包括的な組織構築の必要性も高まっていく。

　企業組織をヒエラルキー視点で捉えてみると、まず、いわゆる全国区としての

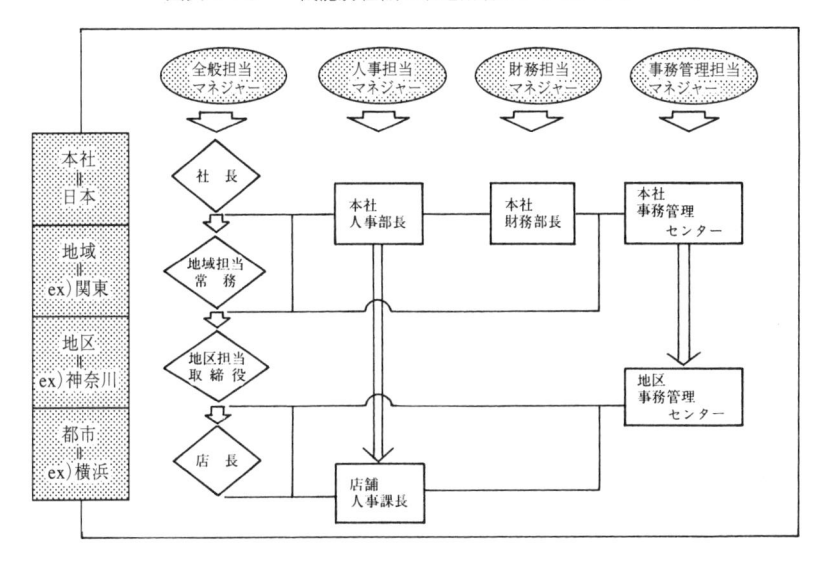

図表-1-1-5　機能別組織の最適階層ポジショニング

本社があり、その下に、関西とか関東という地域単位の支社や事業所がある構造である（図表-1-1-5）。さらには、神奈川地区とか千葉地区とかの地区オフィスがあって、大手の小売業の場合には、さらに、その下に店舗がある複雑な階層関係である。この本社、地域、地区、店舗という4層マネジメントが実は全国型の大型小売業の平均像なのである。

さらに、海外に店を持っている企業においては、これからは世界総本社などの階層が乗ることになるが、そこまで入れるならば実に、5層のマネジメント体制になる。この5層マネジメントの各層にすべてのファンクションを組織化するならば、実に膨大な経費が必要になり、また、上から下までのコミュニケーションを正確に行うために膨大なエネルギーがかかってしまう。そこで、モザイク状の組織、すなわち、必ずしも、すべてのファンクションがそれぞれのヒエラルキーの単位に組み込まれていない組織編成の発想が必要になる。

具体的には、本社には社長がいて、地域にはテリトリーマネジャーがいる。そして、地区にはグループマネジャーがいて、店舗にはストアマネジャーがいる。ここで問題なのは、マネジメントを支えているファンクションのスタッフ組織の配置なのである。たとえば、人事という機能をとってみると、最も悪い状態は、

本社に大きな人事部があって、同時に、人事部（課）のようなものがマネジメント層のすべてにわたっておかれている状態である。

　会社全体から考えた場合、どの段層で人事機能を持っているのがベストなのかを考えると、たとえ4層マネジメント組織の場合であっても、たぶん2層に配置するだけで十分なのである。もちろん、小売業でも量販店と百貨店とでは異なる部分もあるのだが、たとえば本社と店舗の2層に人事の機能があれば、それだけで実際には十分にことたりる。

　この場合、テリトリーマネジャーは本社の人事部を使って仕事を進めればよいし、グループマネジャーは店舗の人事部（課）を使って仕事を行えばよい。大切なことは、人事権を持つことと機能とは別のものであることをはっきりさせることである。また、たとえば、財務機能などは本社だけにあればよい機能であるし、出納は経理の延長線上に店舗のささやかな機能として残せば、それで十分なのであると考えることである。

　また、仕入機能については、一般的には本社に仕入部門を置いて中央一括仕入に重点をかけるか、もしくは、仕入部門を持たずにマーケットに近い店舗に仕入の重点を置くかいずれかの選択か、あるいは、その中間を探ることになる。

　いわゆる本社の仕入部の機能を整理すると、政策と行政、そして、事務というように、大きく3分類することができる。本社の仕入部の主たる業務は政策面で、全国の店舗の商品にかかわる機能を統括することである。また、商品行政についても、原則として仕入部が責任を持つことが多いし、別会社の場合は北海道や関西という地域単位で行政面を専門に行う地域の仕入部を置く場合もある。また、本社に仕入部門を残し店舗の商品機能を充実する方法としては、スーパーバイザー制度で補完する方法もある。量販店で一般的な方法は、仕入部の各ラインにスーパーバイザーをおいて、彼らがバイヤーと連動しながら店舗の商品指導を行う仕組みである。

　この他に、人事や経理といった部門の事務領域については、階層や機能を超えて統合運営する考え方も可能である。たとえば、地域単位で事務処理を一括して行う集中センターを設けて、各店の事務作業を一括して行い業務の効率化を進めるような方法もある。このことは、実は事務部門の合理化は単店で行うのではなく、地域で一括して行う方が有効である、という考え方に基づいている。

このように、今後はヒエラルキー型の組織運営を踏襲するにしても、モザイク型の組織の考え方を積極的に取り入れるのが大切になる。そして、同時に、機能の括り方、仕事のスパンの設定、それからリーダーシップのとり方、マネジメントの手法の開発など、ヒエラルキー組織を補完する新たな戦略の確立こそが重点課題になる。

(4) 多重契約型のリレーション構造

続いて、先程の個人が複数の組織との中で関係を持つという概念を、今度は個人を主語に洗い直すことにする。このことは、まさに個人があって、個人のために会社がある、という組織概念なのである（図表-1-1-6）。このことは、まず会社があって、そのために、自分のミッションを一生懸命考えるのではなく、自分のミッションがあるから会社を活用する、という考え方に繋がってくる。とりわけ、これからは個人の会社へのコミットの方法についても、個人の自己実現や自分のライフスタイルの貫徹ということがもう少し大切になる。ただ単に、時間で労働力を売るという感覚なのではなく、主体性を持って社会生活実践の場に参加するという観点から会社にコミットする、いわばより人間の論理を強めた仕事を行う

図表-1-1-6　多重契約型のリレイション構造

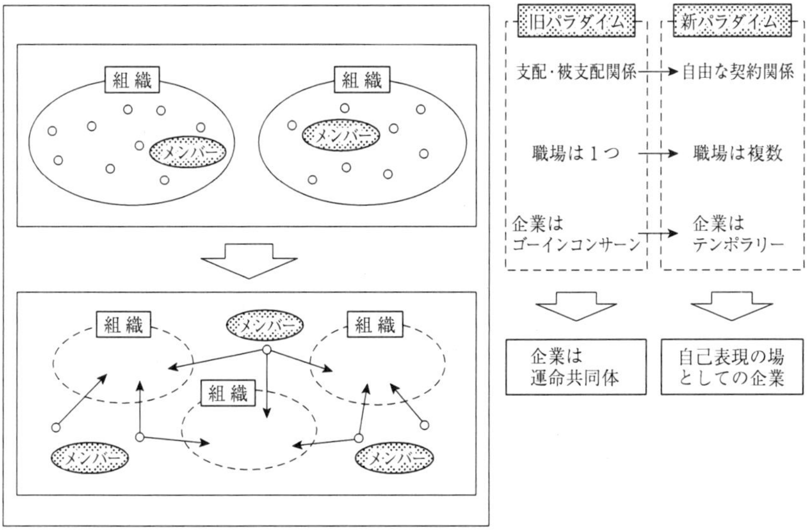

ような人たちが増えてくる。そのためには、いわゆる個人の戸籍などは組織の外部にあったほうがよく、すなわち、組織と個人とは別の体系として捉え直す必要がでてきている。言い換えれば、個人の集合がそのまま1つの組織になるという考え方ではなく、組織は個人とは別の体系で編み上げた上で新しいテンポラリーなセクターとして捉えようとする考え方である。このような考え方は、現在各社で取り組んでいる契約の多様化の動きや、人時生産性に基づく生産性概念にも符合する現実的な概念である。

しかしながら、そうはいっても、そう簡単にすぐに実務に適用できるわけではない。個人にもそれなりの能力や自信があることが前提になるし、会社サイドも時代への深い理解が不可欠だからである。とりわけ、個人にとっては、まさに1日24時間の生活設計のプロになることが大切となり、自ら自分の時間の設計ができることが自己実現の前提になる。したがって、日頃から、残業が多いとか、会社の仕事がつまらないとかいうような時間の設計能力のないネガティブな不平不満分子などは、もしも拘束時間がなくなれば、逆に、意識的に時間を使いこなさなければならなくなる、という難しさを十分に感じとることになる。

図表-1-1-7　触媒機能を重視したプロデューサー

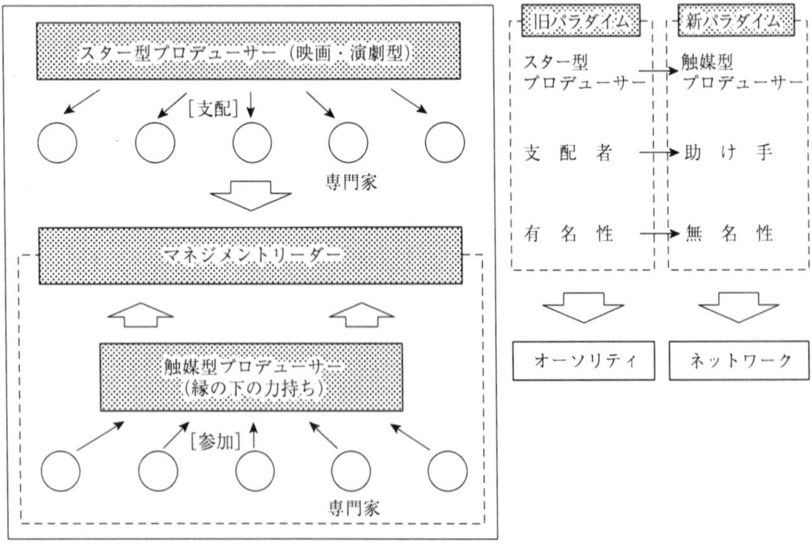

(5) 触媒機能を重視したプロデューサー

　企業組織においても、プロデュース機能が重要であることの認識が近年とみに高まってきているが、ここでは、従来のプロデューサーとは一味異なる触媒機能を重視したプロデュース力に注目をしてみる。このプロデュース力は、ネットワーク型組織にとって不可欠な重要な要素であるが、これからは権威性でリーダーシップを発揮しようとするプロデューサーよりは、いわば「縁の下の力持ち」的なプロデューサーが大切になる。これまでのプロデューサーは、すべての権限を握って組織を支配しており、常に主役でありスターでもあった。しかしながら、ネットワーク時代に重要なプロデューサーとは触媒としての役割に甘んじられるプロデューサーであり、彼らには、自分自身は化学変化せずに組織や仕事に対して化学反応を起こさせる、という触媒機能が期待されている（図表-1-1-7）。

　この触媒型プロデューサーとは、仕事そのものに自己実現の機会を見いだすため、1つのプロジェクトが完成するや、もはや完成後の組織運営についての興味を失ってしまうタイプの人間なのである。このように、組織における助け手ともいうべきプロデューサー型の人材をいかに育成するかが、これからの企業経営に

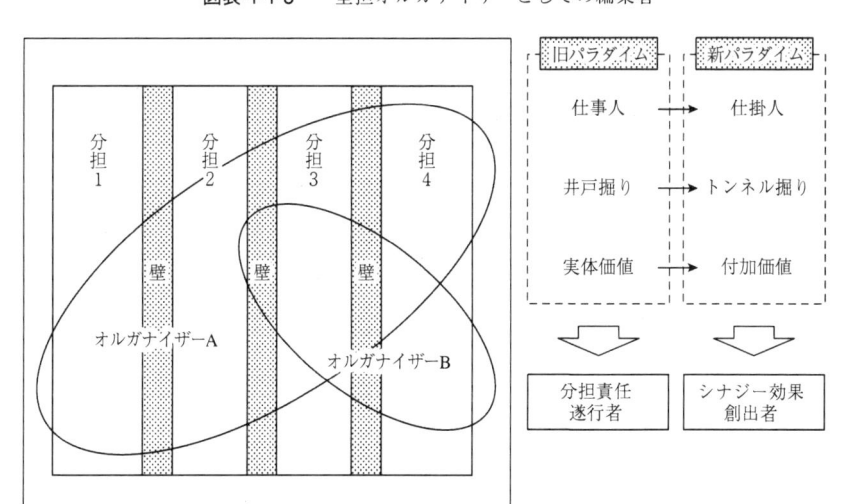

図表-1-1-8　全担オルガナイザーとしての編集者

おける重要な課題になる。

(6) 全担オルガナイザーとしての組織編集者

続いて、組織のオルガナイザーのあるべき姿について論述を行う（図表-1-1-8）。これからは、いわゆる全担型のオルガナイザーという組織の編集機能が大切になる。さて、組織におけるスタッフの役割は、自らの業務をスタッフ部門として自己完結させるのではなく、現場の中でスタッフの仕事を実態化させていくことであり、そのような仕事が実現できるような組織運営が大切になる。そういう意味で、前述の権威型プロデューサーに代表されるスター的なスタッフよりも、これからは、むしろ触媒型のスタッフの役割がより重要になる。また、仕事の担い方についても、従来のある特定のパーツを分担して行う仕事の方法から複数の仕事領域をオルガナイズする業務への転換が必要になっている。すなわち、これからは全担型オルガナイザーとしての役割と組織の編集者としての能力が、スタッフに対してより強く求められる。

(7) 組織の編集力が決め手となるネットワーク組織

ネットワーク型組織に欠かせないのが組織の編集力という概念であり、ここでは、これについて論述を行うことにする。松岡正剛によれば、編集とは意味としての情報の再構成であり、機会の編集こそがネットワークである。また、今井賢一は、現代の組織とは様々な現場情報を集約して意味を与える解釈システムの場である、と規定している。また、多様化した価値観の下での組織の在り方としては専門分野の個別知識を横断的に編集することが重要である、とも語っている。

こうした考え方は、現在のように多元的なパラダイムが併存する状況の中においては、従来のような統合というハードな発想に代わって柔らかい関係性によって融通無礙な枠組みを作りうる組織の方法論が求めらる、ということを示している。元来編集とは異質なものを異質なままで共存させる方法であって、しかも分裂状態ではなくゆるやかな連結である種の枠組みに収める方法であり、これはまさに現在の組織論にも適応できる方法論なのでもある。

■第 2 章■
百貨店型のチェーンオペレーションシステム

1．百貨店型チェーンオペレーションの前提
(1) 百貨店型チェーンオペレーション構築の必要性

　百貨店の経営の近代化へ向けて、昨今では経営のシステム化が強く要請されている。このような状況下で、すでに量販店や専門店で成功したチェーンオペレーションの百貨店への導入が急務の課題になっている。そこで、ここでは百貨店にとっては長年の課題である、百貨店型のチェーンオペレーションの可能性についての検証を行う。チェーンオペレーションの先進事例であるチェーンストアオペレーションシステムは、1960年代にアメリカにおいて小売業の産業化やシステム化を目的として構築された。以来、この概念を百貨店のオペレーションに活用すべく、いくつかの百貨店で様々な模索が行われてきたが、これまでのところ、我が国においては目立った成果は上がってはいない。それは、このチェーンストアオペレーションがおおむね100店舗以上の店舗数で有効であって、それゆえ、現在の日本の百貨店のように15～25店舗ではメリットの追求が難しいからである。

　しかしながら、現在の百貨店においては、業態革新を伴う店舗オペレーションシステムの構築を通じて、収益体質の獲得やマーケッタビリティの強化が求められており、そのために、たとえば、量販店のチェーンストアオペレーションを参考にして、百貨店固有の事業特性を十分に考慮した百貨店型のチェーンオペレーションの仕組みを構築する必要が強く生じてくる。そこで、まず、量販店型のチェーンオペレーションシステムの特徴を抽出し、そのメリットやデメリットを明確にさせた上で、いわゆる百貨店型チェーンオペレーションとしてのモジュールネットワークオペレーションという概念の提言を行ってみる。

(2) チェーンストアオペレーションの特徴と課題

　チェーンストアオペレーションの特徴としては以下の3点をあげることができる。第1は、この仕組みが本部と店舗間のオペレーションである、第2は、その前提として標準化やシステム化が必要である、第3は、これはよりフラットな組織運営を可能にするオペレーションシステムである、という3点である。

　そのメリットとしては、販売機能の分散による事業規模の拡大、集中仕入れによる収益力の向上、マニュアル化によるコスト削減、本部への機能集中による専門力の強化、フラットな組織による迅速な意思決定、という5点をあげることができる。一方、デメリットとしては、マーケット変化への対応力の不十分さ、地域特性に対する対応力の不十分さ、オペレーションの硬直化、現場社員のモラルの低下、という4点をあげることができる。

　このように、チェーンストアオペレーションの理論は、マスプロダクション、マスセールス時代を背景にして、その長所を多様な業態に活用することで発展を遂げてきた。しかしながら、時代の変化に伴って部分的な修正を加える必要も生じている。すなわち、時代を取り巻く環境が大量消費から多品目消費へ変化していく中で、生活者の意識はより多様化や個性化の方向へ向かっており、このような変化への対応をどう行っていくかが今後の重要な課題になっている。

　そこで、ここでは、以下の3点に絞り込んで修正点の提案を行う。まず第1にあげられるのがマーケットの多様化や個性化への柔軟な対応である。時代とともに変化や拡大する生活者ニーズへの対応を図るために、従来の均一化や標準化発想のみならず多様化や個性化の視点を盛り込んだマーケティング戦略の再構築が求められる。そのためには、第二次産業の大量生産方式の原理を商業に活用すべく構築されたチェーンストアオペレーションを現実的に修正すべきなのである。

　第2は、集中と分散のバランスのとれたオペレーションの確立である。生活者への多様化や個性化への対応を目的として、従来からの商品政策に重点をおいたオペレーションシステムについては部分的な修正を行う必要がでている。この修正には、たとえば商品政策に対しては地域特性や顧客特性を十分に反映させた地域分散視点の導入や、同時に、販売政策と商品政策の適正なバランスが強く要請されてくる。

第3は、情報化に対応した経営システムの構築である。多くの百貨店においては、現状では中央集権型意思決定システムを原則としながらも、多様なレベルの情報を的確に伝達する柔軟な情報システムの構築が必要になっている。具体的には、とりわけ地域特性を十分配慮した商品情報システム、顧客特性を的確に捉えた顧客情報システムの戦略的な構築が急がれている。

以上、3つの課題を整理するならば、これからの店舗における経営力の強化とそれを維持するチェーンオペレーションの仕組み作りに向けて、従来にも増して、科学主義と顧客主義と地域主義の強化が必要不可欠になる。

(3) 百貨店オペレーションの特徴と量販店との差異

ここでは、現在の日本における百貨店の店舗オペレーションの特徴を、量販店と比較して論述する。まず、百貨店オペレーションの特徴は、以下の4点に整理できる。第1は、伝統高質イメージの追求と総合的な品揃えである。我が国の百貨店の多くは伝統や高質イメージを軸に顧客に対する信頼感や安心感を醸成して、そのことによる集客を狙うというイメージ追求型のマーケティング戦略を採用している。また、品揃えについては、衣・家・食のみならず旅行等の情報商品やクレジットに代表されるサービスを提供することで、生活者の総合的なニーズへの対応を行う戦略を採用している。

第2は、本支店経営方式による店舗運営をあげることができる。これは、本店に対していわゆる支店があるという本支店経営方式による店舗運営システムであり、多店舗の推進のためには適切なオペレーションである、とは考えにくい。また、各支店は本店のミニチュア型の組織形態であるため、本店との権限関係はヒエラルキー的な上下関係にもなりやすい。

第3は、個店主義による高コスト経営があげられる。個店主義をベースにした店舗完結のオペレーション手法を採用しているため、店舗開発については標準的な業務運営ができておらず、そのため、店舗投資はチェーンストアオペレーション方式と比較すると割高である。また、店舗ごとの独自性を強調するあまりフロア構成や商品構成もそれぞれ異なっているため、店舗運営に必要なオペレーション経費も高コストになってしまう。

第4は、多段階な組織運営をあげることができる。品番発想に基づいた組織体制をとっているため組織構成の単位が細分化してしまい、スパン・オブ・コントロール発想からの組織化によって多段階の組織構造になっている。量販店の経営においては、チェーン各店は本部によって定められた基本方針やルールの中で、それぞれの目標を達成させる仕組みが原則になっている。また、店舗パターンを標準化して、パターンごとにマニュアルやルールによるコントロールを行うことも基本原則である。これに対して、百貨店型の本支店経営では、目標は本部から指示されるが、実際には、店長の判断にまかされるような運営が行われている。また、地域対応の発想から店が運営されているため、原則的には、一店ずつ異なったルールや方法によるオペレーション方法が採用されている。

　このように、百貨店型と量販店型とはオペレーションに差異があるのだが、それぞれに課題があるわけである。すなわち、量販店は少品種多量生産と大量流通から多品種少量生産と小量流通へという多様なニーズへのマッチングを要請されているため、従来のオペレーションのみでは明らかに限界が生じている。また、百貨店においては、ノウハウの蓄積が属人的なため組織的にノウハウの蓄積が不十分である、システム化が困難なため、産業化（未だに家業・生業段階を出ていない）が容易ではない、支店経営のため合理化の余地が少ない、などとの要因から高コストになるため、今後における競争面での対応策の構築が急務とされる。

2．組織モデルとしてのモジュールネットワーク

(1) モジュールネットワークオペレーションの基本概念

　これまで述べてきたチェーンストアオペレーションの特徴、並びに百貨店型店舗オペレーションの特徴や課題を踏まえて、以下に百貨店型チェーンオペレーションを構築するための前提について論述する。

　これから百貨店が対応すべき第1の課題としては、21世紀のリーディングインダストリーにふさわしい科学的経営、すなわち、産業化発想に立ったオペレーションシステムの構築があげられる。つまり、情報やノウハウの処理や蓄積の仕組みづくり、誰の手によっても一定水準以上の業務が常に行えるマニュアル化やそ

れに基づく仕組みづくり、また各種の業務運営にかかわるルールづくり、さらには経営判断に不可欠な経営情報のシステム化などを、それぞれの企業特性を踏まえながら企業の壁を越えた業界レベルで、早急に確立することが重要になる。

　流通業に対して期待が集まる時代背景にあってなのか、百貨店業態の競合環境は業種や業態を超えた広範な、かつ非常に厳しいものになっている。現時点では、量販店はいち早く経営の産業化に着手したこともあり、競争戦略上においては圧倒的に優位な状況にある。そこで、百貨店業界としては、量販店に対する業態としての競争力を、産業化を可能とする組織体制の確立、役割分担の明確化によるスムーズな業務推進体系の確立、機能の集中と分散のバランスがとれた権限関係の新しい仕組みづくりなどを通じて獲得する必要に迫られている。

　ここでは、その一環として百貨店自体の優位点を十分考慮しながらも、異なる多様な要素を垂直的にではなく水平的に繋ぐオペレーション視点を導入することで、百貨店業の産業化をよりダイナミックに推進できるニューコンセプトの提言を試みる。百貨店は、本来的には高質で多様な商材や事業（モジュール）の集合体であり、全国化や国際化についても、その本質が生かされるオペレーションシステムの構築が必要である。そのためには、大量の商材とのネットワーク、多数の事業とのネットワーク、国内外の各地域とのネットワークなど、複数のネットワークの組み合わせとして、複合的なシステムのオペレーションを考える必要がある。また、同時に、店舗で展開する商材や事業についても、事業生産性という視点からの複合的な概念を持つ必要も生じている。

　これらの課題に総合的に対応するには、新しい概念によって総合的な百貨店のオペレーションシステムの構築が必要なのである。これを、ここでは、モジュールネットワークオペレーションとグローバルロジスティクスシステムという2つのシステム概念から提示することにした（図表-1-2-1）。このモジュールネットワークオペレーションとは、店舗と店舗を構成する商品、情報、サービスなどの供給部門もしくは供給支援部門との間のオペレーションシステムなのである。すなわち、店型や商品体系に制約されずに、販売部門と商品部門並びに支援部門との組み合わせや関係性を標準化して、それらをオペレーションの対象にする考え方である。次に、グローバルロジスティクスシステムとは、海外への事業の拡がり

図表-1-2-1　拠点（街）と事業（モジュール）をつなぐオペレーション

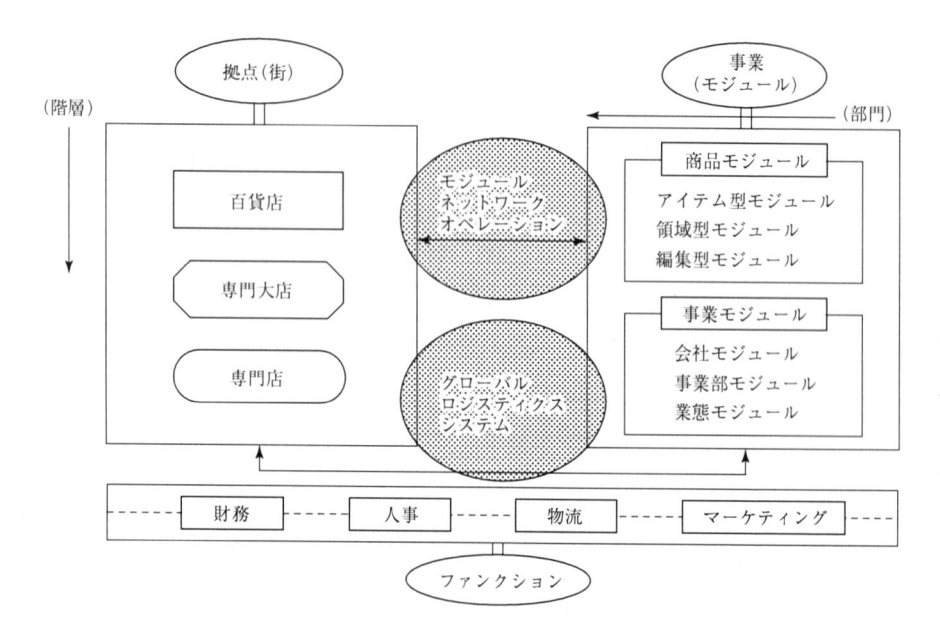

[図: 拠点（街）－百貨店、専門大店、専門店／モジュールネットワークオペレーション、グローバルロジスティクスシステム／事業（モジュール）－商品モジュール（アイテム型モジュール、領域型モジュール、編集型モジュール）、事業モジュール（会社モジュール、事業部モジュール、業態モジュール）／ファンクション－財務、人事、物流、マーケティング／（階層）（部門）]

を捉えながら、個別の事業や企業への対応を目的としたオペレーションではなく、ヒト、モノ、カネ、情報などの経営資源の配分とフィードバックを戦略的、かつ構造的に行うシステムなのである。また、ネットワーク組織を効率的に運営していくには、固有のシステム構築が不可欠と考えらるため、グローバルネットワークオペレーションシステムともいうべき複合型グローバル企業にふさわしい分権統合型オペレーションシステムの構築が必要になる。

(2) モジュールネットワークオペレーションの構築視点

　このような考え方に立って、モジュールネットワークオペレーションの基本概念について、もう少し掘り下げた論述を行うことにする（図表-1-2-2）。このモジュールネットワークオペレーションの基本的な考え方は、以下の3点に集約できる。第1は、分担論でオペレーションを考えるのではなく関係論として考えるという点である。モジュール概念の導入によって、商材の拡がりや取引形態の多様化の中で、従来の百貨店というイメージで代表される商品分野のみならず、

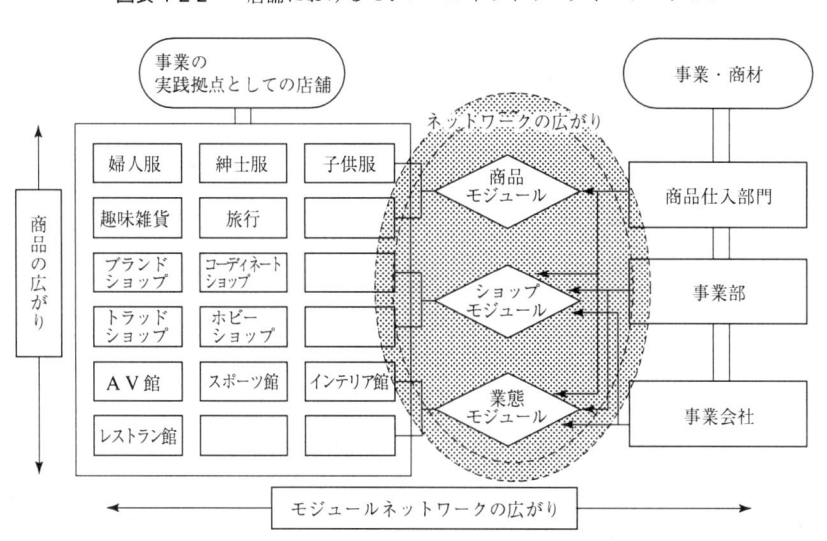

図表-1-2-2　店舗におけるモジュールネットワークオペレーション

[図: 店舗におけるモジュールネットワークオペレーションの構成図。左側に「事業の実践拠点としての店舗」として婦人服・紳士服・子供服・趣味雑貨・旅行・ブランドショップ・コーディネートショップ・トラッドショップ・ホビーショップ・AV館・スポーツ館・インテリア館・レストラン館等の区分があり、中央に「ネットワークの広がり」として商品モジュール・ショップモジュール・業態モジュールがあり、右側に「事業・商材」として商品仕入部門・事業部・事業会社が配置されている。左側に「商品の広がり」、下部に「モジュールネットワークの広がり」の矢印。]

コーディネイトの単位やパッケージの単位としてのショップや、独立した業態ともいえる専門大店的パッケージも含めて捉えることができる。こうした考え方に立脚すると、店舗は多様なデパートメントのいわば結節点としての役割を果たすことになる。したがって、モジュールネットワークオペレーションは、店と関係する多種多様なビジネスパートナーとの連携、すなわち、両者の関係論として捉えられる。

　第2は、集中仕入がより大切であるという考え方に立つ点である。理想的には、モジュールネットワークオペレーションは、完全な商品分野別の事業部別組織が店舗にテナント的な立場で出店しながら、企業、またはグループという次元で商販のシステムが統合的に運営されることが望ましい。とりわけ、自主商品に代表される販売と生産が直結するような商品群にとっては、その商品群ごとに専門店化やインショップ化を行うことが望ましく、そのことで生産性の向上も飛躍的に期待できる。しかしながら、一貫したシステムとして完結できない商品については、各商品供給部門における集中仕入方式を確立した上で店舗との間で商品仕入と商品販売を機能的に分業して運営する傾向が強い。

　第3は、汎用性の高いオペレーションという点である。百貨店事業においては

店舗規模や地域特性による違いがかなり大きいのだが、このモジュールネットワークオペレーションは、オペレーション単位としてのモジュールを組み合わせることにより、あらゆる商圏や店舗規模への対応が可能になるきわめて汎用性の高い考え方である。したがって、これを有効に機能させるためには、各店舗が従来の店舗オペレーションレベルのインストアオペレーションのみならず、ディベロッパー視点による複合拠点オペレーションという概念の導入が不可欠になる。

3．モジュールネットワークを支えるディベロッパー
(1) 店舗オペレーション機能とディベロッパー機能

　モジュールネットワークオペレーションの導入に向けては、従来の店舗概念（店舗＝物売り場）についても抜本的な再構築が重要であり、そのためには店舗をディベロッパー機能としての店舗と事業展開の場としての店舗とに分類した上で、戦略的な統合策を構築する必要が生じてくる。この考え方の背景には、脱店舗、すなわち、もう一度原点に返って、生活者あるいはマーケットが求めている拠点とは何なのかを考え直す時期であることを意味している。そのためには、ディベロッパー視点での店舗の役割や構造、事業展開の場としての店舗の役割や構造の双方を同時に生かすオペレーションシステムの構築が求められる。

　このモジュールを多面的に組み合わせることで、まず建物内部に限定された店舗から店舗の周辺環境まで含めた街への拡がりを十分意識した事業展開が可能になる。こうしたディベロッパーへの転換は、当然ながら、自社のみならず外部の資源を取り入れることになり、そこには内外の資源をいかにオルガナイズするか、また、それらの相乗効果の最大化をどう追求するかが重要で、かつ中心的な課題になる。

　街づくりでは、アンカーともいえる百貨店のイメージと当該地域の商圏特性との最適なマッチングを重視して、街としての拠点全体のコンセプトを決定する方式が通例のようである（図表-1-2-3）。さらに、このアンカーテナントさえも多様なデパートメントの集合体であるため、ここでのデパートメントノウハウとは、商圏とディベロッパーとのマッチング、並びに、各テナント間のマッチングとい

図表-1-2-3　店舗オペレーション機能とディベロッパー機能の関係

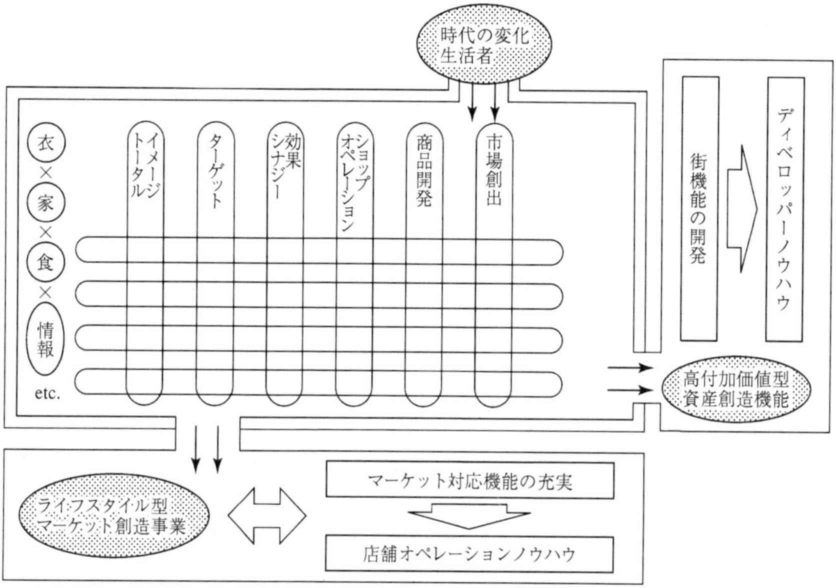

う2種類のマッチングノウハウから構成されている。

　また、百貨店の場合には、一店一店に対するマーケットサイドのデマンドが多様化や高度化を指向するため、それぞれの店舗がいわば情報の連結培養器としての創造的な空間を目指すことが必要とされてくる（図表-1-2-4）。すなわち、店舗はマーケットから多様な情報をリアルタイムで受信して、自らリアクターとしてプロデュースを行うことによって無数の情報素を組み合わせてから化学反応を誘発し、マーケットの求める意味情報へと転換させ、再度マーケットへ発信する役割を担っている。そのための店舗空間作りはヒエラルキー発想の量販店型チェーンオペレーションからではなく、それぞれのファクターが水平的な関係にある横型のチェーンオペレーション視点から追求される。

　こうしたモジュールネットワークオペレーションの考え方は、チェーンオペレーションに戦略的にシナジー効果をビルトインする。そして、ソフトコネクション発想の、このような概念の導入によって、規模の拡大に伴って収益の増大も可能にさせうる拡大再生産のシステムが構築される。この結果、従来ではほとんど

図表-1-2-4　生活情報の連結培養器としての店舗

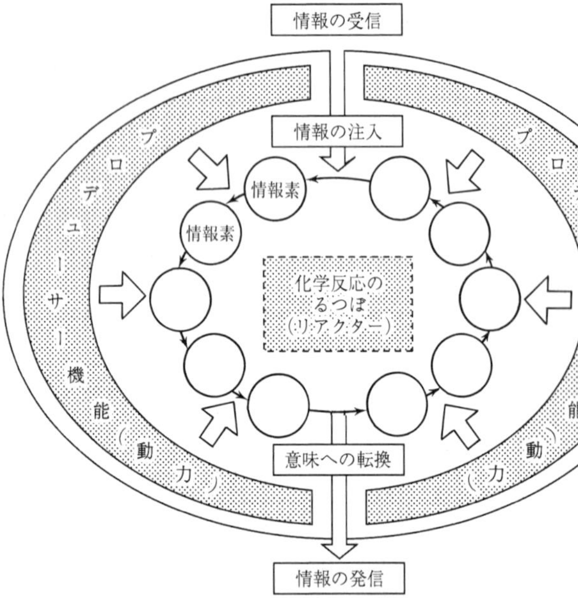

人間の力のみに依存してきた百貨店産業を、標準化やシステム化に基づいた近代的なシステム産業へと転換することが可能になる。

(2) 街づくり視点での複合業態コンプレックス

　最後に、現在の百貨店オペレーションを考える上で重要な要素であるショッピングセンターに代表される大型複合拠点開発について論述する（図表-1-2-5）。近年では、前述した情報の連結培養器としての店舗という考え方の延長線上に、百貨店の出店形態の主流の1つである大型複合拠点開発が考えることができる。この大型複合拠点開発の出店は、拠点トータルとしてのシナジー効果を追求する側面が強いため、単独出店とはまったく異なった編集上、並びにオペレーション上の課題を抱えている。

　そこで、ここでは、複合拠点のオペレーションの前提になる拠点アイデンティティの問題について考察を行ってみる。近年では、都市型百貨店は専門店や美術館など多様な機能を複合的に揃えた拠点開発のキーテナントとしての出店形態を

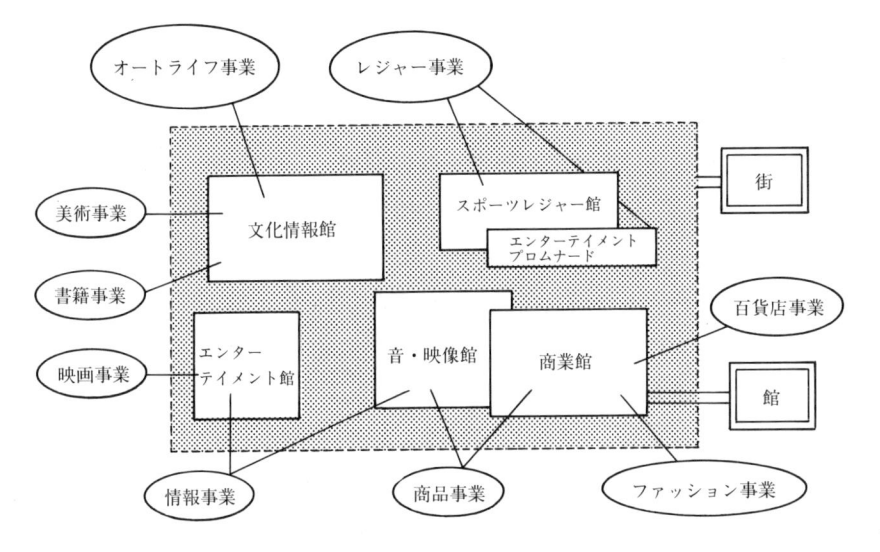

第2章 百貨店型のチェーンオペレーションシステム　51

図表-1-2-5　街づくり発想での業態コンプレックス

```
オートライフ事業     レジャー事業
                                          街
    美術事業    文化情報館   スポーツレジャー館
                            エンターテイメント
    書籍事業                  プロムナード
                                        百貨店事業
    映画事業   エンター    音・映像館  商業館
             テイメント館                    館

         情報事業    商品事業    ファッション事業
```

とる場合が増大している。その際、このような出店においては、拠点トータルのアイデンティティと百貨店のアイデンティティの関係論についてはおおむね2つの方法が見受けられる。

　第1は、拠点全体をキーテナントである百貨店のアイデンティティに包含して、拠点内の専門店やサービス施設などを百貨店、あるいは百貨店資本のコンセプトによって編集する方法である。この方法では、百貨店アイデンティティの社会的地位を高めるための戦略と読み取ることも可能である。

　第2は、百貨店、専門店、サービス施設等のそれぞれのアイデンティティを全面に押し出して、それぞれの業態ごとに自己主張をさせるというやり方である。この場合には、1つの業態のアイデンティティで全拠点を包み込む代わりに、異質な業態を異質なまま共存させた上で拠点トータルのシナジー効果を発揮させるネットワーク的発想や、どの業態とどの業態をどの様に組み合わせるか、というコンプレックスコンセプトが重視される。

　これからは、2万坪から3万坪という大型の拠点開発が予想され、前者の方法よりも後者のSCアイデンティティと業態アイデンティティを切り離した街づくり視点に立つネットワーク型が有効になる。このことは、また、各業態のアイデン

ティティの組み合わせや位置づけをどうマネジメントするかというアイデンティティにかかわるマネジメントが重要である、ということを意味している。

4．21世紀へ向けたイノベーターへの期待

　以上、これから百貨店が生活者の強い支持を受けながら、生活者マーケティング領域におけるヘゲモニーを復権すべく、そして、小売業の中核業態として生き残るための方法論の論述を行ってきた。具体的には、百貨店が来たるべき新しい時代を乗り切るための真の競争力を持つためには、生き生きとした有機体組織として力強く再生することが不可欠の条件であり、このことを願って組織革新のパラダイム転換の提言を行ってきたのである。しかしながら、現実には、百貨店の再生への道はそうたやすくはない。そのため、個別企業が、それぞれの立場で必死の努力を重ねることは当然であるが、まず、百貨店業界そのものが、過去の歴史の中で身につけた保守主義から脱却することが前提になる。その意味では、日本百貨店協会の活動方針の再考も含めて、業界の在りようについての抜本的な見直しが必要になるし、また、百貨店協会参加企業のさらなる質的なレベルアップと生活者に対するリーダーシップの向上のために従来以上の努力を払うことも要請されてくる。

　過去を振り返ると、百貨店が誕生した時代は社会全体が大変なパラダイムの変革を成し遂げたときであり、まさに百貨店の誕生は近代消費革命というパラダイム転換に大きな寄与をしたわけである。消費がクローズアップされ、消費経済が社会経済のニューパラダイムとして華々しく登場したことは、実はブシコーによるボンマルシェの大きな貢献であった。このブシコー夫妻が生み出した社会的インパクト、利益創出の方法論、大衆を吸引するコンセプトなどを、今の時代の中で脱構築して新しいパラダイムを構築する作業が求められている。

　奇しくも、現在、産業革命以来続いてきた1つの歴史が終焉しようとしており、生活者の時代、豊かな暮らしの時代ということで、第三次産業、すなわち生活産業が産業の中でイニシアチブを握ることが社会的に強く要請されている。こうした時代の要請に応えるには、時代を乗り切るための知識やアイディアに磨きをか

けることへの必死の努力が求められる。そのためには、流通の持つ本来的には開かれたネットワークとしての新しい理論枠の設定と、外部資源の活用による内なる革命を導く実践活動が強く要請されるのである。このような状況下で、百貨店を、来るべき新しい時代にふさわしい消費と生産のインタラクティブな装置として、さらには生活者に実に価値のある業態として、今世紀にも引き続き発展させるためには、21世紀のブシコーともいえるべきイノベイティブでクリエイティブな強力なリーダーの登場が強く期待される。

■ 第 3 章 ■
生活情報産業のグローバルネットワーク形成

1．生活情報産業における国際化の持つ意義

　現在、量販店や百貨店などの総合生活産業は、事業の国際化や海外生産基地の開発などを積極的に展開し、グローバル資本へ向けた戦略の組み替えを展開している。この戦略の組み替えによって、国内のみで活動するローカルな資本から国際的に活動する国際流通業への転換が図られる。そこで、ここでは、この国際化へ向けた基本的な考え方、国際流通業の概念、開発輸入と貿易活動の戦略展開の方向について考察を行った。

　流通資本に対する産業や経済面からの期待はますます大きくなり、流通資本サイドとしても、そのような期待に応えるべく各社とも革新的な中期計画を構築して事業活動を展開している。具体的には、多角化戦略、国際化戦略、多拠点化戦略、地域事業化戦略の4軸での展開で、同時に、コーポレートカルチャーの革新や財務体質の強化を目指されている。

　とりわけ、国際化戦略は、事業の拡がりという側面のみならず、財務、人事などスタッフ部門の業務革新も必要とされるため、これはまさに企業革新戦略そのものでもある。

2．流通産業の国際化へ向けた基本的考え方
(1) グローバル化への組織対応

　これからは、ただ単にモノの輸出入という貿易活動に限定することなく、マルチナショナルな、そしてグローバルな多国籍企業の実現へ向けて、直接投資をも伴う多面的なしかもインタラクティブな企業活動が強く要請されている。したが

って、それぞれの個別企業においては、1つの企業集団として統合化された理念とコーポレートカルチャーを持ちながらも、それぞれの個別事業はそれらの取り扱い品目や地域特性を捉えて、それぞれの事業組織の独自の意志決定に基づく独自の行動をとることが必要になる。とりわけ、これからは地域特性を捉えている地域資本という立場はきわめて重要な条件になってくる。

このことは、利益を一元的に本国に吸い上げるスタイルである米国型のグローバル企業を目指すのではなく、日本的経営の利点を十分配慮しながら、同時に、企業の主権者が多民族から構成される多民族型のグローバル企業を目指すことに焦点をおくことである。とりわけ、消費財を中心に、それぞれの地域の支持を受けることで初めてマーケティング活動が可能になる流通資本にとって、このような考え方はきわめて重要なのである。

また、国際化の進展に伴うオペレーションについての考え方も大きく変える必要が生じている。すなわち、従来のようにすべての事業を東京にある本社の権限で一元的にコントロールするのではなく、事業別・地域別に分権化を図り、そのため事業を地域的に束ねる複数本社制の導入も本格的に検討する必要も生じている。このことは、本社の単なるオペレーション面での出先機関として現地の拠点なり事業があるという考え方ではなく、現地サイドが独立した戦略的意思決定のための権限を持ち、独自の経営活動を自由に行える環境を形成するという考え方でもある。この複数本社制の導入によって、グローバルな企業集団の形成が促進され、そして、また、そのための新しいマネジメント手法の開発も促進される。このような観点から、ゾーンマネジメント体制の導入も本格的に検討されている。

最近では、多くの流通資本で海外資本との提携戦略が行われているが、提携戦略を国際的視野から実現できることは、日本という限定されたローカル資本からグローバル資本の転換へ向けた本格的な対応としては最大の戦略的トリガーになる。最近の企業活動における事例からも、経営の現地化の促進や複数本社制の採用が企業活動のグローバリゼイションの促進のためには不可欠な条件であることは明白である。

(2) エリア別対応の考え方

　今後、ますます進展するであろうブロック経済化を捉えて、海外における事業活動は、それぞれの地域特性を十分配慮した個別対応のきめ細かい展開が必要とされている。しかも、それぞれのエリアの持つ政治・経済の思想や仕組み、さらには経済の発展度合いの異質性についての的確な認識などが必要になる。このような考え方を前提にすると、とりわけ流通資本にとっては、今後重要と思われるエリアはアジア・オセアニア圏、EC圏、北米圏、旧ソ連・東欧圏があげられる。

　イ）アジア・オセアニア圏への対応

　　アジア経済は、NIESを中心に輸出主導型での経済成長が今後も見込まれており、一方ではタイを中心にASEAN諸国、中国、さらにはオーストラリアについても、海外からの直接投資を活用しながら経済力を向上させつつある。こういう状況下で、日本を含めたアジア太平洋圏全域を捉えた競争を、各国の事情を考慮に入れて展開し始めたのが現状の流通資本である。また、日米の経済摩擦を考慮に入れれば、アメリカ資本とのコラボレーティブな関係の樹立も必要であり、また、アジアの中の一員であるという対応も不可欠である。したがって、今後の我が国の立場は、アジアは日本と米国の双方における生産基地であることと、マーケットとしても期待ができるということを巧みに使い分ける必要もある。

　ロ）EC圏への対応

　　EC統合によって約3億3千万人の単一マーケットが生みだされるが、EC市場はEC商品でという、いわばECナショナリズムの台頭が懸念されている。このことによって、全体として保護主義的な色彩の強い貿易政策や直接投資の規制が強まれば、経済面以外では評価をされていない我が国の企業はヨーロッパでの活動はきわめて制限される。そこで、従来の国別対応を継続させながら利権の保全を行い、EC圏、さらには拡大ヨーロッパ圏全域にまで視野を拡げた事業企業の再編とマネジメント体制の再構築が必要になり、そのため、EC圏全域をにらんだ新たな戦略対応が必要になる。

　ハ）北米圏への対応

　　いくぶんの改善はあるものの依然課題を残している日米経済摩擦と、それに

伴う報復措置を考慮するならば、インバランス改善を目的とした日本資本のアメリカへの移転や規制緩和による米国資本の我が国への導入という形でバランスをとることが可能ではあるが、対外関係であるため十分配慮した展開をする必要がある。これからは、日米の資本が共同して行える事業形成を指向すべきであり、アジアまでを含めて日米資本による協業と分業の仕組みづくりを両国共通の課題にすべきなのである。

ニ）旧ソ連・東欧圏への対応

　ペレストロイカの進展後では、旧ソ連との直接貿易の本格的展開と合弁事業法の制定に基づく合弁事業の可能性は大きくなっている。また、旧東欧諸国についても、ソ連の影響下にありながらもEC統合問題を優利に活用しようと、そ

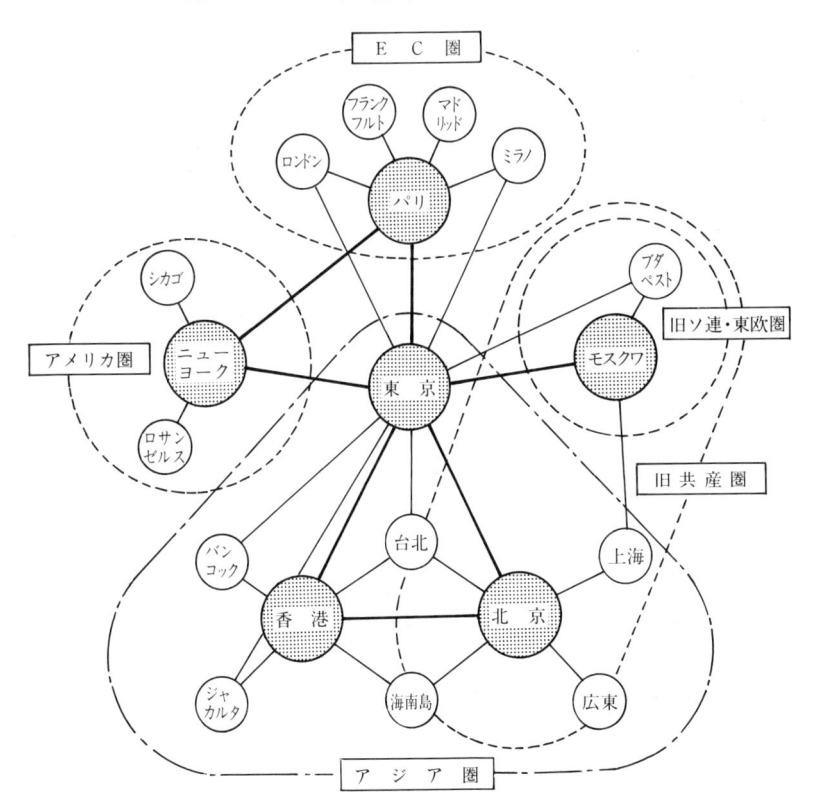

図表-1-3-1　大手小売資本の海外ネットワーク網

れぞれ国別の個別の対応が行われている。これからは、ロシアとの関係を配慮しながらも、旧東欧諸国との経済交流を我が国とそれぞれの国との個別関係として捉え、積極的な対応を行う必要も生じてくる。

このように、4つの重点エリアへの対応方法を紹介したが、これからは、各流通資本においては、具体的なプログラムの策定と実践プロセスを通じ、国際的に活動する企業としてのグローバルネットワークを形成する必要がある。

そこで、続いて、グローバルネットワークの構築についての基本的考え方について論述する（図表-1-3-1）。アジア圏、EC圏、アメリカ圏、旧ソ連・東欧圏を重点エリアと設定し、現地法人、各駐在事務所、合弁事業などを増強するとともに、東京、パリ、ニューヨークという先進大都市ネットワークと、東京、香港、北京（上海）というアジアネットワークという2つのネットワークの形成が、今後の流通資本の国際化対応の決め手になる。現時点では、先進大都市ネットワークについては百貨店資本が、アジアネットワークについては量販店が、それぞれ優利な位置にいるのだが、これからは業態を超えたグローバルなネットワーク形成へ向けた本格的な競争が展開される。また、とりわけ後発の流通資本にとっては、旧ソ連・東欧圏及び、中国などのエリアでの事業展開である。これは、既存勢力が必ずしも完全な優位性を未だ獲得していないため、我が国の流通資本にとっては重要なエリアなのである。なお、我が国の流通資本の重点戦略としては、欧米との文化交流を含めた輸入ビジネス、日米共同による東南アジアの生産基地化とマーケット開発、旧共産圏国家との合弁事業の積極的展開が重要な戦略領域になる。

具体的には、たとえば、アジア圏については地域特性や経済発展度合いを捉えた国別案件別計画の推進、アメリカ圏については事業のリストラクチャリングへの参画、旧ソ連・東欧圏については経済自由化政策による消費マーケット拡大への対応、EC圏についてはEC統合を狙ったECネットワークの再構築、をそれぞれ積極的に図ることが大切である。

3．今後期待されるグローバル流通業の基本概念

グローバル化への対応が本格的に推進されると、従来のように国内に重点をおいた流通資本は国際流通業への転換を余儀なくされてくる。すなわち、国際化体質の獲得を急速に図り、国内における事業展開と同じ水準で事業展開が可能になる企業力を持つことである。

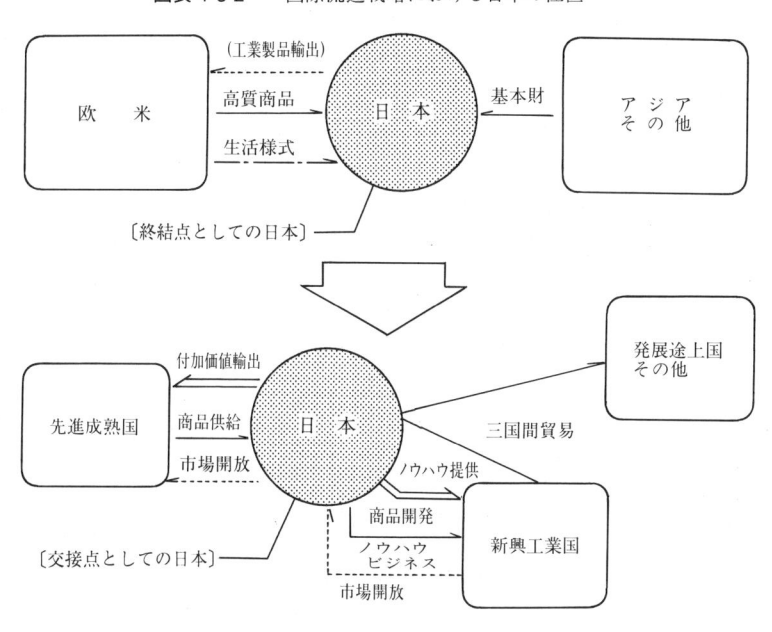

図表-1-3-2　国際流通戦略における日本の位置

```
          (工業製品輸出)
欧　米  ──高質商品──→  日　本  ──基本財──→  アジアその他
          ──生活様式──→
                    〔終結点としての日本〕
                          ↓
          付加価値輸出                          発展途上国その他
先進成熟国  ←商品供給──  日　本  ──三国間貿易──→
          ──市場開放──→       ノウハウ提供
                                商品開発──→  新興工業国
                                ノウハウビジネス
          〔交接点としての日本〕   市場開放
```

ここでいう国際流通業の定義は以下のとおりである。すなわち、国際流通業は、従来から行っている貿易活動を中心とした海外との関係を高度化し、同時に、流通システムそのものの変革の国際的な次元での実現を目的としたグローバルな流通活動なのである（図表-1-3-2）。具体的には、変化する経済環境を捉えてのマーケティング活動を新しい商品調達力、提案力、直接進出力、プロモーション力、輸出事業の推進力を総合的に展開しながら、物財の国際的移動を伴う商機を効果的にビジネス活用するプログラムを持つことである。従来では、日本は物財移動の終結点としての役割を果たしてきたが、これからは、さらに日本を通しての第三国への移動が大きなウェイトを占めるようになり、その意味では、交接点とし

て日本という役割が重要になる。すなわち、従来は高質商品や学ぶべき生活形式は欧米から、そして、資源などの基本生産財はアジアその他の諸地域から、という輸入マーケティング活動が中心であったが、これからは、NIESなどの台頭も大きな要因でもあるが、日本の国際的地位の高まりによってワンウェイ単層型のマーケティング活動ではないツーウェイ多層型のマーケティング活動へと焦点が変化していく。

しかしながら、このようなツーウェイ型のマーケティング活動を実現するには、ステップを踏んだ堅実な対応が必要なのである（図表-1-3-3）。具体的には、すでに行っている商品の輸入・輸出からまず始めて、次に開発輸入や輸出（需要発見から商品開発・産地開発まで）、そしてエージェント事業（物財移動の代行から情報付加との総合化によるオルガナイズ推進事業）、さらには、国際プロモーション事業（見本市・マーチャンダイズマートなど）や国際コンサルテーション事業（情報力蓄積からコンサルテーション力を活用した商材開発）へとステップを踏みながらマーケティング活動を高度化させ、最後には、これらを総合的に展開させ

図表-1-3-3　大手小売資本の国際流通業への段階的進化

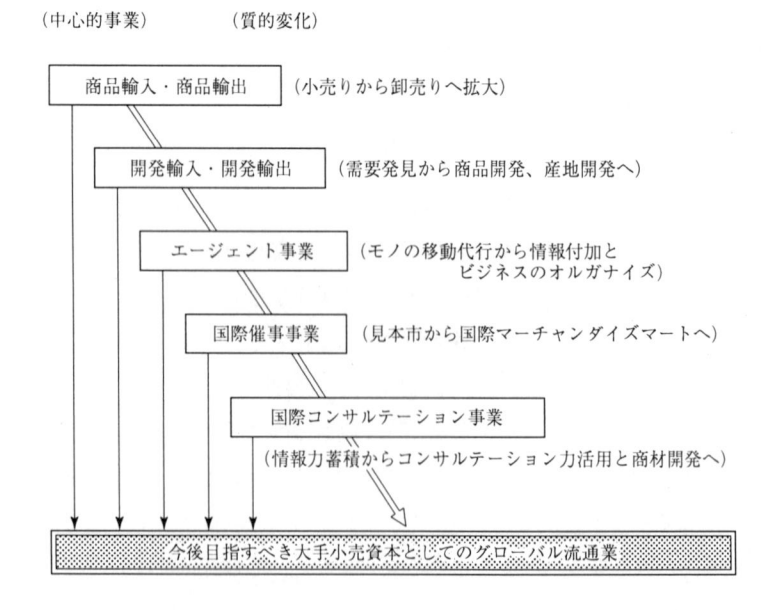

（中心的事業）　　　（質的変化）

商品輸入・商品輸出	（小売りから卸売りへ拡大）
開発輸入・開発輸出	（需要発見から商品開発、産地開発へ）
エージェント事業	（モノの移動代行から情報付加とビジネスのオルガナイズ）
国際催事事業	（見本市から国際マーチャンダイズマートへ）
国際コンサルテーション事業	（情報力蓄積からコンサルテーション力活用と商材開発へ）

今後目指すべき大手小売資本としてのグローバル流通業

ることのできる国際流通業へと進化させることが可能になる。

　次に、この国際流通業の実現へ向けて事業化が可能な、あるいは重点化すべき領域について紹介する。まず、すでに行っている商品輸入の取り扱い商品の拡大があげられる。具体的には、我が国においてまだ市場が確立していない大型機器類、また保険や旅行、あるいはAVにかかわる無形商品などが期待のできる領域である。また、海外における日本向け商品を拡大するため、日本市場への商品の開発輸入を行うことである。3番目には、海外へのオリジナル商品の輸出であり、これは、開発輸入した商品の第三国への輸出形態での対応である。4番目には、国際見本市を開催することで、海外の産業、文化、生活の広範な情報発信を事業化する方法である。5番目には、海外の企業が日本に進出する際に、日本の立場からの日本市場についてアドバイス及びコンサルティングを行い、マーケティングにおけるオルガナイズ機能を事業化することである。以上の5つの領域が、今後において大手小売資本が取り組むべき事業としては可能性が大きいものと思われる。

4．開発輸入の強化・拡大の基本方向

　大手量販店資本を中心に、マーチャンダイジングの自主化が積極的に進められているが、この自主化政策にとっては海外での商品開発が決め手であり、この海外での商品開発の効果的な実現には、また、開発輸入の強化や拡大が重要な課題になるわけである。

　そこで、ここでは、先進的な大手小売資本にみる商品開発の考え方についての紹介を行う。各社ともマーケットニーズを的確に捉える力をつけようということで、マーケティングサーベイ力の強化を行うことで、時代を先取りする商品開発を積極的に展開している。また、マーケット適合型の商品開発のみならず、マーケット創造型のコンセプチュアルな商品開発と業態開発を併行させようという考え方も注目に値する。さらには、この商品開発や業態開発のプロセスから獲得したソフトやノウハウを活用した事業化までもが可能な段階なのである。

　この商品開発には、自社販売商品の調達のみならず商品開発力の事業活用を行う事業発想での商品開発という考え方を持つ必要がある。具体的には、自主商品

開発の取り組みから獲得できた企画から販売までの流通の全過程を完全自主化する仕組みを活用して、マーチャンダイジング力を持ったチャネルビジネスの展開が大切なのである。そのためには、大手小売資本には、収益力の拡大へ向けて生産拠点の海外への確保を目的として、東南アジアや中国に生産基地の開発を伴う開発輸入という新たなチャネル事業が重点戦略課題になってきた。また、ヨーロッパを中心としたブランドビジネスについては、ヨーロッパ資本の再編成と、それに伴うブランド利権の流動化という状況の中で、新たなチャネル構築を我が国及びアジア全域への販売力をテコに展開することが、これからの重点課題になる。

　このように、開発輸入は大手小売資本の商品戦略の決め手となり、そういった観点で捉えると、今後は量販店資本の百貨店資本に対する優位性は明白である。大手量販店資本は、このところ毎年高率の伸びで開発輸入を増大させているが、一部の企業を除いて百貨店資本はほとんど対応が行われていないのが現状である。こうして、量販店資本では、海外で低コストの生産拠点を確保しながら自社の収益力を拡大するのみならず、開発商品の活用すべく新たなチャネル形成を行うことで、多角化戦略を含めた総合力の強化を一段と進めている。

　開発輸入の重点課題としては、アジアにおける衣料品の生産基地のネットワーク化と、その生産基地をフル稼動させて商品のロット形成を促進するためのチャネルの形成を、どのように他資本に対して優位に行うか、がある。また、これからは、エリアについてはアジアに続いてアメリカ、EC圏が、商品領域については飲食料品が、それぞれとりわけ重要なターゲットになってくる。業態別に見るならば、量販店資本がややアジアに、百貨店資本がややヨーロッパに重点をおいた展開が行われていく。

　次に、開発輸入を行う際の基本的な留意点であるが、まず素材、技術、人材の特性を十分把握した上で、国際分業の仕組みを物流や情報システムも含めて適確に行うことが大切である。また、次に、NIES・ASEAN＝低コスト・低価格、そして質の悪い低価格商品の供給地という考え方で捉えるのではなく、総合マーケティング活動における戦略的な必然性を多面的に持つ対応を行うべきである。このような考え方に立脚すると、店舗を出店することで、商品開発拠点の確保、輸出入ビジネスの多方向での展開、多角化事業の各エリアでの展開など、複数の機

能の海外拠点化が同時に可能になる。

　また、エリア別に異なる対応が重要であり、その意味では、企業レベルでの総合化された戦略と国別スペシャリストの確保が、今後の開発輸入の決め手になる。アジアのセンター機能として注目をあびている香港は、アジア全域のコントロールセンターとして活用すべきで、地場の資本との連動についても積極的に行うべきである。また、中国やタイについては、可能なかぎり現地との合弁による資本によるネットワークの形成を行うべきである。台湾や韓国については、現地企業が十分育っているので、現地資本をあるいはすでに参入している日本資本をソースとして活用する考え方をとるべきである。ヨーロッパについては、パリなどをコントロールセンターとしながらイタリア、イギリス、スペイン、ドイツをネットワークすれば十分である。EC統合によって、EC圏への取り組みは今後ますます重要な課題となるが、それまでにどのくらい実績を作れるのか、また、有力欧州資本とどのようなネットワークが構築できるかが、これからの重要なポイントになる。

5．グローバル活動の段階的展開

　小売資本の真の流通資本への転換や国内資本から国際資本への転換のためには、貿易活動の国際的な取り組みも必要な戦略課題である。

　この貿易活動の基本的方向としては、以下の4点をあげることができる。まず、第1は、海外生産基地化の積極的な推進があるが、これは各国の産業振興に貢献するという姿勢が基本的な条件になる。このような前提に立つと、高度な技術移転を行いながらも雇傭創造も同時に可能になる事業が最も望ましい領域である。また、これからは、この形態の導入が可能なエリアとしては、中国を含むアジア、旧ソ連・東欧圏をあげることができる。第2は、とりわけ重要なエリアであるアジア地域への積極的な対応である。香港、シンガポール、韓国、台湾のみならず、これからは北京、上海を中心とした中国にも戦略的、重要性が高まってくる。また、アジアエリアでの事業活動はアジアで完結させることなく、アジアと欧米を繋ぐという視点で、グローバルな事業展開も積極的に行うべきである。第3は、国別特性を捉えた地元資本との合併の仕組みをつくりあげることである。これも、

リスクの分散という視点からだけではなく、本格的に事業を定着させるために現地資本を活用すべきである。また、第4は、このような活動を行うことや、海外で貿易活動を行うことを可能にするオペレーション面の仕組みづくりを行う必要も生じてくる。

これからは、このような国際的な商社的ネットワークの重要性が高まり、その意味では、貿易ネットワークを完成する流通資本がグローバル競争時代における競争優位を獲得できる。

6．統合化を指向するグローバル化戦略

大手小売資本の国際流通業へ向けた国際化対応を開発輸入と商社的活動に絞って紹介をしたが、大手小売資本にとっては、海外出店もまた大切な課題ではある。大切なことは、この国際化対応戦略が冒頭に述べた流通資本の4つの重点戦略のうちの他の3つの戦略（多角化戦略・多拠点化戦略・地域化戦略）と密接不可分な関係である、ということである。すなわち、海外のある都市に出店することは、多拠点化戦略であると同時に、海外出店ということでは国際化戦略であり、その地域における事業展開については地域化戦略であり、また、店舗を中核にしながら多数の新規事業を開発することでは多角化戦略なのである。このようにグローバル化戦略は、小売業が、21世紀へ向けて新産業資本としてリーダーシップを確立するためには越えるべきハードルであるとともに、この国際化対応を行うことで個別企業の持つ戦略課題を総合的に解決することにもなる。

■ 第 4 章 ■
生活情報産業のマーケティング&マネジメント

1. 新しいステージに突入したリストラクチャリング

　世界の企業はいまやリストラクチャリングの嵐ともいうべき状況にあり、すべての企業戦略はリストラクチャリングで語れる様相を呈している。次第に、日本のリストラクチャリングについても、資本を活用したファイナンスインテンションからのM&A、そして国際化に向けた世界のビッグ資本の事業の組み替えへの対応など、アメリカを中心にとりわけ資本戦略と強くリンクした大型のものも行われている。

　また、近年では、日本の企業においても、国際的企業を目指すべく、グローバルリストラクチャリングに対しても果敢に挑戦している。たとえば、かってセゾングループでは1988年9月にはメトロポリタングループのインターコンチネンタルホテル買収（現在では売却）を決定したり、またジャスコでも同年5月にタルボットを買収するなど、最も国際化が遅れていると思われていた流通資本ですら国際的なM&Aに取り組むまでになってきた。このような状況を見ると、M&Aによるリストラクチャリングは、すでに成熟期を迎えたとも考えられる。また、事業のリストラクチャリングこそが企業再生の特効薬であるという発想も、そろそろ修正すべき時期にきているようでもある。そこで、次のステップへの飛躍として、ここではリストラクチャリング視点を転換すべく総合生活産業のマーケティングとマネジメントの提案を行う。すなわち、時代の流れや生活者の意識の変化を的確に捉えたマーケティングの組み替えと、これをバックアップするマネジメントシステムをどう再構築していくか、が今後の企業戦略にとっての重要な課題になる。そこで、ここでは、成長戦略としてのリストラクチャリングの代表事例として、1980年代後半から1990年代の初めにおける先進的な小売資本のリスト

ラクチャリングの基本思想を、マーケティングとマネジメントのリストラクチャリング視点から紹介する。

2．生活者マーケティングのリーダーを指向する百貨店
(1) 生活情報産業化への道を歩む大手小売資本

　第三次産業の時代とか経済のサービス化、ソフト化の時代とかいわれて久しいのだが、流通資本にとっては、長期的には環境条件がフォロー状態であることは間違いはない。このような状態を前向きに捉え、もともと家業的色彩の強い企業体質を産業化させるべく、各大手小売資本は必死に努力を行っている最中である。規模の拡大、多角化の推進、国際化体質の獲得、情報化に向けた体質革新、経営構造の改革、これらは、すべて流通業の産業化を到達点とする変革のステップである。このプログラムを順次こなしていくことで、各小売資本は新しいスタイルのソフトコネクション指向のグループとしてのプラグアビリティを目指している。

　また、1980年代の後半以降、量販店資本を中心に大手小売資本は海外への出店にもきわめて積極的である。なおこの出店についても、ただ店の数を1つ増やすということだけではなく、海外における商品開発の基地として活用するという複合的な拠点活用のビジョンに基づいている。百貨店資本においても、従来の日本人観光客相手の小型店主産物店から地元のマーケットを対象にした本格的百貨店へと戦略を転換しつつある。このように、本格的な海外出店とその複合的活用による海外ネットワークの形成が、今後の流通資本の競争戦略上の重要なファクターとして認識されている。

　そこで、ここでは、大きな転換期にある流通資本のイノベーションの方向についての確認を行うことにした（図表-1-4-1）。各社とも、国内を中心に活動していた小売資本から国際的ステージで活躍する国際流通資本への脱皮を目指し、一方では、生活者のあらゆるニーズに対応すべく生活情報産業への転換を図ろうとしている。そのためには、本業の強化と革新、多角化戦略の強化と充実、国際化体質と情報化体質の獲得をいかに他社にさきがけて構築していくのか、が事業戦略上のポイントになる。

図表-1-4-1　　大手流通資本におけるイノベーション

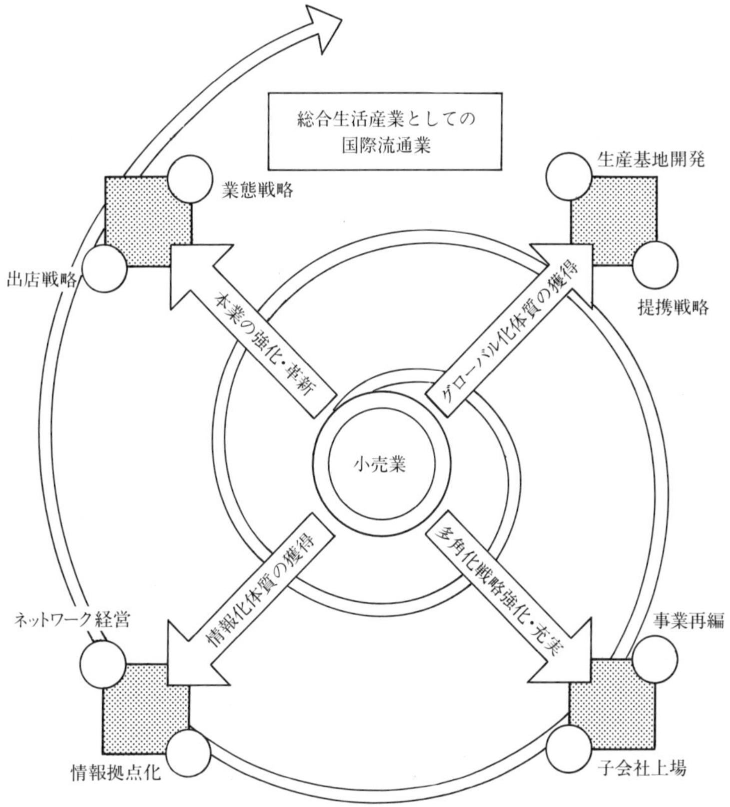

(図)

また、本業の強化や革新については、出店戦略の強化による店舗ネットワークの拡充や海外への積極出店、さらには出店戦略に伴う多面的な業態開発の進展がとりわけ重点戦略になる。そして、多角化戦略については、事業領域の拡大を図るとともにM＆Aなどを通してそれぞれの事業に競争力を持たせ、将来的には、上場を目指した本格的な事業に育成することに重点がおかれる。同時に、商品の開発力や収益力を強化すべく、海外生産基地の獲得や欧米のビッグビジネスとの提携で、国際商品ネットワークを構築するなど、国際化体質の獲得を具体化するプログラムの構築も重要な課題になる。さらに、情報化体質の獲得については、店舗を単なる物品販売の場ではなく情報チャネルとして捉えて再編成することも、

今後クリアすべき第1のハードルになっている。また、ヒエラルキー型からネットワーク型の経営に転換することで多面的な情報発進力を補強することが、情報化体質の獲得には欠かせない要素である。

このように、大手小売資本は21世紀における新産業資本の形成を目指して、それぞれの方法で生活情報産業化への戦略対応と経営構造の革新を強力に推進していた。

(2) 小売を軸にしたマーケティングネットワーク

流通産業が産業化を目指す場合には、いかにマーケットオリエンテッドな基本姿勢を貫くかが、とりわけ重要な課題である。流通産業が事業を考える際に、最も重要な点は、暮らしの助け手という役割を認識することなのである。実体的には、生活者最優先の経営理念を固め、一人ひとりの生活にアクセスした上であらゆる領域の商品や情報サービスのニーズに新しい付加価値をつけて提供する、という視点が重要になる。このことは、また、生活創造型のマーケティングの強い要請であると理解すべきである。

そのためには、流通資本が常に時代をリードする先見性と、新たなライフスタイルを提案しうるクリエイティビティをかねそなえた企業である、ということが要請される。そこで、豊かな時代を支える売場作りやメニュー開発を多面的に展開し、同時に、生活者のそれらの自由な選択ができる生活者視点でのソフトをセットすることが重要になる。その意味では、急速に進行しつつある生活レベルでの国際化や情報の日常化にどう対応していくか、が今後のマーケティング戦略上の課題である。すなわち、生活者主導でヒト、モノ、カネ、情報の国際的な移動が容易に行われ、ハードの普及とネットワーク化に伴い、情報の使いこなしがごくあたりまえのことである現在、これらにジャストフィットした新機軸の打ちだしは、総合生活産業を志向するマーケティング企業にとっては不可欠な条件なのである。

そこで、これからは流通業が構築すべき重点プログラムとしては、たとえば、百貨店業の場合、本業である百貨店業を従来の伝統的店舗から新百貨店業へどう転換するのか、どう多角化事業を競争力を持った自立した事業へ転換するのか、本業の百貨店事業と多角化事業間のシナジー効果をどう追求するのか、などが大

きくクローズアップされてくる。

　店舗は、時代の変化を読みとって生活者に有用な施設であり続けるためにも、情報発信機能の強化が必要である。そのためには、新しい商品やチャネルを継続的に開発する力を獲得するマーケティングやマネジメントのシステムの早期構築が必要になる。

　多角化事業戦略についても、それぞれの事業部が自社の資産を総合的に活用することだけでなく、必要に応じて外部へもネットワークを拡大するネットワーク型のマーケティングやマネジメントのシステムの確立が急務なのである。

　さらに、本業と多角化事業両部門のシナジー効果を最大限発揮させ、グループ全体としての総合力を高める組織運営と、そのための人材の養成、つまりシナジーマーケティングを可能にするマネジメントの実現、も今後の重点課題なのである。

　そこで、以下において、これらの課題をクローズアップさせながら、具体的な戦略についての紹介を行う。

3．複合事業拠点化を指向する百貨店店舗事業
(1) 商品とチャネルの積極的な開発

　百貨店の店舗は、店頭物販ビジネスからスタートしたのだが、商品やチャネルの拡大によってその事業領域が拡大し、現在では、グループの総合力を活用した複合事業拠点化が進行している。従来では、衣料品や家庭用品、食品といった物商品が中心であった店舗も、情報商品、大型物商品、コーディネート商品というように、商品の解釈の拡大につれて事業機会を増大させる状況にある。

　情報商品とは、旅行やチケットやファイナンスなど生活のサービス化やソフト化に対応した、いわゆる物以外のソフト商品なのである。また、大型物商品は車や家など、従来店舗では販売できなかった大型の物商品のことである。この大型物商品を導入することで、ライフスタイルを総合的に捉えた商品化をすることが可能になった。

　これらの商品が、いずれも単品販売に重点がおかれるのに対して、モチベーシ

ョンを総合的に捉え、複数の商品をパッケージ化して販売することを目的にしているのがコーディネート型の商品なのである。たとえば、ブライダル商品の場合には、婚礼衣装、エンゲージリング、結婚式場、引き出物、ハネムーン、新生活用品といった結婚準備から結婚後の生活にいたるまでの数多くのバラエティにとんだ商品から構成されている。このように、百貨店の持つ総合力が十分に発揮できる商品がトータルコーディネート型の商品領域なのである。

　また、これからは、商品だけではなくチャネルの拡大にも多大な努力をすることが重要である。最近のライフスタイルの変化に対応して、時間や距離の制約から生活者を解放できるダイレクトマーケティングの本格的な展開も、これからはチャネル開発型の事業戦略として大きく浮上する。このように、店頭販売ビジネスを重視しながらも、店舗を複合事業拠点に構築することで新規事業の開発を積極的に行うことが、これからはそれなりに大切になる。

(2) 店舗における販売組織の革新

　このような店舗の事業拠点化に伴って、店舗組織も次第に変化している。ここでは、標準タイプの店舗を事例として1980年代後半に行われた店舗の組織改革について論述する。ただし、このような組織戦略は変革の途上であることもあり、未だに改革の余地は多く残っている。

　店頭物販部門である販売部では、商品別マネジメントを軸にしたフロアマネジメント組織になっている。このようなフロア構成は、どこの百貨店でもほぼ同じような展開をしており、したがって、組織体制についてもそう大きな差異はない。しかしながら、先進的な百貨店などで進められていた組織の特徴は、いわゆる営業部的機能の組織化を行ったことである。これは、家庭外商や法人外商を担当するアウトセールス部門と、旅行やオートライフといった商品の概念拡大に伴う営業部門、そして、サテライトやダイレクトマーケティングなどのチャネル拡大に対応する営業部門などから編成されていた。

　言い換えれば、営業部とは店頭物販をのぞいた商品領域とチャネル領域をカバーする部門なのである。したがって、事業領域の拡大に伴って、営業部が将来的には店頭非物販、非店頭物販、非店頭非物販の各部門に発展的に組織分解してい

くことが期待されていた。しかしながら、残念なことに、この構想は、バブルの崩壊後の景気の冷えこみと店舗運営コストの削減を目的とした合理化策によって、大きく後退したことはすでに衆知のとおりである。

(3) 営業部が目指すべきマーケット領域

　それでも、この営業部構想で百貨店が狙ったソフト化対応のコネクションというシナジー追求型のマーケティング戦略は、これからの百貨店経営においてもきわめて重要な課題なのである。このような問題意識から、ここでは、営業部が目指したマーケティング戦略についての紹介を行うことにした。

　各店舗は、それぞれのエリアにおけるマーケティング力の拡大を行いながら、既存事業のみならず、同時に、潜在マーケットの積極的な掘りおこしも行わなければならない。そのためには、自社グループのみならず他社の営業資産をも多面的に活用した営業活動の実践が必要である。同時に、売り方や事業化のノウハウを蓄積しながら、店舗マーケティング力を積極的に拡大することも期待されている。このような状況下で、必然的に重視されてくるのが商品やチャネルを複合的に活用したプロデュース型の事業展開であった。

　また、このプロデュース型の事業展開において、とりわけ重要な領域は、生活者軸ではレジャーライフのプロデュース、住関連商品のコーディネート、ライフインベストメントマネジメントのプランニングを、企業軸ではイベントプロデュース、ビジネスコンサルティング、街づくりのサポートなどが想定できる。

　このように、小売業からの脱皮を示唆する成長マーケットへの対応が期待された組織が営業部なのであった。そこで、営業部を強化・充実するには、新しい売り方の開発やそのノウハウの組織への蓄積が決め手である。そのためには、これからは店舗をショールームに見立てた売り方や、ネットワークされた特定の顧客への売り方の開発なども重要なのである。また、重点商品としては、複合商財活用型のライフプランニングとビジネスコーディネートの領域が想定されていた。

　たとえば、店舗をショールームとして活用することは、一般生活者にとってはライフシーンの具体化であり、メーカーサイドにとっては集客力ある拠点でのプロモーションの展開を意味している。また、ネットワークされた顧客への販売と

は、マニア同士のコミュニケーションや趣味の最新情報の先取りに目を向けた売り方の開発なのである。このような新しい売り方を開発するには、リサーチからはじまって商財の複合化、情報の発信、継続販売を可能にする多様なフォローシステムを含むトータルマーケティングシステムの構築が前提なのである。

4．フレキシブルマネジメント体質への転換
(1) 変化への仕掛け作りを指向する組織運営

　マーケティング領域のリストラクチャリングを達成するためには、これをサポートするマネジメントのリストラクチャリングも同時にセットされる必要がある。すなわち、従来の部門別やヒエラルキー型の定型組織や権限規定にしばられる、いわゆる堅い組織運営からの転換が必要になる。これは、言い換えれば、組織や組織運営に創造性を持たせる仕組みを持ち込んで風通しをよくすることである。なお、ここでは、これをフレキシブルマネジメントシステムとよぶことにする。

　これは、組織の壁を越えた行動を評価するシステムなので、このシステムには多様な仕掛けがほどこされている。つまり、組織を静止した固定した機構として捉えないでプロセスとして捉える考え方である。その意味では、組織も毎日変化させてよいのだが、そうもいかないので実際は年2回ぐらい大きく変える組織運営がせいぜいなのである。このことによって、人事も変わり、仕事の仕組みも少しずつ変化する。また、組織を私物化し、そこにあぐらをかくようなマネジャーが輩出することを避けることもできる。このような方法で組織に緊張感とゆらぎが作られ、挑戦と革新を尊ぶようなカルチャーが維持されていく。

(2) 壁くずしと規程くずしによる創造的マネジメント

　それでは、創造的で自由度の高いマネジメントは、どのようにして達成されるのか。実は、そのためには、常に破壊と創造を繰り返し、組織を柔らかくしておくことが不可欠な条件である。したがって、まず、組織における壁くずしを意識的に行うことが必要である。また、事業を拡大するにあたっては、他社の経営資源の徹底的な活用も考えられ、資本の壁を越えた企業活動が必要な場合も増大す

る。ところが、従来では自社の資産のみによって事業を拡大する傾向が強く、何が何でも自社に取り込みながら事業拡大を行うという考え方であった。

　しかしながら、今後は、ネットワーク思想を導入しながら自社と外部とを区別することなく、資本の壁を越えて組織や資源を自由に組み合わせることで、事業の必然性による自由な組織の増殖が可能になる、という組織編成が望まれる。また、必要な時期に、必要な相手とオルタナティブな関係を、複合的、かつ重層的に構築するというような場合も生じてくる。そして、この外部資源を活用したネットワークを、自律性を持った組織として積極的に育成し拡大させることで、新しい成長戦略の局面を迎えられる。つまり、このことは、自社の事業を外部にスピンアウトさせてより大きなネットワークを手に入れる、という考え方でもある。

　次の規程くずしとは、もちろん規程をまったく無視するということではない。過去の仕事を整理した規程や職務分掌に縛られていては新しいことへの挑戦や創造的な仕事をすることは困難で、また、創造的な仕事を目指せば目指すほど規程や職務分掌は邪魔になる、ということである。大切なことは、職務分掌に規程されていない新しい仕事をどのようにして引き出すかである。そのためにも、徹底的に加点主義（減点主義ではなく）評価の優先が必要なのである。1枚の職務分掌で、自分の仕事を決めてもらって満足している保守的な人間を、どのように洗脳して創造的な集団に転換させるか、が大きな課題になる。自らの意思で仕事を切り拓いて、その結果が、その個人の所属する部門の職務分掌になるような創造的な人材の獲得と育成こそが待望されている。

　権限規程も同様で、もともとこれは過去の経験にのっとったガイドラインだから、たとえ参考にする必要があったとしても、単に、これを守ることだけを目標にするならば、組織はまったく硬直化する。また、もともと仕事のすべてをカバーする権限規程など作れないから、権限規程で業務を規程してしまうよりは規程をできるだけ自由に解釈して、権限規程で創造的な芽をつぶさない配慮をすることが、今後には大切なのである。組織運営には少しは例外があってよいと思うべきで、とりわけ、新しい業務では、直接業務を行う人間に可能なかぎり権限を与えることも、また、大切なことなのである。

(3) ソフトコネクション指向のシナジーマネジメント

　複数の事業を多面的に経営している企業集団にとっては、シナジー効果の追求が重要な戦略課題なのである。複数の組織を効果的に組み合わせ、シナジー効果を最大限に発揮するソフトコネクションを実現すれば、企業集団全体としての生産性は飛躍的に向上する。たとえば、先進的な百貨店では、商材やエリアの広がりによる事業領域の拡大が急速に進展しているため、この商材やエリアやチャネルなどを上手に組み合わせてソフトコネクションを追求するマネジメント手法を獲得していた。

　このように、シナジー効果を最大限追求するマネジメントは、フレキシブルマネジメントシステムの中でも、かなり難易度の高いものである。そこで、たとえば、スポーツ館において行われていた実例を紹介する。スポーツ館では、経営責任はスポーツレジャー事業部という事業部に所管させ、オペレーション責任は店舗に所管させるというような役割分担で事業展開する考え方である。これは、いわゆるマトリックス型の管理である、ということもできる。これによって、事業の多様ソフトを活用できるスポーツ事業という側面と、店舗の顧客事業という側面の双方のメリットを享受できる。すなわち、スポーツレジャー事業部の専門性と店舗の顧客対応力とのシナジー効果が働くソフトコネクションが可能なのである。

(4) シナジー効果をプロデュースする企画スタッフ

　このようなシナジー効果を追求するためには、それを仕掛けていくプロデューサー集団である営業企画部門の組織改革も必要になる。このプロデューサー集団は、実は、オフィシャルにはそれほど大きな権限は持っていない。ただ、組織を横に束ねて連結させることに関しては多大なパワーを持っている。権限規程は原則としてヒエラルキー発想での縦の関係しか規程されないため、横の関係の規程がまったく存在せず、そのため、逆に横関係の仕事はやり方によっては無限の力を持てることにもなる。本来は、権限のない人間が最大の権限を持つというパラドクスが生じているので、むしろ、これを上手に活用してしまう発想なのである。この営業企画部門に戦略遂行面での権限を保証するため、組織的にはゼネラルスタッフ部門に位置づけて、顧客×商材×売り方×企画、店舗×各事業部×営業企画部門など

多様な組織の掛け合わせをセットし、シナジー効果を追求する。こうして、組織全体としてのマーケティング活動の生産性の飛躍的な向上を狙うのである。営業企画の強化ポイントは、まず、マーケティングセンターとしての機能強化があげられる。このことは、時代の変化を読みとって消費と生産とのインタフェースを効果的に行うことで、具体的には、営業環境の変化を的確に把握し、新しい生活者の提案を盛りこんだマーケッタビリティのある営業活動を目指すことである。

次に、事業のインキュベートやサポートのためのセンター機能の強化があげられる。これは、事業育成を目的として、店舗と各事業部、あるいは各事業部門の調和にも留意しながら、新たな事業シーズへ積極的対応を図って、各事業部門の戦略立案面でサポートを行う事業育成型の営業指導を強化することである。

さらに、情報ネットワーク機能であるが、これは各店舗や各事業部の現場営業情報と経営情報をスピーディに連結させ、社内情報のネットワーク化と営業課題の抽出を行って、営業資源の最適な活用が可能となる営業活動を行うことである。このように、プロデューサー集団である営業企画部門への期待はきわめて大きいものである。そのためにも、短期間で優れたプロデューサーをどう育成するかが重要な課題になる。

(5) 合意形成によるダイナミック経営の追求

以上、マーケティング領域とマネジメント領域でのリストラクチャリングについての論述を行ったのだが、このような論点に立脚したリストラクチャリングの戦略的な重要性はますます増大する。もともとリストラクチャリングは、トップマネジメントと一部のゼネラルスタッフや財務担当者のみならず、現場の第一線で働く全社員を含めて、全社課題として取り組むことが必要なのである。そして、このリストラクチャリングを成功させるには、既存の考え方や仕組みにとらわれない創造指向のマネジメントと時代を的確に捉えた文化指向のマーケティングを両軸にして、ダイナミック経営を実践することが必要なのである。このように、ソフトコネクションによるシナジー効果を増大させるためには、たとえば、シナジーマーケティングの追求と、これをバックアップするためのシナジーマネジメントの確立が強く望まれる。

第 2 部

科学的システム経営
リエンジニアリング

Reengineering

- 第1章　統合型チェーンシステムによるリエンジニアリング
- 第2章　SCMが小売業にもたらすインパクト
- 第3章　QRの戦略展開による流通革新
- 第4章　百貨店のハンガー共同納品代行システム

■ 第 1 章 ■
統合型チェーンシステムによるリエンジニアリング

1．リエンジニアリングの流通への活用

　1990年代初頭のバブル崩壊のショックが引き金となり、戦後初めての本格的デフレ不況を迎え、生活者の消費マインドの大きな減退が誘発された。そして、このことによって、日本の経済は混乱のきわみともいうべき状態に陥った。このような状況下で、業種業態を問わず多くの企業は、この苦況からの脱出に向けて、突然のように我が国に紹介されたマイケル・ハマーによるリエンジニアリングをバイブルのように信奉し、このことでどんな経営課題をも解決できるという、いわば経営のファッション化ともいうべき現象が現出した。

　しかしながら、注意すべきことは、マイケル・ハマーがいうところのリエンジニアリングは、ポストモダン軸における時代の歴史的な転換を示唆するほど水準の高い社会・経済の思想にもかかわらず、その思想的な観点を欠落したままで技術的な応用のみが取り沙汰されたことである。また、アメリカにおいても、このリエンジニアリングが必ずしも実際に百発百中の成果をあげているわけでもない。このようなことを冷静に受けとめることがたいへん大切なことなのである。すなわち、リエンジニアリングに対しては、経営技術の側面よりは、むしろ思想的な側面をより評価すべきであり、経営技術としてのリエンジニアリングが、もしも思想的側面と切り離して捉えて論じれば、経営改革のすべてがリエンジニアリングで説明できる、というような誤りが生じてしまう。

　しかしながら、小売業界が最も注目している生産、流通、そして、さらには、販売から消費にいたるまでのサプライチェーンのイノベーションにとっては、このリエンジニアリングという考え方は有効である、と思われる。これは、とりわけ、技術的側面は流通革新の波に乗り遅れた百貨店が初めて産業的な視点に立って取り組

んでいるチェーンシステムとの関係の中においては、きわめて重要なものである。そういった問題意識に立つと、これからは、ますます物流の役割が大きくなり、今後の物流の方向性を実践的、かつ長期的視点に立って明確にすることが重要になる。

また、昨今の業界動向を見ると、企業再生へのアプローチは、従来のコストを下げ同時に差益高を上げようという戦略軸から、原価そのものの低減をいかに実現すべきかという戦略軸に移っている。この原価の削減は、サプライチェーンの革新によって初めて可能になるのだが、しかし、そのためには、リエンジニアリングがきわめて有効な武器になる、と期待されている。

たとえば、原価を大幅に下げるためには垂直統合視点での一貫マーケティングが不可欠となるし、マーケティングの性質もマーチャンダイジングのみならず、ビジネスロジスティクスまで含む商・物・情の統合化の方向を模索する必要が生じる。また、この垂直統合を前提とした機能総合マーケティングは、各流通過程での様々な企業とのリンケージやコラボレーションを不可欠にしてしまい、まさに企業の壁を越えたネットワーク組織としてのバーチャルコーポレーションのモデルとしても多大な意味を持つことになった。

そこで、ここでは、新しいフェーズに直面している小売の競争戦略の決め手としてチェーンシステムの新しいフレームを提案するとともに、従来のチェーンストアオペレーションと昨今重要性を高めつつあるサプライチェーンオペレーションをどのようにして統合させるべきか、について提案を行う。同時に、著者は、この総合概念に対して、ここでは、インテグレイテッドチェーンオペレーションと命名することにした。また、ここでは、とりわけこの考え方にそって、物流革新について納品物流と配送物流の両領域に絞り込んだ上で、併せて、リエンジニアリングの戦略的な活用についての提案も行う。

2．リエンジニアリング発想によるチェーンオペレーション

(1) チェーンストアオペレーションシステムの進化

百貨店を含めた大型小売業にとっての、消費不況からの脱却に向けての重点課題は業態転換とオペレーション革新なのである。もともと、チェーンストアオペ

レーションシステムは店舗数の増大による規模の拡大により生産性を上げうる手法として導入され、この手法の採用の有無が業態間・企業間の競争力の差異を現出させたことはすでに常識的な事実である。

　しかしながら、このチェーンストアオペレーションシステムをもってしても、現下の不況への対応が不十分であるばかりか、21世紀にふさわしい企業再生や競争戦略の決め手にはなりえない、ということも明白である。そこで、最近急成長を遂げている欧米のSPA型企業や紳士服ディスカウンターのオペレーション等にヒントをえて、チェーンストアオペレーションを超える新たなオペレーション手法の構築が期待されている。

　もともと、チェーンストアオペレーションシステムとは、標準化された店舗をある限定したエリアに他の資本が参入できないほどの量によるドミナント形成が可能になるよう急速な出店を行い、一挙に規模の生産性に基づく原価の低減とローコストオペレーションによって収益の増大を図る仕組みである。その意味では、これは、戦略の柱はあくまで出店戦略であって、販売による利益獲得を可能にするためのバックアップシステムの一貫として仕入部門や商品開発部門が存在する、というような考え方に立脚している。

　しかしながら、SPAやディスカウンター型のオペレーションは、1960年代から我が国のチェーンストアが導入した伝統的なチェーンストアオペレーションシステムでは十分説明できない新たな手法である。この新しいオペレーション手法には、顧客ニーズに的確に対応するためのサプライチェーンをロジスティクスまで含めて総合的に対応するという、顧客志向のサプライサイド重視の考え方が濃厚に表れている。すなわち、この手法は、生産、流通から販売、消費にいたるまでのモノやサービスの流れの全過程における経済生産性を上げるための、機能マネジメントのプロセスマネジメントへの転換による原価の低減を実現することで顧客の満足度を向上させる、という試みである。

　また、従来のチェーンストアオペレーションシステムは、小売サイドのメーカーへの対抗というスタンスが強かったが、このサプライチェーンオペレーションにおいては、メーカーサイドの小売サイドへの対応というサプライヤーサイドのプロセス革新というスタンスが強くなっている。しかしながら、今後はデマンド

サイドかサプライサイドかという一方の観点からでなく、双方の観点に立ちながら生産、流通から販売、消費にいたるマーケティング活動のすべてのプロセスを捉えた事業活動が要請されてくる。その意味では、サプライサイドでもないデマンドサイドでもない、顧客志向型の顧客満足度の向上に向けたプロセスイノベーターともいうべき機能が重視されてくる。

そのためには、単独企業の競争力から企業グループ間の競争力へという競争戦略の枠組みも変化するし、このことを考慮するなら、今後は、水平的なチェーンオペレーションともいうべきチェーンストアオペレーションシステムと垂直的なチェーンオペレーションともいうべきサプライチェーンオペレーションシステムの双方を統合することが期待されることになる。このようにいわばインテグレイテッドチェーンオペレーションシステムという概念に基づいて、企業の壁を越えた強力なネットワーキングがあたかもバーチャルコーポレーションによる企業リンケージとして展開される時代が到来する、というように理解すべきである。

(2) インテグレイテッドチェーンオペレーションシステムの導入

なぜ、インテグレイテッドチェーンオペレーションシステムが必要になったかというと、それは、水平型のチェーンオペレーションとしてのチェーンストアオペレーションはもともと顧客ニーズが経営の前提であったが、顧客の満足と企業の収益を両立させ、かつ競争力を確立させるには、垂直型のチェーンオペレーションとしてのサプライチェーンオペレーションをチェーンストアオペレーションをサポートするためには、双方のシステムの統合が不可欠だからである（図表-2-1-1）。

言い換えれば、それは、小売サイドに立って従来型のチェーンストアオペレーションをより一層進化させ、もともとメーカー、卸や物流業者の役割であった流通プロセス、生産プロセスにまで小売サイドがさかのぼってビジネスストラクチャーを自ら主体的に構築する、という戦略対応になる。そういう意味では、このインテグレイテッドチェーンオペレーションシステムは、小売とメーカー、卸、そして、物流業者で構成されるバーチャルコーポレーションでの競争を現出させ、同時に、このバーチャルコーポレーションを取り巻く業界を超えた再編統合や新たなネットワーク形成も不可欠になる。このような観点に立つと、これから大切になる観点は、

顧客の立場に立ってどの生産と流通を一体化させるか、ということになる。

小売の立場からいえば、生産機能を統合するサプライチェーンの仕組みを顧客志向型の仕組みとして完全に掌握できるし、逆に、メーカーの立場でいえば、流

図表-2-1-1　インテグレイテッドチェーンオペレーションシステム

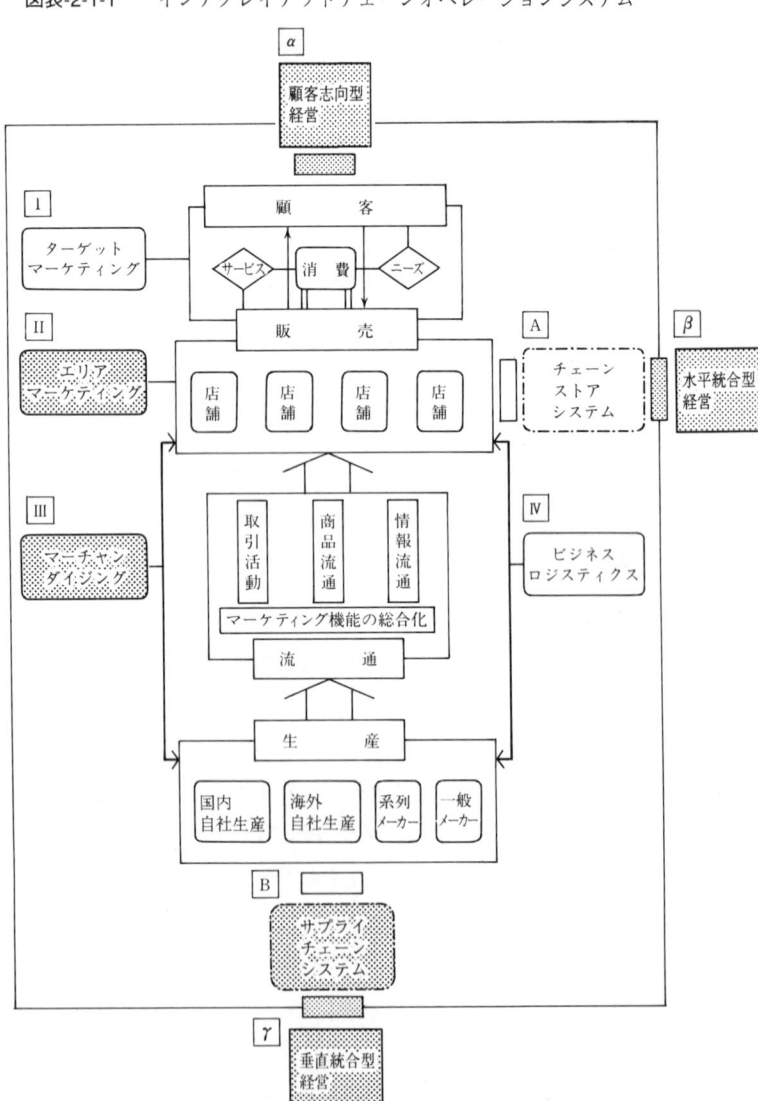

α　顧客志向型経営

I　ターゲットマーケティング

II　エリアマーケティング

A　チェーンストアシステム

β　水平統合型経営

III　マーチャンダイジング

IV　ビジネスロジスティクス

顧客　サービス　消費　ニーズ

販売

店舗　店舗　店舗　店舗

取引活動　商品流通　情報流通

マーケティング機能の総合化

流通

生産

国内自社生産　海外自社生産　系列メーカー　一般メーカー

B　サプライチェーンシステム

γ　垂直統合型経営

通や販売機能を生産機能に統合することで顧客志向の経営を目指すことができる。
　ここで大切なことは、垂直統合を行うためには商流や物流と情報流通をシステム指向で総合的に一元的にオペレーションできる仕組みが前提になることである。すなわち、マーチャンダイジングとビジネスロジスティクスを総合化した上で、生産と販売を結ぶ生販統合マーケティングともいうべき機能統合型のマーケティングの仕組みづくりが要請されるのである。また、このインテグレイテッドチェーンオペレーションシステムは、小売の立場に立つならば、顧客志向を絶対条件にした上で生産段階まで取り込んだ商、販、物が三位一体となった流通プロセスのリエンジニアリングの革新を可能にする。
　ここにおいて、なぜ、単なる業務改善ではなくリエンジニアリングが必要なのかという理由は、このリエンジニアリングが経済生産注を大幅に高める技術であること、すなわち、これが単に機械化による人間の代替とか細分された業務を人間が機械の部品のようにこなすのではなく、サプライチェーンというプロセス全体をトータルに捉えた抜本的な仕組みの組み替えに対する各個人の主体的、全人格的な参加を追求するからである。このように、リエンジニアリングは、人間の創発性とかクリエイティビティの向上を可能にするとともに、同時に、プロセス全体のダイナミズムとイノベーションを誘発する。
　また、このリエンジニアリングは組織を有機体として捉えることが前提になっているため、部門や組織の壁を越えた主体的な活動や全人格的な組織対応が可能にもなる。すなわち、サプライチェーンの構築に向けてリエンジニアリングを正しく実践すれば、テーラー主義の流通への応用という従来型のチェーンストアオペレーションに代表される近代化の戦略とは異なるポストモダン型の経営戦略としてのモデル化への期待が寄せられる。

3．納品物流のビジネスロジスティクス展開

(1) ビジネスロジスティクスによる物流改革

　ポストモダンを志向するリエンジニアリング思想に基づくインテグレイテッドチェーンオペレーションシステムの具体的な展開は、今後の重要な課題である。そこ

で、ここでは、現時点におけるこの概念にそった物流革新の方向性と具体的な展開事例についての論述を行う。量販店や百貨店に代表される大型小売業の物流は、基本的にはメーカー、卸から店舗の売場にいたるまでの商品調達にかかわる物流と、店舗の売場から顧客へ届ける物流によって構成されている（図表-2-1-2）。

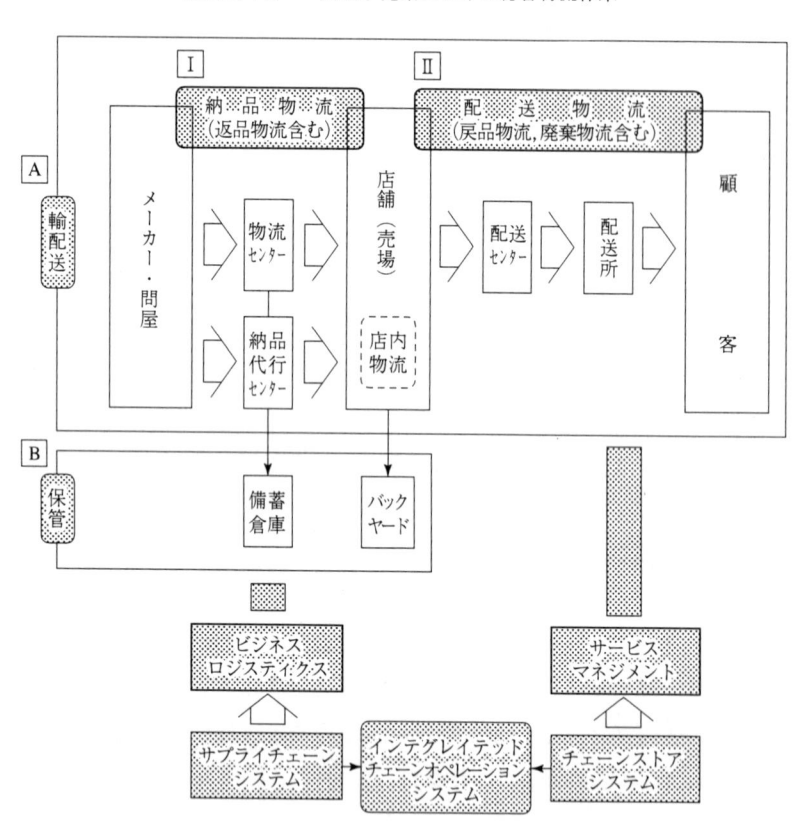

図表-2-1-2　大型小売業における総合物流体系

この2つの物流は、本質的には異なった機能で、前者はサプライチェーンを構成するビジネスロジスティクスの問題領域であり、後者はサービスマネジメントの問題領域で、いわばチェーンストアシステムの構成要素である。しかしながら、とりわけ車両の効率的なオペレーションとか物流センターの複合的活用ということから、運用については両者を一体として捉えた方がより現実的であり、かつ効

果的でもあるため、実際には弾力的な運用が行われている。なお、ここでは、小売の立場をより鮮明にするため、メーカーの工場への原材料の調達と区別するため前者を調達物流ではなく納品物流、また、宅配業者の宅配と区別するため後者を宅配物流ではなく配送物流、と呼ぶことにした。

　大型小売業の納品物流は、商品の輸配送と備蓄商品の一時保管が主な業務であり、サプライチェーンシステムというマーチャンダイジングとビジネスロジスティクスの機能統合型のマーケティングという観点から見ると、現時点では、量販店が百貨店に比較して一日の長がある、ということは否めない事実である。したがって、今後、百貨店が再生し量販店と互角に戦っていくには、量販店と同様のサプライチェーンシステム指向の納品物流の仕組みをビジネスロジスティクスの視点からどう展開するかがキーになるし、このようなシステム発想からの物流改革が強く要請されてくる。

(2) 納品物流の共同化促進

　昨今では、都市部における交通渋滞や、それに伴う環境問題などもあいまって、特に納品物流の効率化が社会的にも強く望まれている。そのため、個別企業単位での努力もさることながら、納品物流にかかわるすべての事業関係者、すなわち、物流業者のみならずメーカー、卸、そして、小売業も協力しながら納品物流の共同化という課題に取り組む方向性が強く打ち出されている。小売業サイドに立つと、この納品物流の共同化の方法は大きく以下の2パターンに整理できる。

　第1は、ダイエーに代表されるように自らトランスファーセンターとしての物流センターを保持することである。これは、多店舗化による機能上のメリットと同時に自社資産の増大という財務上のメリットを追求する方法である。第2は、イトーヨーカ堂に代表される物流センターのアウトソーシングである。この方法は、自社専用拠点と自社システムを構築した上で、自らがイニシアチブをとったネットワークを商流と物流の情報化により、完全に統合したマーケティングを展開する方法である。

　また、昨今では、物流業者がイニシアチブをとっての共同納品代行システムを構築する動きも顕著である。この方法では、物流業者が自ら設備投資を行って納品代

図表-2-1-3　大型小売業による納品物流の共同化

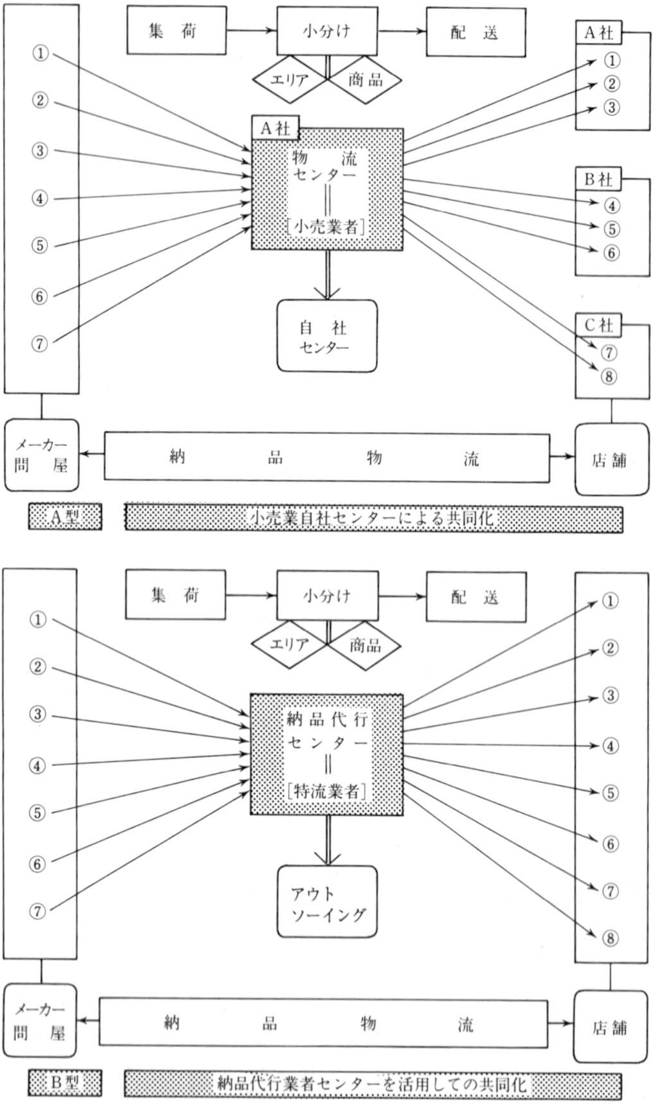

[A型：小売業自社センターによる共同化]

[B型：納品代行業者センターを活用しての共同化]

行センターの全国ネットワークを形成し、その上で、メーカー、卸と小売をリンケージさせ、システムと情報をコーディネートすることで収益を上げる方法である。

このような状況下で、小売業にとっては、自ら物流センターを持つ方法と、納品代行に代表される自ら物流センターを持たないアウトソーシングの方法の、どちらを選択するかが重要な課題になる（図表-2-1-3）。しかしながら、少なくとも、短期的に納品物流のシステムを構築するためには、自ら設備投資を行わずにオペレーション責任も持たない物流業者による共同納品代行システムに参加するほうが容易である、と思われる。

(3) 品揃え位置とロット形成の最適化

また、共同納品代行システムを導入するにあたって、納品物流を輸配送と保管の問題としてのみ捉えず、これからは品揃え位置とロット形成との関係も含めて考えることも大切になる。従来では、小売業の品揃え機能は店頭の固有の問題であったわけだが、サプライチェーンシステム視点で納品物流との関係で捉え直すならば、物流プロセスの諸段階での品揃えの適正化を物流視点、在庫視点、店頭での陳列視点などからの総合的な見直しが必要になる。

すなわち、サプライチェーンシステムの全プロセスを通じた合理的に品揃えへの位置とロット形成の決定が行われなければならない。このことは、また、これからの物流センターの業務も、狭義の物流業務のみならず、品揃え機能と在庫機能にかかわる業務力を新たに付与されること、とりわけ、物流センターのオペレーション改革が強く要請される、ということを意味している。このように、品揃えのサプライチェーンの連鎖が店頭での品揃えの生産注の向上に繋がるため、これからは、バイヤーのマーチャンダイジング機能はサプライチェーンの全体に及ぶ業務として捉え直す必要があるし、売場重視の業務のみならず流通をも重視する業務への転換が不可欠になる。

(4) ハンガー納品の共同代行システム

物流業者主導による納品共同代行システムは、衣料品の長尺物（ex.ドレス、スーツ）を対象としたハンガー納品に成果が出始めている。そこで、このハンガー納品の実際について簡単に紹介を行う。ハンガー納品を、単なるハンガーという形状での納品ではなく、バーチャルコーポレーション型のサプライチェーンを支

える代表的な総合マーケティングを構成する納品物流として捉えれば、このハンガー納品の展開は、物流のロジスティクス化そしてサプライチェーン化という物流改革にはきわめて重要な戦略課題になる。

まず、ハンガー納品はメーカー、卸から小売の店頭にいたるトータルな物流を垂直的にインテグレイトした仕組みであるとの理解が大切である。小売業者が、メーカー、卸に発注を行い、この発注情報に基づいて、メーカー、卸は総量でのピッキングを行い、その上で、納品代行業者の物流センターに商品は集荷される。

そして、この物流センターでは、一般的には納品明細書に基づき店別に数量チェックを行い各店に納品する。したがって、バイヤーの役割の従来以上の拡大が要請されるのである。また、このことが商品政策と物流、そして情報システムを総合的にマネジメントすることになり、この結果、サプライチェーンがシステム化され流通過程全体の生産性が飛躍的に向上する。そこで、まずバイヤーが行うことは、ハンガー納品する商品の選定、そして、そのマスター登録、取引コードの登録処理、さらには、対象店舗の決定、メーカー、卸及び物流センターへの発注情報の送信ということになる。一方、メーカーや卸サイドは小売業者からの発注情報に基づき在庫の引き当てと集荷情報リストの作成を行って、欠品が発生した場合にはデータをオンラインで入手して物流センターに送信したり、また、地域別にピッキングを行ったり物流センターへの納入明細書を作成したりする。

物流センターサイドでは、集荷リストの作成と、これに基づく取引先からの集荷、納入契約書に基づく数量確認や物流センターでの入荷検品、さらには、店別仕分け後の各店舗への納品などが主要な業務になる。

このように、メーカー、卸、小売、物流業者がそれぞれ明確に役割分担を行いながらも、三位一体となったシステム化、情報化、機械化の進展を1つの仕組みとして追求することになる。このハンガー納品の代行システムを導入することで、小売業にとっては物流センターのアウトソーシングが可能になるし、物流コストの削減商品原価の低減も可能になる。また、商品の適時適量の店舗への供給によって、在庫生産注への向上と販売生産性の向上にも大きく寄与することになる。

このような観点に立って、ハンガー納品にすでに本格的に取り組んでいる先行企業としては、まず、イトーヨーカ堂をあげることができる。この仕組みは、1990

年代初めから実験的にスタートしていたのが、現在ではハンガー商品の過半について、このシステムで対応されている。

　当然ながら、メーカーの工場よりハンガーに掛けたまま商品を集荷して、店舗における陳列までシステム化された一貫輸送を行ったわけで、このことで、発注から納品までのリードタイムを大幅に短縮した。現在では、多くの大手小売業もハンガー納品を手掛けているが、これらは未だ納品業務の合理化レベルに留まっており、発注から納品にいたる流通のトータルシステムについてのリエンジニアリングというイトーヨーカ堂の段階にはいたっていない。これからは、各社ともイトーヨーカ堂のケースを参考にして、メーカー、卸や物流業者との共同戦線を組むことで本格的な取り組みを行うようになる。

(5) サプライチェーンの情報システム化

　もう1点、納品代行との関連でサプライチェーンのイノベーション事例として、情報システムによって急成長を遂げているアメリカのヤンカーズ百貨店のシステム化について簡単に紹介する。

　これは、NCRのレポートで紹介されていた事例だが、システム化によって、顧客満足とローコストと効果的な販促を一挙に実現したケースでもある。ヤンカーズ百貨店のシステム構築の発想は、まさに顧客志向のリエンジニアリングともいうべきもので、ここは、ネットワークシステムとデータベースシステムを完成することで、一躍アメリカの代表的な百貨店にのしあがった。このシステムは、ネットワークシステム、店舗システム、人事情報システム、クレジット／顧客サービスシステム、配送（本著では納品にあたる）システムから成立しており、物流の観点に限定しても、この納品システムには学ぶべきところが多いようである。

　また、物流センターへの商品到着から店舗への横持ちにいたる全プロセスをペーパーレスしたこと、商品計画システムから自動発注システムにいたるまでのマーチャンダイジングシステムと統合化したことも、まさに画期的な成果ということができる。とりわけ、自動発注システムとクイックレスポンスによる情報システムの整備は、サプライチェーンの確立に向けての最重要な戦略課題でもある。このように、これからは、我が国の大型小売業にとっては、ますます米国の先進

事例の研究が大切なものになる。

4．配送物流の有料化への戦略的対応
(1) 有料化による配送クォリティの追求
　大型小売業にとっては、納品物流とともに物流の両輪を形成している配送物流についても今や大きな転機を迎えている。とりわけ、百貨店業においては、この配送物流にかかわる経費は全経費中に占める割合がきわめて大きいこともあり、これからの大きな経営課題になっている。近年、従来の無料配送地域を一部有料化にきりかえたなど、それなりの努力を積み重ねているが、抜本的な改革を行った企業は未だ一社もない状況である。また、消費者サイドも、宅配便の普及もあってか、コンビニエンスとコストはトレードオフの関係にあり、当然ながら、サービスも有料である、ということを理解し始めている。
　そこで、配送物流のサービスクォリティを向上させながら、そのクォリティとの関係で、そのサービスについてお客様に実費を負担してもらう考え方がやっと支配的になってきた。そうなると、クォリティの向上が配送物流の重要な課題となり、これをチェーンストアシステム視点でのサービスマネジメントの課題として戦略的に捉えることがきわめて重要になる。
　従来では、この配送物流領域は量販店に対して百貨店が優位性を持っている領域であった。このことは、百貨店が伝統的に自社配送ネットワークを保持していることと、百貨店配送業者による細かいサービスが行われていたことを示している。しかしながら、従来のように、各社が各様に配送ネットワークを独自に維持する方法では、コストもかさむし、商品以外のフリルともいえる領域で競争戦略を行うことの弊害や、本質的な競争戦略を阻害するなどの問題も生じており、また、一方では、百貨店サイドのみならず、物流業者サイドのネットワーク拡充の事情などもあって、双方からの要請により共同配送化を真剣に検討し始めることになった。
　しかしながら、この配送物流の共同化を本格的に推進するには、配送料金体系の抜本的見直しや配送業者の全国的再編を伴うし、そのため、配送物流領域のリエンジニアリングを急速に展開させることが条件になる。

(2) 料金体系の改訂と物流業者の再編

　百貨店の配送は、大きく分けると、一般配送、郵便による配送、その他の特殊な配送、そして、例外であるが店による直配、の4通りに整理することができる。

　このうち、一般配送が全配送量の大部分を占めており、主に、衣料品、家庭用品、家具など、日常生活の必需品の配送で、特別の技術を伴わない一般的な配送である。一般配送のうち、嵩物とは家具、インテリア関連の商品で、1人では運ぶことができない大きなまたは重い商品の専門的な表現である。しかしながら、最近では、この嵩物のうち1人でなんとか運べる商品については、たとえば、中嵩物として嵩物とは別途に分類して、顧客からの受け取り配送料金も物流業者への支払い配送料金も従来の嵩物と区別し、より安い価格でサービスできるように努力する傾向にある。

　また、特殊配送とは特別な技術なり設備が必要な配送で、その分だけ割高な配送料金体系で運用している。このように、配送料金体系は、配送する商品の特注によってかなり複雑になり、また、地域ごとに物流業者が異なることもあってか、配送のサービス水準や価格についても各社とも全国的にバラバラになっている、というのが実態である。

　たとえば、東京から大阪に商品を配送する場合と札幌から東京に商品を配送する場合、かっては顧客からの百貨店の受け取り料金も百貨店からの物流業者への支払い料金も異なる場合もあった。このことは、店舗ごとに配送の仕組みが構築されていて、全国レベルでの統一された配送システムは構築できていないことを表していた。当然ながら、全国どこでも同一サービスを同一価格で提供することがサービスの有料化の前提であるし、その意味では、配送サービスの問題はチェーンストアシステム視点に立ったサービスマネジメントの重要な課題である、と認識する必要がある。

　また、全国一律の配送サービスの実現に向けては、可能なかぎり全国レベルで同一水準のサービスを提供できる物流業者が望まれ、このことは、また、小売サイドの配送サービスの戦略転換が物流業者の再編を誘発する、ということを意味している。このような再編を誘発する物流業者の集約によって大規模な設備投資や人材への教育投資も可能になり、また技術開発も進展し、結果的には、百貨店

にふさわしいクォリティのある配送サービスを顧客に対して適格な価格で提供することができるようにもなる。

(3) サービス向上のためのリエンジニアリング

　配送は、一般的に考えられるように、配送物流業者に商品がわたされてから顧客の戸口までの限られた業務ではない。配送は、店頭で顧客から商品の配送を承ってから、パッケージしたりラッピングしたり、そして、顧客の戸口に届けるまでの多くのプロセスを踏んだ時系列的な連続した業務である。したがって、配送サービスを向上させるには、この全プロセスをターゲットにした戦略的な対応を行うことが必要になる。そういう意味では、配送とは顧客満足の向上を目的としたビジネスプロセスのリエンジニアリングによって改革を実現できる典型的な業務領域である。

　このような認識に基づいて、すでに話題にもなった配送業務のリエンジニアリングへ向けたトライアルである西武百貨店が1993年度からスタートさせた歳暮商戦での配送キャンペーンを、リエンジニアリング思想を活用した代表的な事例として紹介を行うことにする。

　このキャンペーンは、西武百貨店のお歳暮は1週間以内に必ずお届けいたします、というテーマで全店一斉に行った業務改革による顧客満足度の向上施策であった。もともと、このキャンペーンは、すべての社員が例外なく、あたりまえのことをあたりまえにすべきことを顧客に対して実行しよう、という趣旨で企画した企業広告シリーズの一環であった。このキャンペーンを通じて、顧客との約束を社員の行動で実現して、顧客の信頼を回復することを狙ったわけで、一方では、対内的にもこれを契機にして、業務改善に併せて企業風土の刷新を行うという狙いを持って始められたのである。実は、顧客からの配送問い合わせの70％が宅着まで1週間以上経過した時の着未着の問い合わせであることから、顧客の百貨店に対する配送リードタイムの期待は1週間が限度という認識から1週間という目標設定が行われたのである。

　そこで、この目標を守るべく配送を受けてからお届け完了までの実際の業務をきめ細かく洗い直して、それぞれのプロセスごとに徹底的改善が行われた（図表-

図表-2-1-4　百貨店ギフトにおける配送物流プロセス

プロセス	売場所管					物流部所管	
業務	承り	伝票印刷	別仕分けのアイテム	ラッピング	（配送出し）	配送受付け	配送完了
日数	0日	1日		1日		A地区　3日 B地区　4日 C地区　5日	
担当部署	ギフトセンター	伝管センター		ラッピングセンター		配送業者	

2-1-4)。売場が行う業務には、商品の承りや配送の業務、また伝票の印刷から伝票をアイテム別に仕分ける業務、さらにはラッピングから配送出しまでの業務が、物流部門の業務としては、配送品の受付から顧客の戸口にお届け完了するまでの業務が、それぞれ分担して行われていた。したがって、この業務プロセスごとに業務遂行の基準日数を決めて、部門ごとに責任範囲を明確にした上で、それぞれの担当部門が一斉に基準日数の遵守に向けて業務改善を多面的、かつ競争的に実施する計画がスタートした。

　まず、実態調査から分かったことは、7日以上の配送日数がかかってしまうほとんどの理由は、実は配送出しまでの売場サイドの業務に問題があった、ということであった。このことは、配送業務の改善は物流部所管の業務の改善だけでは不十分ということを示していた。したがって、全社的視点に立って店舗運営部を中心に各店舗や商品部がこのキャンペーンに主体的に参加せざるをえない体制を構築すべく全社対応型のキャンペーンになったわけである。初年度は、約束の期間を7日間とお届けのタイムリミットを決められたため、各プロセスを担う各部門が従来の他部門まかせの待ち姿勢の業務推進では立ちいかぬようになり、相互に他部門まで刺さり込んだ積極的で主体的な業務推進を行うことになった。

　すなわち、まさに配送リードタイムの減少に向けて、リエンジニアリングにふ

さわしい仕事のやり方が自ずと実践されるようになってきた（図表-2-1-5）。この結果、それぞれのプロセスで以下のような改善がなされることになった。第1点目は、品振（店から店へ在庫を移動する）や納品待ちの対応が改善されたことである。メーカーの品切れについては、品切れ商品連絡票を店舗に連絡して、その情報に基づき店舗のギフトセンターでは該当商品を陳列棚から速やかに降ろすとともに、法人外商、家庭外商など店内の必要な部門に品切れ情報を正確に伝達する体制の構築が図られた。

また、残伝枚数と在庫をよく調べて、商品部バイヤーと協議連動の上で商品手配や商品配送日を決定し、特に1週間で届けられない商品の伝票については、依頼主に遅配のお詫びを行うとともに配送予定日の連絡が行われた。また、品切れアイテムについては、絶えず在庫動向を注意して早めに品切れ情報が流れる仕組みが構築されることになった。さらに、ギフトセンターではあらかじめ7日以上

図表-2-1-5　リエンジニアリング思想による配送業務

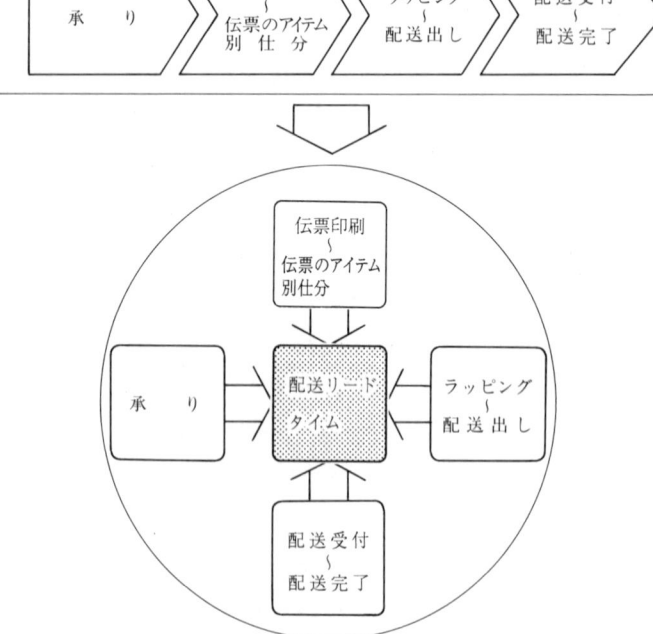

かかる特殊な商品や品振り待ち、また、納品待ちの商品のオーダーカードには配送日数が7日以上かかる旨をスタンプする対応も行われた。このように、一時品切れによる納品待ち商品の場合には、ラッピングセンターからギフトセンターやプロパーの売場、そして、伝管（伝票管理）センターという順序で、商品の一時品切れの連絡が的確に行われた。

　こうして、品切れ商品の販売を行わず、ギフトセンターにおける商品の再陳列については、ラッピングセンターの担当者、ギフトセンター、売場が協議して、7日間で届けられることが確認された上で初めて行われた。

　また、顧客不在という不可抗力による苦情防止についても大切なポイントである。届け先の不在のための遅れについての対応としては、物流業者の配達員に「基準日以内に2度伺っての不在票」の励行が義務づけられた。また、住所や届け先が不明のための遅れについては配送所で一旦調査して、なお不明の場合は速やかに百貨店に返送させていた。さらに、このオペレーションを充実させるために、全社的に多様なツールを作製したり、物流業者も含めた事前の教育が十分徹底して行われたり、それなりに万全の準備をした上での取り組みが行なわれた。

　このような努力が実って、大幅な配送リードタイムの改善がもたらされ、このことは部門の壁を越えたリエンジニアリング思想導入の成果となった。結果を見ると、従来7日以内にお届けできなかった比率が、従来の約6分の1に改善が実現でき、この未改善分のうち約半分は客意や配送伝票の誤記入など顧客に起因していることを考慮すると、それを差し引けば実に100％に近いレベルでの約束の達成という大きな成果が上げられた。

　また、大切なことは、このキャンペーンを通じて、配送が顧客志向の経営にとってきわめて大切なことを全社員が認識したことや、社長はじめ経営幹部が自ら率先垂範してこの配送業務の諸現場で指揮をとったことである。このことで、従来では縁の下の力持ち的な存在であった物流部門の社員が、分業の呪縛を乗り越えてプロジェクトリーダーともいえるべき役割を担うことで、意欲の喚起と意識の転換が行えたことも大きな成果であった。このように、顧客に約束することによって自らの行動を縛り、そのことによって、業務改善と風土の刷新というお約束広告の活用の方法については社会から優れた発想の1つである、との評価をえ

たのである。

5．ロジスティクス世紀の本格的到来

　以上、流通革新へ向けての物流のリエンジニアリングの提案を行ってきたわけだが、これからの競争戦略には、このような手法が不可欠の要素となるし、これへの対応の成否が特に百貨店にとって競争力のある産業として再生できるかどうかの重要なキーポイントになる。また、これからの流通革命は、チェーンストアシステムとサプライチェーンシステムを統合したインテグレイテッドチェーンシステムによって実現されることになり、そのためには、マーケティングパラダイムの革新も必要になってくる。また、これからは、ロジスティクスからアプローチした物流を考慮せずに戦略的マーケティングを実践することなどはまったく不可能になってくる。

　このような観点に立って21世紀を展望すると、まさにロジスティクス世紀の到来ということができ、ロジスティクスを主に担う物流部門の人材が経営革新のリーダーシップを握る時代が到来したことにもなる。その際に、リエンジニアリング思想の活用は、企業経営者や現場のスタッフに対して、一方では収益の増大という形で、他方では自我の発揮という形で、実に多大な果実を結実させるのである。

■ 第 2 章 ■
SCMが小売業にもたらすインパクト

1．SCMとは何かを考える

　前章で述べた本格的なロジスティクス世紀の到来は、近年になってSCM（Supply Chain Management）という方向性から、より具体的な仕組みとして定着しつつある。より根本的に、より効率的に提供する仕組みを構築し直さなければ、顧客の価格に対する目が厳しくなっている昨今、収益も向上しないし、競争に勝ち残っていくことはできない。そこで、この章では、近年、その重要性が強く認識されているSCMの概念について整理するとともに、それが小売業界にどのようなインパクトをもたらすのかについて考察してみたい。

　SCMとは、メーカーと流通とが販売情報や需要予測などといったデータを共有化し、原材料や部品の調達から生産、物流、販売まですべてを一体化した1つのシステムとして捉え直すことによって、効率化を促進しようとするものである。SCMに取り組むことによって、企業は在庫を減らし、欠品をなくし、何よりも顧客に対してタイムリーに製品やサービスを提供することが可能となる。言い換えれば、SCMとは、顧客が求めているモノをすばやく、少ないコストで届けるための仕組みづくりを意味しているのである。

　これまでも、企業の効率化や合理化は、大きな課題として位置づけられてきたが、それは個別の部門ごとに、または1つの会社内で個別に行われていたに過ぎなかった。しかし、SCMでは、川上から川下までの情報、モノ、キャッシュの流れを最終顧客を中心として再編することによって、全体最適の実現を目指されるのである。ここで最も重要な役割を果たしているのがITなのである。すなわち、サプライヤーと企業、そして、企業と顧客とを結びつける情報ネットワークシステムの存在がSCMを実現するための不可欠なのである。しかし、情報ネットワー

図表-2-2-1 サプライチェーンの考え方

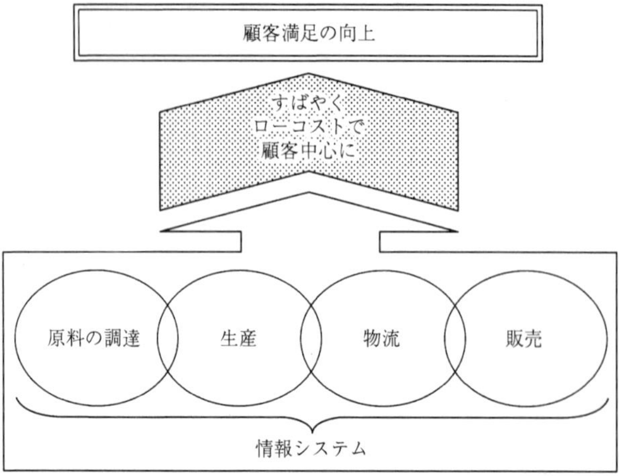

```
          顧客満足の向上
              ↑
          すばやく
          ローコストで
          顧客中心に
              ↑
   原料の調達  生産  物流  販売
          情報システム
```

クシステムによって結びつけば、それでSCMが実現するわけではない。情報システムはあくまで前提条件であり、SCMを実現するためには、他社をも巻き込んだ取り組みが必要となる。

近年になって、SCMが重要なテーマとして認識されるようになった要因としては、たとえば次の諸点を指摘することができる。1つは在庫の問題である。計画的な生産と不透明な市場環境下での販売とがもたらすギャップは、不良在庫となって大きなコスト負担をもたらしており、これを改善していくことは大きな課題であった。また、間接部門の高コスト構造も大きな要因としてあげることができる。取引コストや物流コストなどといった間接コストの負担は膨らむ一方であり、これが収益率を圧迫する大きな要因となっていた。さらに、キャッシュフローの重要性が高まってきたことも、こうした動きに拍車をかけている。これまでの会計基準では、含み資産を含めたものが利益として認識されてきたが、最近の国際会計基準では、キャッシュフローがより重要視されている。キャッシュフローを最大にするためには、在庫を圧縮し、あらゆるコストを低減させることが不可欠となる。

こうした問題点を何とかして解決したいという目的から、SCMへの取り組みは近年重要なテーマとして台頭してきたのである。

2．デルコンピュータのケース

ではSCMの戦略的な展開は企業にいかなるメリットをもたらすのであろうか。その点について、ここではSCMの代名詞ともなっている、デルコンピュータのケースを取り上げる[1]。ここでデルがどのように自社のコンピュータを最終顧客へ安価に提供する仕組みをつくり上げ、そしてSCMによってどのようなメリットを享受しているのかについて考察してみよう。

パソコン市場が縮小傾向を示す中にあって、後発であるデルコンピュータが他社を尻目に、好業績を残している。2001年の世界のパソコン出荷シェアでは、コンパックやIBMを抜きトップ・シェアを記録している。こうしたデルの強さの源泉となっているのが、独自の経営手法として有名な「デルモデル（デル・ダイレクトモデル）」である。「デルモデル」とは、メーカーと顧客を、直接販売・直接サポートによって結びつけるものである。両者の間にあるコストを極力排除することで、徹底的なコストダウンを実現し、直接サポートによって顧客との関係性をより緊密にしていくことを目指している。

このデルモデルの持つ能力を最大限に引き出しているのがSCMである。デルはSCMを活用することによって、低コスト・低在庫の生産を実現している。従来、

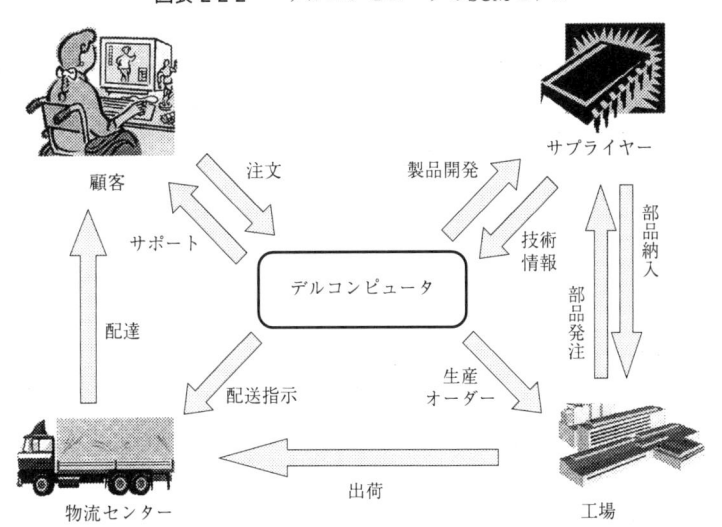

図表-2-2-2　　デルコンピュータのSCMモデル

パソコンのサプライチェーンでは、生産計画に基づいて通常約3ヶ月の部品調達量が決まっている。当然、部品の購入価格も3ヶ月前の価格であり、現在の計画と次の計画との間には3ヶ月というブランクが生じることとなる。しかし、デルのサプライチェーンでは、部品の調達から顧客の配送までがシームレスになっており、部品在庫が出ないように、パソコンを組み上げる直前に工場に搬入されるようになっている。パソコンの関連部品は日進月歩の世界で、3ヶ月の間に価格が下がり続けるのが一般的である。デルはこのシームレス化によって、部品の値下りをすぐに製品価格に反映することができ、他社よりも低価格でパソコンを提供することが可能となる。パソコンの日用品化が進む中にあって、こうした価格競争力はデルの大きな武器となっている。

このSCMによってデルの平均在庫日数は約4日となっている。さらに、その在庫も、すべて行き先が決まっているのもので過剰在庫はほぼ存在しない。この仕組みは一見すると部品サプライヤーに大きな負担が課せられていると考えられがちだが、ここでもSCMが大きな能力を発揮している。部品パートナーには、毎日、1日に数回にわたって需要予測が流され、その情報はデルとサプライヤーの間で共有されている。これによってサプライヤーも、よけいな部品の生産に煩わされることなく、部品不足に悩まされることもないため負担が少なくてすむというメリットがある。

デルコンピュータのつくり上げたSCMの全体像は図表2-2-2のように整理することができる。デルは部品会社、倉庫、工場そして顧客を俯瞰する情報システムを構築し、これを最大限に活用することによってこれまでの業界の常識を打ち破ることに成功している。

こうしたデルコンピュータのSCMの活用によるより具体的なメリットとしては、以下の諸点をあげることができる。

・受注から納入までわずか4日間で、顧客ニーズに合わせて商品を届けることができる
・顧客を待たせないので、顧客は最新のパソコンを自分の意図に合わせて購入することができる
・棚卸資産はすべてのプロセスを合計して8日分（他メーカーの8分の1）のみである

・サプライヤーと将来の予測を共有化し、実際の部品調達は1日〜3日程度の購買リードタイムで行われる
・入金のスピードが出金のスピードより早く、そのためキャッシュフローが潤沢になる

　受注生産にして、無駄な在庫は持たない。流通をカットして中間マージンをなくし価格を安くする。アウトソーシングを活用し少ない人材で運営する。こうした一連の繋がり（サプライチェーン）の中で、デルコンピュータはこのシステムをプロデュースするプロデューサーとしての役割を担っている。資金も人材もそしてチャネルも持たなかったデルが、強力なライバルと戦っていくためにはこうした仕組みがどうしても必要だったのである。デルコンピュータは、こうした自社のビジネスモデルの持つ潜在力を最大限に発揮するためにSCMを活用し、同社の設計思想である「安くてよいものを」を実現している。

　このデルモデルの成功は、情報ネットワークを最大限に駆使し、部品サプライヤー、工場、ロジスティック・センターを一体化させることによるメリットを示すものである。こうしたSCMはあらゆる業界で取り入れられはじめている。

　たとえば、文房具業界のアスクルがつくり出した仕組みも、SCMとして位置づけることができる。アスクルは「カスタマーダイレクト」というSCMをつくりだ

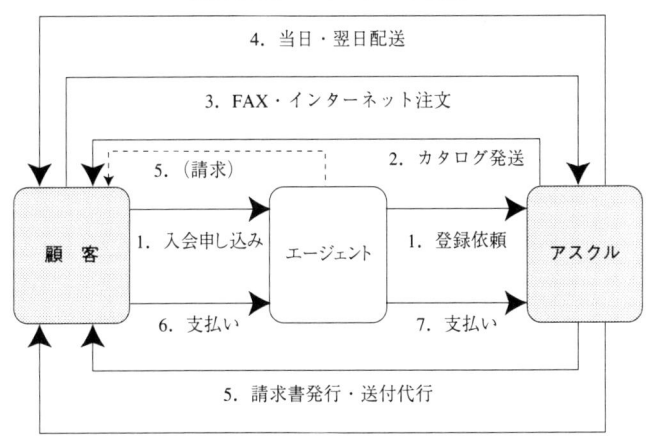

図表-2-2-3　アスクルのSCM

すことによって、ガリバー企業であるコクヨに対して、強力な競争力を発揮し、設立からわずかな年数で急速な成長を実現させた[2]。

図表2-2-3はこのアスクルのSCMの全体像を示したものである。アスクルのSCMは次のような具体的な効果をもたらした。第1は親会社であるプラス以外の商品も扱うようになったということである。当然そこには相当な抵抗があったが、系列の壁を打破することによって、顧客の利便性は格段に向上した。またこのことは、文具のみを扱うというビジネスから、オフィスで必要なものを扱うというビジネスへと進化するきっかけともなった。第2は中小文具小売店の活用である。アスクルは中小の文具小売店を、最終顧客を共有し合うパートナーとして位置づけ、これをエージェントと名づけた。エージェントには地域の新規顧客の開拓と販売代金の回収を任せ、アスクルはカタログの作成、受注、製品の配送、小売店の名前での請求書の発行、そして問い合わせやクレーム処理を行う。それぞれの強みを組み合わせて、最終顧客に便益を与えるバリューチェーンがここで構築された。第3は定価販売の放棄である。これによって顧客である中小の事業者にも大企業並みの商品供給が可能となり、エージェントとの軋轢も解消された。これらはすべて顧客の声から始まったものである。すなわち、顧客満足を重視し柔軟にビジネスの仕組みを変えたことが、アスクルの急成長を支えたのである。

3．SCMがもたらすメリット

では次に、このSCMが小売業界にどのような影響を与えるのかを考察してみよう。SCMの効果を享受するのはメーカーだけではない。小売業が主体となって、SCMを構築することも可能である。SCMが小売業にもたらすメリットとしては、次のような効果を期待することができる。

第1のメリットとしてあげられるのは、ローコストで効率のよいオペレーションが展開できることである。顧客のきめ細かい要望を捉えながら、アウトソーシングなどによって間接費を極力おさえ、在庫を圧縮することによってコストを削減できるというメリットは、小売業にとって大きな魅力となる。

第2はスピードである。SCMを取り入れることによって、企業はサプライヤー

とダイレクトに結びつくことが可能となるため、取引をすばやく処理し、顧客の注文に対してスピーディーに対応することが可能となる。これによって、顧客の求めに応じたまさにオンデマンドなサービスの提供が可能となる。

こうしたコストとスピードという2つのメリットは、SCMの具体的なメリットとして強く認識されているものであるが、小売業にとって、より本質的なメリットは、この2つのメリットを活用することによって、顧客中心のサービスが展開できるという点にある。これまで無駄に費やされていた資源を効率的に使うことによって、その余力を顧客サービスに振り向けることが可能となる。逆にいえば、こうした新しい仕組みをつくらなければ、より複雑化し多様化している顧客の要求に対処していくことは不可能であろう。

SCMは従来のビジネスの枠組みをこわし、顧客を中核として、すべての仕組みを最適に再構築していくための1つのきっかけとなるものである。企業には、これを自社のビジネスモデルに取り入れ、原材料から最終顧客の手に届くまでのプロセスをリデザインしていくことが求められている。

4．SCMが小売業界に与えるインパクト

以上みてきたように、SCMは流通全体に非常に大きなインパクトを与える力を有しており、顧客を中心として全体の構造を再構築し、低コストで提供する仕組みそのものである。その意味ではユニクロも、ヨドバシカメラなどの家電量販店もコンビニエンスストアも、SCMを構築し、それを競争力に結びつけている。たとえば、セブンイレブンが、あれだけの狭い店舗で、品切れが起こらないように、常時商品を並べ続けるという仕組みは、一朝一夕に構築できるものではない。常にフレッシュなサンドイッチや弁当を棚にそろえ、かつ品切れを起こさないようにPOSシステムを最大限に活用するとともに、全体最適の視点から、サプライヤーとの関係を常にデザインしているからこそ、それが可能となるのである。

小売業にとって、SCMがより大きな意味を持っているのは、この仕組みは店頭を起点とした戦略発想から構築されなければ意味がないということである。小売業界にも、新しいSCMを構築した新たな競争相手が続々と参入してきている。

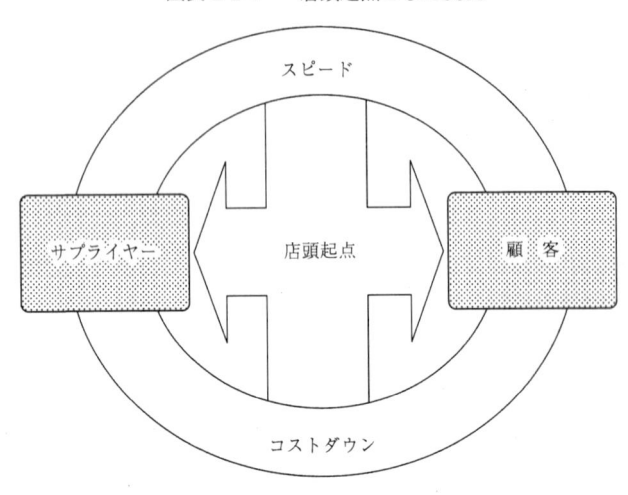

図表-2-2-4　店頭起点としたSCM

（図：スピード／コストダウンを外周に、中央に「店頭起点」、左に「サプライヤー」、右に「顧客」を配置）

例えば、近年伸長著しい「100円ショップ」なども、その1つといえよう。

こうした状況の中で、部分最適を目指した対症療法的な対応ではなく、競争に生き残っていくために、全体最適という視点からこれまでの仕組みを抜本的に見直していくことができるか。店頭を起点としながら、真に売り手を主体とした仕組みをつくり出していけるか。これらの課題に答えていけるかどうかが、小売業界がさらに進化していくことができるか否かの分水嶺となる。

（注）
（1）デルコンピュータにおけるデルモデルは多くのSCMの文献に紹介されている、SCMの代表的なケースである。詳しくは以下の文献を参考にされたい。
『サプライチェーン経営革命－製造・物流・販売を貫く最強システム』、福島美明著、日本経済新聞社、1998
（2）アスクルの記述に関しては、以下の文献を参考にした。
『アスクル－顧客と共に"進化"する企業』、井関利明・緒方知行・「2020AIM」編集部編、PHP研究所

■ 第 3 章 ■
QRの戦略展開による流通革新

1．QRの展開による流通システム改革
(1) 流通システムの改革へ向けた狙い

　流通システムの効率化が、昨今では小売業の競争戦略の最重点課題になっており、このためマーチャンダイジングサイクル（以下MDC）のリエンジニアリングと、これをバックアップするための情報システムの改革が望まれている。言い換えれば、小売が卸と協力することによって、商品の仕入れから販売、そして、処分にいたるまでの一連のMDCの近代化を、科学の力を活用した実現が強く要請されるのである。

　そこで、まず、この流通システム改革の狙いを要約すると以下のとおりである。

1）　企業収益体質の強化

　売れ筋や死に筋の早期発見と迅速な対応による販売機会ロスの削減、在庫の活性化や商品回転率の改善による減耗ロスの削減によって店舗段階における利益の増大を実現する。

2）　顧客満足度の向上

　単品管理の導入によって発注から品揃えにいたるMDCにかかわる業務のリエンジニアリングを行い、品切れの防止と顧客ニーズを的確に捉えた品揃えを実現する。

3）　人事生産性の改善

　MDCオペレーションの簡素化や合理化により事務作業を軽減させた上で、本部と店舗の役割を明確にして、業務生産性の飛躍的改善を実現する。

(2) MDCの近代化への方法論

　これらの課題にMDCの改革で対応するのだが、そのためには、MDCをより合理的で効率的なシステムへと再編することが要請されている。それは、具体的には、科学的データに立脚した仮説を構築して、それを実務の展開の中で検証するという方法でシステム化を推進することであり、そのためにも情報システムの構築が不可欠になる。

　このような観点に立って、MDCの近代化の方向を提示すると、以下のようになる。第1にはMDCのすべての段階で、SKU（Stock Keeping Unit）をベースとしたシステムが成立する。第2には店頭での差益高に加え、事業損益や資金回収までのトータル管理が可能になる。第3には最新の情報技術に支えられ、店舗・商品部門、そして、小売・卸間のコミュニケーションが大幅に改善する。
そして、このMDCの確立のためにはQRの導入が有効であるし、このQRは情報システムのバックアップによって、流通システムを効率化するための有効な武器になる。

2．QRによる百貨店MDCシステム改革

(1) 百貨店におけるMDCシステム

　百貨店におけるMDCは販売計画に始まって、品揃え計画、発注、納品・検品、販売、そして、処分にいたるまでの一連の流れとなっており、これにそれぞれ卸の商品計画、生産計画、受注・在庫管理、出荷・検品、販売分析、処分が対応しており、この両者のシステムを統合的に改革することによって流通システムの効率化が大きく促進されることになる（図表-2-3-1）。

　そこで、百貨店サイドからMDCの内容について要約すると以下のとおりである。販売計画では、商品構成計画と商品別販売予算の策定が主な業務であって、これがMDC構築の基本なのである。品揃え計画では、商品別仕入れ計画と商品別仕入れ予算の策定が主な業務であって、これらへの情報システムのバックアップ視点は、基準商品の総量発注の推進、商品計画や品揃え計画の立案支援、売場の棚割りの最適推進、売場の要員配置計画への支援などである。

発注では、事前発注、そして、初回発注と追加発注があって、情報システムのバックアップ視点は、発注の適正化支援、販売実績に基づく追加発注支援、単品管理記録の徹底支援などである。納品・検品では納品・検品に直接かかわる業務と店頭の商品陳列が主な業務であり、情報システムのバックアップ視点は、検品業務の精度向上、適時・適量納品の定例化支援、バックストックからの適時品出しなどである。

販売では、販売業務、計画の調整が主な業務であり、情報システムのバックアップ視点は、品切れの徹底排除、売れ筋や死に筋の的確な把握、週間販売メモの

図表-2-3-1　百貨店業界が目指すQR

[図表: 百貨店業界が目指すQRのシステム構成図。データベース、人事情報システム、POSシステム、会計情報システム、顧客情報システムが商品情報システムにつながる。小売側は処分←販売←検品・納品←発注←品揃え計画←販売計画、QRコードセンターでカバーすべきQR領域、QRシステム、ハンガー納品システム、POSシステム。卸側は処分←販売分析←出荷・検品←受注・在庫管理←生産計画←商品計画。自主開発商品管理システム。下部に製造。取引活動。]

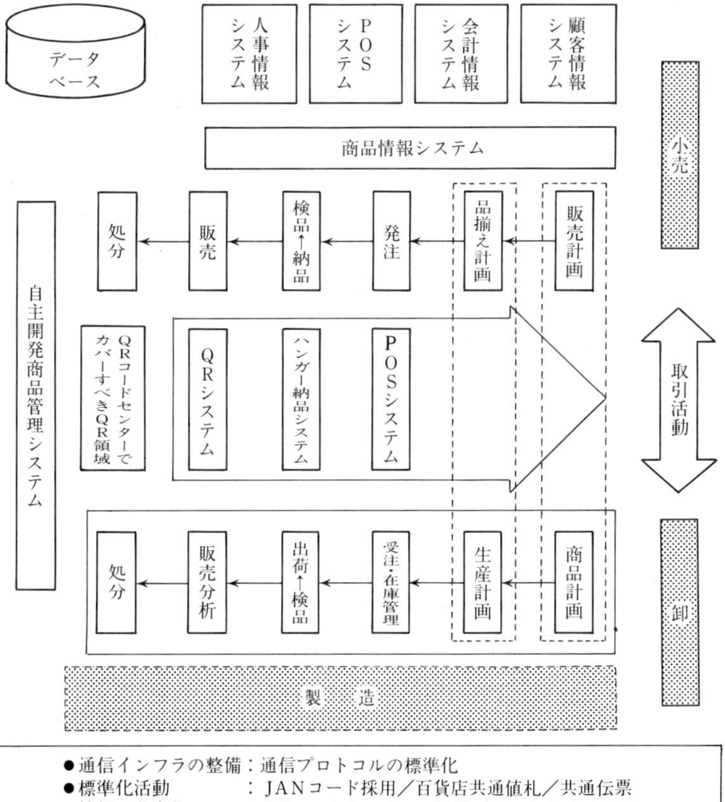

● 通信インフラの整備　　：通信プロトコルの標準化
● 標準化活動　　　　　　：JANコード採用／百貨店共通値札／共通伝票
● 情報の共有化　　　　　：QRコードセンターの設置／ソフトライブラリ
● 物流情報化の進展　　　：SCN／ASNの標準化

有効活用、顧客を待たせない売り場づくりなどである。処分では、マーチャンダイジングの最終プロセスでの値下げや返品がある。このように、商品情報システムは、マーチャンダイジングサイクルを、齟齬なく回転させることを目的に構築する必要があり、特に計画支援システム、発注支援システム、販売管理システム、在庫管理システム等のサブシステムから構成される。

(2) 期待が高まるQRによるMDCの改革

　このMDCシステムの構築に向けて、QRが有効な武器であることは概ね確認されているが、現状では、EDIが完全には構築されていないことや小売と卸を繋ぐQRセンターが虚弱なこともあって、未だ不十分な状態といわざるをえないのである。しかしながら、近い将来、我が国においても、これらの課題を完全にクリアしたアメリカ型の本格的なQRが確立するだろうし、これからは、このQRがMDCシステムにおいて、さらなる中核的な役割を果たすことが大いに期待される。

3．流通システムの改革へ向けたQRの課題

(1) 全情報のJANコードによるオンライン化

　このような観点から、以下において百貨店で展開すべきQRシステムの基本的考え方について簡単な紹介を行う。これは、具体的には、主要取引先と発注・在庫、販売動向などの情報をオンラインで交換することで業務の効率化を目指すQRの体制構築を本格的に実現する計画である。

　そこで、JAN（Japanese Article Number）タイプのコードを使用して、すべての情報をオンライン上で交換することにした。こうして、メーカーとの間で情報を共有するシステムの構築が不可欠になり、これによって、数百社以上との間においてこの仕組みを運用することが可能になる。店舗では、取引先の在庫情報と売上情報に基づく基準商品のSKU別の発注が可能になり、自社情報の他社情報との比較による効率的な発注行為が可能にもなる。また、商品部においても、取引先別の基準商品の動向把握が確実にできるため、SKU情報に基づく在庫移動の指示や追加生産、見切りについての判断が容易になる。

一方、卸は標準JANタイプの自社単品コードを自店用の単品コードに紐付けで管理することができ、また、既存の自社管理システムも併行して活用できる。すなわち、当社の店頭の売上把握や在庫把握がリアルタイムに可能になるし、担当営業の意識の向上、品切れロスの改善、店舗への売れ筋発注勧告なども飛躍的に改善される。また、既存の商品管理システムと連動することによって、出庫商品の物流加工、追加生産や処分に対する判断も、今まで以上に正確に行うことができる。

(2) QRの定着と発展のための前提条件

　流通システムの効率化に向けて、百貨店の各社はQRシステムの導入を行っているのだが、百貨店に固有領域のシステム化の遅れもあって、未だ十分な状態といえる段階ではない。検索1つとっても、現状では取引先単位の定型検索の段階であるが、これの自社管理コードによる非定型検索への転換をLAN－WAN－LANの構築とデータベースの早期導入することがきわめて大切である。また、オンライン化促進のためのインフラ整備のため、センター機能の構築の検討も必要であり、これについてはQRコードセンターの本格的展開に期待することになる。

　また、QRシステムの導入は、流通システム化の効率化を目的として決定されたのだが、そのためには、QRセンターの構築と標準的なEDIの導入が不可欠の前提条件なのである。また、このようなEDIの導入をより効果的に実現するには、同時に、以下のシステム化が前提条件であることも確認する必要がある。

　①バーコード値札の導入。②基準化システム化による売場構造の改善。③重点取引先とのパートナー関係の樹立。④納品代行システムやハンガー納品システム等調達物流との連動。⑤基盤としての情報インフラの整備。⑥取引先のJANコード化の促進。すなわち、これらの課題をいかに早期に解決するか、がQRの実現を可能な限り速やかに行える条件になる。

4．百貨店の近代化に向けたQRへの取り組み

(1) 方向転換が望まれているQR

　インターネットによるEC（Electoronic Commerce：電子取引）の本格的な登場

で、サイバービジネスが百花繚乱となりデジタル時代の到来が確実になった。グローバルなデジタル化の潮流は、新規事業の創出のみならず既存のビジネスシステムのパラダイム転換を現出させている。すなわち、B-to-C（Business to Customer：企業－顧客）ECのパーソナル・マーケティングへの適用と、B-to-B（Business to Business：企業－企業）ECのカスタマレディ（顧客起点）での構築で、サプライチェーンの根本的な解体が予見されている。

このような状況下で、我が国のQRは新たなフェーズに突入しつつある。すでにアメリカでは、顧客をサポートするためのビジネスシステムのニューコンセプトとしてはIQ（Intelligence Quotient）が提案されている。これからは、我が国においても衣料品におけるQRと加工食品におけるECR（Efficient Consumer Response）の統合システムとしてのTCR（Total Customer Response：カスタマーレスポンス）の実現がいよいよ強く期待される。

(2) QRとECRのTCRへの進化

CR推進の意義は、カスタマーレディの流通システムと小売と顧客のパーソナルなリレーションシップの構築である。また、このCRに期待されている目的については、以下のような3点に要約できる。

第1は、顧客の持っている生活ニーズの個別化傾向への対応である。そのため、多くの小売が、すでにカスタマーサティスファクションを実現すべくライフスタイル・オリエンティッドなリテンションマーケティングを実践しているのである。第2は、個別企業のマーケティングポリシィを明確にすることである。言い換えれば、どのようなライフスタイルに対して自社のどんな商品やサービスを提供すべきかの特定なのである。第3は、統一的なストアデザインの確立である。このストアデザインは、マーケティングポリシィにふさわしい商品やサービスを、顧客に対してビジュアルに伝達できる容易な手段なのである。また、ストアデザインを導入することで、店舗概観、商品構成、売場構成、陳列方法も含めた統一のストアイメージの獲得も可能になる。

TCRは、カスタマーレディ発想に基づく流通システムの再構築を目的とした小売の強化戦略なのである。小売の販売データをTCR視点から解析することで、需

要の質や量についての正確な予測が可能になり、生産に直結する動的CAO（Computer Assisted Ordering）やアジャイル生産の展開も可能になる。また、顧客データもデータベース化してマーチャンダイズデータとのクロス分析を行うならば、商品政策や顧客政策の精度が飛躍的に向上することになる。このように、仮説検証の繰り返し型の実践活動から市場の創造と商品の供給のシステムがTCRとなる。

5．流通EDI確立へのQRとECRの統合・進化
(1) VMI・CRP段階への発展

QRは、いよいよVMI（Vendor Managed Inventory：ベンダー主導型店舗在庫管理）の定着段階に、ECRは、CRP（Continuous Replenishment Program：ベンダー主導型センター在庫管理）の実験段階に突入している。VMIは、繊維製品を中心とした多品種・小ロットの商品生産や供給に適合する業務システムの開発によって、小売店頭の在庫管理をベンダー主導型で実現するシステムである。なお、このVMI構築の狙いは以下の3点に要約できる。

第1は、基準品揃えの維持・管理のための単品情報の提供である。すなわち、納入商品の店頭消化情報の取引先との共有によって、速やかな販売動向への即応が可能になるため、品切れの無い売場を実現する。第2は、業界の標準システムの構築によるQRの効率的な拡大である。すなわち、中小のアパレルが導入できるシステムへという大衆化と、売場の商品発注や在庫管理へ活用ができるシステムへという高度化の、同時の実現である。第3は、的確な生産の指示情報の提供による商品納期の短縮である。すなわち、店頭の売上情報のアパレルやメーカーへの提供による追加補充が可能なリピート生産体制が確立する。

CRPは、商品の連続自動補充を究極の目標として、流通業全般の高度化をEDI（Electronic Date Interchange：電子データ交換）を通じて実現するシステムである。このCRPの構築の狙いについては、以下の3点に要約できる。

第1は、基準品揃えの維持や管理に必要な単品情報の提供である。これは、すなわち、グローサリー商品を中心に効果的な商品陳列と品揃えを実現すべく、POS

データを活用した棚割り業務の効率化の追求である。第2は、売場における商品発注の自動化である。これは、すなわち、セルワン・バイワン方式の自動補充の導入により、小売の少量商品陳列スペースでの在庫管理の効率化を実現することである。第3は、納品物流の効率化による事務処理の効率化である。これは、すなわち、ASN（Advanced Shipping Notice：事前出荷明細）やSCM（Shipping Carton Marking：出荷カートン識別）の導入による納品や検品の業務の効率化、さらには、仕入伝票入力や買掛処理の事務の効率化の実現である。

(2) 流通EDIによる標準化運動

今、QRの本格的な展開によってEDIが急速に発展している。実は、閉鎖的な傾向の日本市場においてさえ、グローバル化の発展に伴う国際間や業界間をネットワークするデータ交換の標準化が不可欠になっている。また、EDIに根幹を形成するコード体系についても、世界標準に準拠したJANコードによる標準化が確実なものになってきた。現状では、スタイルや色・サイズという属性情報の標準化が構築される段階である。

このようなデジタル化の潮流を捉えて、現在では、流通システム開発センターを中心に電子取引の標準化へ向けた流通EDIの構築が行われている。この流通EDIを導入する目的は、当然ながら、流通業の取引全般にわたるEDIの普及促進に向けた国内環境の整備である。具体的には、グローバルなEDIの動向や商取引の慣習上の課題を考慮して、電子商取引のルールを改革する計画である。とりわけ、グローサリー商品については、小売業、卸、メーカー間の商取引を対象としたモデルの構築がまもなく実現の予定である。

EDI化の潮流はすでに物流領域にまで広がっており、いよいよ物流EDIの確立も要請され始めている。具体的には、SCMラベルの導入にあたっての標準化が緊急の課題になっている。すなわち、EDIで電送されるASNと実際に納品される商品の照合には、カートンに貼るバーコードラベルが必要になる。言い換えれば、SCMラベルを導入することでの検品業務の合理化の実現なのである。具体的には、出荷検品や入荷検品業務の簡素化、効率化や納入明細伝票を削減すべく、ペーパーレス化が促進されることになる。

アメリカにおいては、SCMラベルがすでに一般的で、食品・雑貨などカートンの中が全部同じ商品で構成される場合にはITFコード、衣料品など混載型カートンの場合にはUCC／EAN－128コードが、それぞれ使用されている。このSCMラベルは、小売業界においては、ウォルマートのような先進的な小売業ではすでに導入済みである。

(3) バーコード化による流通革新

　EDIのグローバルな普及は、流通EDI、物流EDI、さらには金融EDIまで、すべての商取引の領域において急速に進展している。そして、これからは、グローバルな規模でのバーコード普及がEDI導入の前提条件になる。また、最近では、スキャニング技術の進歩もあって、POSシステム以外にも、物流領域、生産領域、医療領域などで、バーコードによるデータ入力の自動化が急速に進展している。

　昨今では、二次元コードの開発が本格的に行われて、その利用価値はますます大きくなっている。この二次元コードを導入すると、高速で全方向での読み取りが可能になり、大容量データの省スペースでの格納も可能になる。あわせて、汚れや破損からも完全に解放されることになる。したがって、ワンタッチでの入力が可能になれば、データ入力作業の迅速化や正確性の向上も図られる。だからこそ、これらの利点を確実に活用するツールである二次元コードの標準化が重要になるわけである。いずれにせよ、来るべきサイバー世紀ともいうべきデジタル時代を控え、バーコードの技術革新への期待は急速に膨らみつつある。

■ 第 4 章 ■
百貨店のハンガー共同納品代行システム

1．ハンガー共同納品代行システムのメリット

　ハンガー納品システムでは、ハンガー納品専用の設備投資と商品単位の規模の経済の実現が前提になるため、個別の企業システムである自社物流よりも社会システムともいうべき共同システム、かつ代行システムのほうが、より合理的で、かつ高効率なシステムなのである。そこで、ここではハンガー納品システムをすべて共同代行システムの議論に限定した。

　この共同、かつ代行のシステムであるハンガー共同納品代行システムには、従来型のダンボール納品システムでは解決することのできない、以下にあげたような顧客サービス面、並びに、流通システム面での課題の克服のために、多大な優位性が存在している。

　第1点目は、商品特性を捉えた商品品質の維持である。すなわち、ハンガー共同納品代行システムは納期の短縮が可能になる納品プロセスであり、同時に、商品特性に合わせた納品形態でもあるため、段ボール納品システムでは避けることのできない商品のタタミジワがなくなるなど品質維持に適した物流システムである。

　第2点目は、物流システムにかかわるトータルコストの削減である。すなわち、特に後述する直送システムによるハンガー共同納品代行システムでは、より流通経路の短縮が実現できるし、また、共同化や代行化によって出入荷や梱包にかかわるアパレルの出荷作業や開梱にかかわる小売店の荷受・陳列作業の軽減等の無駄な作業の排除が促進でき、結果的には、物流トータルコストの大幅な削減が可能になる。

　第3点目は、個別企業の利害を超えた社会的貢献の実現である。具体的には、リサイクルによるハンガーの有効活用や、天然資源から製造される段ボールを使

用しないことによって、森林資源の保護など省資源化や環境に対する配慮が可能になる。

2．ハンガー共同納品代行システムによるBPR
(1) 小売サイドにとってのBPR
　それでは、このハンガー共同納品代行システムがもたらすBPR（ビジネスプロセスリエンジニアリング）には、どんなメリットがあるかについて考えてみる。まず、小売サイドのBPRのメリットとしては以下の4点をあげることができる。1点目は、フロアレディの思想に基づいて、店舗に納品された商品は即座に売場に陳列できるため、販売機会を大幅に拡大することができる。2点目は、販売員によるバックヤードから売場への商品の取り出しがきわめて容易になり販売時間の増大に伴う販売機会が拡大する。3点目は、段ボール納品システムでは不可欠な段ボールの開梱作業も不要になるため、販売員が販売に専念できる環境が整備され売上増加に貢献できる。4点目は、これに伴い段ボールという廃材の処理にかかる手間や費用が不要になる。
　すなわち、ハンガー共同納品代行システムの導入によって、小売にとってはフロアレディの納品システムが確立することになり、このことは、また、カスタマーサティスファクションとプロフィットプロダクツの同時実現を意味している。

(2) アパレルにとってのBPR
　次に、アパレルサイドのBPRのメリットとしては以下の4点をあげることができる。1点目は、店舗に納品する商品を即売場に陳列できるので商品の納入機会が拡大できる。2点目は、商品の発注から納品にいたる商品サイクルがシステム化するので不良在庫が圧縮されて返品商品がより減少する。3点目は、段ボール納品システムでは不可欠であった段ボールの梱包作業が不要になるため出荷にかかわる作業量が軽減する。4点目は、荷役に必用な副資材が減少しその結果物流経費が大幅に削減する。すなわち、アパレルにとっても、フロアレディの納品システムの確立によってBPRが急速に促進する。

(3) 顧客にとってのBPR

　また、エンドユーザーたる顧客にとっての消費活動における改善点を、BPR的観点から列挙すると以下のとおりになる。1点目は、品揃え能力や発注能力が改善されるため、高品質で新鮮な商品を労力をかけることなく容易に購入できる。2点目は、店舗への納入機会が増大するためトレンディな流行商品のより早い購入ができる。3点目は、在庫効率の改善に基づく品揃えの充実によって購買時における商品選択の幅が拡大する。

3．ハンガー共同納品代行システムの基本特性

(1) 段ボール納品システムとの相違点

　ハンガー共同納品代行システムのシステム形態としては、納品形態をただ単に段ボールからハンガーに変えただけの一般ハンガー納品システムと、アパレルの物流センターや小売の物流センターを経由せずにダイレクトに産地や海外からハンガー共同配送センター（以下、共配センター）に直送する直送ハンガー共同納品代行システム（以下、直送ハンガー納品システム）の、2つの形態のシステムがある。

　段ボール納品システムや一般ハンガー納品システムの場合には、商品の輸配送システムが縫製工場からアパレルへ、そして、アパレルから物流センター（自社センター、または納代センター）へ、その後に物流センターから小売の売場へと多段階な構造なのである。しかしながら、直送ハンガー納品システムを活用するならば、縫製工場から小売の売場にいたるまで商品をハンガーに掛けたままの状態での一貫納品が可能になるわけである。また、同時に、一般、直送の2形態のハンガー共同納品代行システムでは、売場において販売された後の空ハンガーについては、ハンガーメーカーを経由して出荷先（主にアパレル）での再利用が可能になる。

　そこで、まず、従来の段ボール納品システムと一般ハンガー納品システムの差異について確認を行うことにする（図表-2-4-1）。段ボール納品システムと一般ハンガー納品システムとの最大の差異は、前者が店別仕分けをアパレルの物流センターが行っているのに対して、後者は店別仕分けを納品代行業者の共配センター

が行っていることである。また、物流センターや店舗において、段ボールの開梱やハンガー掛けの作業が省略できることも大きな差異なのである。したがって、必然的に、この分だけ輸配送コストや作業コストの合理化が可能になるのである。

図表-2-4-1　段ボール納品システムと一般ハンガー納品システムとの差異

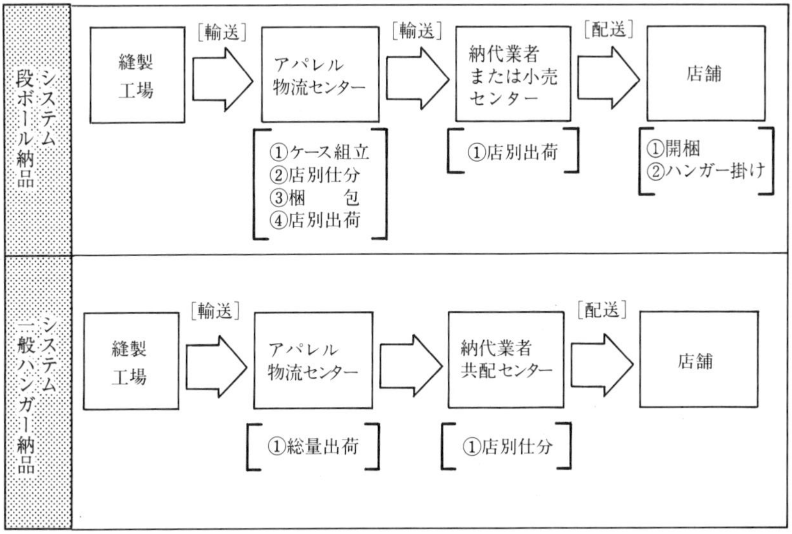

システム段ボール納品
縫製工場 →［輸送］→ アパレル物流センター →［輸送］→ 納代業者または小売センター →［配送］→ 店舗

- アパレル物流センター：①ケース組立　②店別仕分　③梱包　④店別出荷
- 納代業者または小売センター：①店別出荷
- 店舗：①開梱　②ハンガー掛け

システム一般ハンガー納品
縫製工場 →［輸送］→ アパレル物流センター →［輸送］→ 納代業者共配センター →［配送］→ 店舗

- アパレル物流センター：①総量出荷
- 納代業者共配センター：①店別仕分

(2) 直送ハンガーシステムとの相違点

次に、一般ハンガー納品システムと直送ハンガー納品システムの差異を確認する（図表-2-4-2）。前者に比較した後者の大きな特徴は、縫製工場からアパレルの物流センターを通さずダイレクトに共配センターに商品輸送を行うことと、縫製工場から小売の売場までの全過程において、すべての商品を一度も掛け替えを行うことなくハンガーに掛けた状態で納品することである。このように、直送ハンガー納品システムでは、プロセスカットによる物流システムにかかわるBPRの実現がシステム上の優位点になる。また、売場における商品販売後の空ハンガーについては、ハンガーメーカーを経由してアパレルによって再利用される循環サイクルのシステムが確立して、また、これによって資源効率も高まるようになる。このことは、直送ハンガー納品システムでは、一般ハンガー納品システムにおいてはアパレルの物流センターで行われる受信やアイテム別の総量仕分けさえも、

118　第2部　科学的システム経営―「リエンジニアリング」

納品代行業者の共配センターが行うべき業務である、ということを示している。

図表-2-4-2　一般ハンガー納品システムと直送ハンガー納品システムの差異

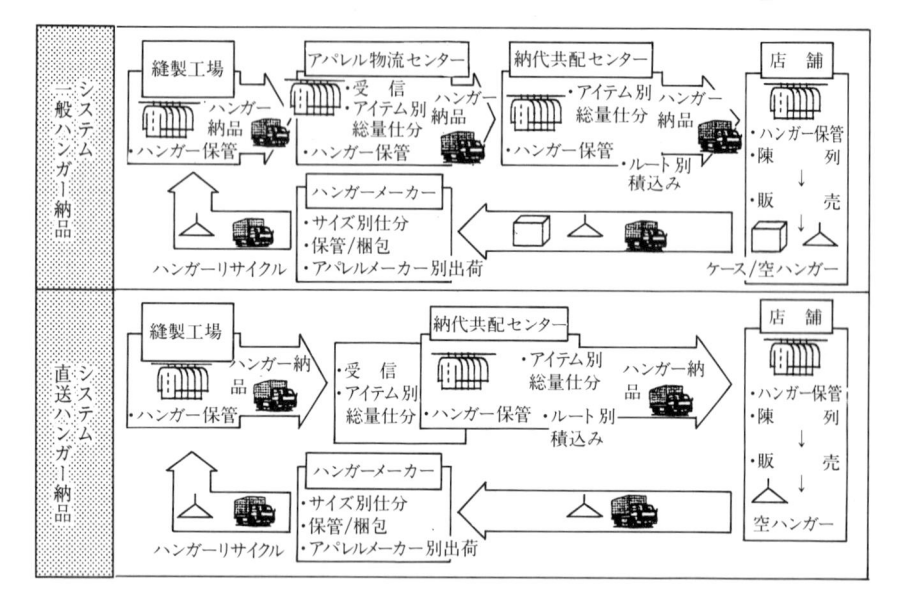

(3) マーチャンダイジングサイクルの比較

　次に、従来の段ボール納品システムと一般ハンガー納品システムとの間の、売場を基点にしたマーチャンダイジングサイクルの差異についての比較検討を行う（図表-2-4-3）。後者の前者に対する主な特徴は、納品代行業者の共配センターから店舗への納品がルート配送になることによる定期・定時配送（早朝・夜間を含む）の実現と、アパレルの物流センターをスキップする分（半日ぐらい）のリードタイムの短縮なのである。すなわち、前者におけるアパレルはアイテム別仕分けを行った後で商品の出荷を行って共配センターでアイテムごとの店別仕分け作業を、すなわち、アパレルの物流センターと小売の物流センターか共配センターにおける2重の店別仕分けを、後者では1回省略できるのである。

　また、さらに、共配センターの重要な機能として、備蓄倉庫機能を持っているため可能になる委託在庫サービスがあげられる。これは、小売サイドにとっては、売れ筋商品の店頭での欠品を回避するため、あらかじめ一定量の商品をアパレル

在庫として共配センターの備蓄倉庫に確保して、店舗の売場要請に基づいて商品を適時に供給するというサービス機能なのである。一方、アパレルサイドにおいても、縫製工場と店舗の売場のダイレクトな体制を構築することで、流通経路の短縮と納品コストの削減が可能になる。とりわけ、遠隔地にあるアパレルにとっては、小売への納品リードタイムの管理密度が改善し、同時に物流のアウトソーシングによる物流コストの削減も可能になる。

図表-2-4-3　段ボール納品システムと一般ハンガーシステムの納品ルートとリードタイム比較

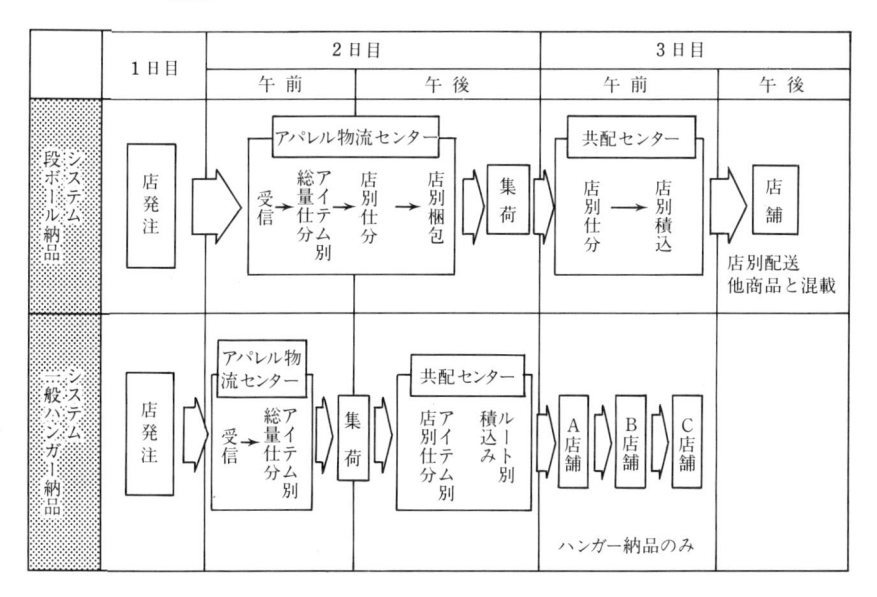

システム	1日目	2日目 午前	2日目 午後	3日目 午前	3日目 午後
段ボール納品システム	店発注	アパレル物流センター：受信→総量仕分→アイテム別仕分	店別仕分→店別梱包	集荷 / 共配センター：店別仕分→店別積込	店舗（店別配送　他商品と混載）
一般ハンガー納品システム	店発注	アパレル物流センター：受信→総量仕分→アイテム別仕分	集荷	共配センター：店別仕分→アイテム別→ルート別積込み	A店舗／B店舗／C店舗（ハンガー納品のみ）

(4) 共配センターの委託在庫サービス

この共配センターにおける委託在庫サービスのサービス詳細の概要については以下のとおりである。第1点目は、商品の保管機能で、現在では立体保管が一般的なのである。この契約形態は、通常では、1着単位での受入と期単位（通常では10日）での保管契約になっている。第2点目は、保税倉庫の提供で、これによって海外からのダイレクトな商品の入庫が可能になるため、物流コストの大幅な削減が可能になる。第3点目は、検品、検針、リフォーム、プレスなどの付帯サービスの提

供で、これによってもコスト削減に大きく寄与できる。第4点目は、ハンガー付けや値札付けに代表される物流加工のサービスである。第5点目は、発注データの受信やオンラインによる在庫情報の提供等のデータ提供のサービスである。第6点目は、仕入伝票や請求書の発行に代表される各種帳票や伝票類発行サービスである。

4．ハンガー共同納品代行システムのコスト改善

(1) 納品物流におけるコスト比較

　ここでは、従来の段ボール納品システムやハンガー付ケース納品システムに比較して、ハンガー共同納品代行システムがいかに物流コストが割安かについて、専業の納品代行会社の資料から簡単な紹介を行う（図表-2-4-4）。この事例は、量販店に対するシステム別物流コスト比較であって、平均下代2,300円の婦人スカート、平均下代9,000円の婦人ワンピース、平均下代1万8,000円の紳士スーツの納品経費を、従来の段ボール配送システムの物流コストを100とした指数で表現したものである。平均下代の高い紳士スーツの場合には、ハンガー共同納品代行システムのコストは段ボール納品システムのコストの59％しかかかっていない。また、平均下代の低い婦人スカートの場合でもこの指数は76％であり、段ボール納品システムに比較してハンガー共同納品代行システムの優位性は明白である。

　また、小売のコスト負担が、ハンガー共同納品代行システムの場合には、段ボール納品システムに比較してきわめて小額であることは大いに特筆に値する。たとえば、紳士スーツの場合には、段ボール納品システムでは1着当たり27円だがハンガー納品システムではわずかに2円と、ほとんどコストの負担はないわけである。このように、商品単価が高額になればなるほどコストの削減額は大きくなる傾向がハンガー共同納品代行システムの特徴なのである。したがって、とりわけ高額品を扱っている百貨店の場合には、量販店に比較して、さらに大きなコストメリットが獲得できる。たとえば、平均上代5万円の紳士スーツの場合、ハンガー納品システムでは、段ボール納品システムのおよそ46％のコストしかかからない。なお、この表はアパレルの物流センターを基点とした一般ハンガー納品システムの数値であるため、流通経路を縫製工場まで拡大して（直送ハンガーシス

図表-2-4-4　　納品システムの形態別物流コスト比較

●量販店における物流コスト比較（実績）　　※商品アイテムごとに一着あたりのコストを算出
　　　　　　　　　　　　　　　　　　　　　　従来の段ボール納品システムを100として比較

物流システム		商品アイテム	婦人スカート （平均下代 2,300円）	婦人ワンピース （平均下代 9,000円）	紳士スーツ （平均下代 18,000円）
段ボール 納品システム		アパレル	64	21	73
		小　　売	36	29	27
		合　　計	100	100	100
ハンガー付 段ボール 納品システム		アパレル	100	93	104
		小　　売	21	17	12
		合　　計	121	110	110
ハンガー共同 納品代行 システム		アパレル	73	65	57
		小　　売	3	2	2
		合　　計	76	67	59

●百貨店における物流コスト比較（見込）　　※紳士スーツ平均上代価格50,000円の試算

段ボール納品システム	ハンガー付 段ボール納品システム	ハンガー共同 納品代行システム
100	110	46

テムを指す）算定するならば、コストの削減額はさらに大きくなる。

(2) 物流作業にかかわるコストの削減

　ハンガー共同納品代行システムの導入は、物流コストという直接コストの削減のみならず、物流プロセスにかかわる様々な業務のBPRの進展によって、大幅な人件費の削減が実現する。この事例では、百貨店のハンガー共同納品代行システムの導入時（一般ハンガーシステムの導入）に、システム導入によって見込まれる作業時間の削減の予測改善数値目標を示している（導入後の成果はこれを上まわったそうである）。

　具体的には、まず、段ボール納品システムとハンガー共同納品代行システムの

アパレルサイドの作業コストの比較を行ってみる。これによると、構内作業においては、従来の8段階の作業プロセスから4段階の作業プロセスに、と大幅なプロセスカットが実現して、1人換算で20時間超から約1時間30分へと劇的な作業時間の削減が見込まれる。また、事務作業においても大幅な合理化がもたらされ、全体では段ボール納品システムで20時間超かかっていた作業時間が、ハンガー共同納品代行システムでは、10分の1以下の約2時間でよいと見込まれる。これを経費に換算すると、1着当たり人件費で約30円となり、1着当たり消耗品費では約2.5円のコスト削減が可能という試算になる。

　また、次に段ボール納品システムとハンガー共同納品代行システムの小売サイドの作業コストの比較を行う。これによると、荷降ろし作業や搬送という物流部門の作業時間は、従来の1人換算では少し増加するものの、販売の最前線である売場の業務時間は従来の25時間から約半分と劇的な削減が見込まれ、トータルでは30時間弱から20時間弱へと作業時間の大幅な削減が見込まれる。このことを経費で換算するならば、1着当たり約15円の人件費の削減が可能になる、という試算が導き出される。

(3) 小売における導入効果の検証

　百貨店として初めてハンガー共同納品代行システムを導入した先駆的な百貨店におけるシステム導入の効果は以下のとおりである。ここでは、ハンガー共同納品代行システムの導入効果として約1万2,000時間の売場での販売員の作業時間の削減効果が実現した。また、同時に、商品の納入にかかわる業務のスケジュール化も図られたため、売場の作業負担は軽減して、適時・適品・適量の商品供給体制も確立した。また、新システムの導入で売場の業務が効率化したために、販売機会を拡大できたとする売場の社員の声も多く寄せられている。

　このように、ハンガー共同納品代行システムの特徴である、第1には決まった時間に正確に納品が行われる、第2には納品業務が一本化されバラバラ納品がなくなる、第3には検品の責任が明確になるため精度が向上する、第4には商品備蓄機能が備わり店頭の販売量をみながら商品を供給することが可能になる、第5にはオンラインの受発注システムによる発注が可能になる、というような改善が

ほぼ実現できたのである。

5．納代業者共同センターの基本機能
(1) 共配センターへの集荷機能
　ハンガー共同納品代行システムの中核機能は納品代行会社の共配センターである。そこで、浪速運送における量販店の事例から、共配センターのモデル機能の提示を行うことにする。

　まず、量販店の本部で集計された発注データがアパレルに送られ、同時に、同じ発注データが共配センターにも送られてくる。そして、この発注データより集荷情報リストを作成してアパレルにFAX送信を行う。アパレルでは、これをもとにピッキングリストを作成して、商品コード単位の総量ピッキングのみを行って、同時に、仕入伝票を発行する。共配センターでは、この集荷情報リストに基づいて立てられた集荷計画にしたがってアパレルに商品集荷に出向くことになる。

　このように、アパレルサイドでは、仕分けを担当するセンターごとに商品コード単位の総量出荷さえ行えば、後はすべて共配センターの責任で行われる。たとえば、150店舗からの発注があった場合では、従来方式だと150枚の送り状が必要になる。これに対して、ハンガー共同納品代行システムでは、仕分けを担当するセンターの数だけの枚数（たとえば8枚程度）で済むわけである。同様に、荷作りについてもセンターの数だけでよい。また、もちろん梱包用の段ボールなどもまったく不要になる。

(2) 共配センターでの仕分け機能
　各アパレルで集荷された商品は、トラックの荷台から共配センターのトロリーと呼ばれるバーに移される。そして、商品はコンベアで上層階へ搬送されることになる。上層階では、ハンガーカウンターによってアパレル別に商品の数量をチェックして、集荷のミスがないかどうかを調べる。商品は、さらに、上層階に搬送されて、ここでハンガーソータに投入する前のハンディターミナルによる品番別のチェックが行われる。ハンディターミナルでは、本体のコンピュータから受

信したアパレル別の確定データと集荷情報の確定データが一致すれば、画面には品番、数量、売価が表示され、商品が間違いなく集荷されたことが確認できる。また、内容に異常があった場合には、エラー音が鳴って画面には該当データなしの表示が表れる仕組みである。このようにして、ハンディターミナルによるチェックが終了し、そのデータを本体のコンピュータに送信すると、初めてハンガーソータへの投入が開始される。商品は、まずトロリーからスクリューコンベアに自動的に移されていく。この後、仕分けが終わるまで商品が人の手に触れることはないので、順序の入れ替わりや過不足が発生しない。商品は、さらに1枚ずつフックに掛けられて、ハンガーソータへと向かう。そして、ハンガーソータに投入される直前に感知器を通過して、品番ごとのチェックを受ける。商品は、品番ごとに、セパレーションハンガーと呼ばれる仕切りで区切られており、感知器はこのセパレーションハンガー間の数量を読みとることができる。もし読みとった数量と、確定データに基づく投入予定数量に1枚でも食い違いがあると、ハンガーソータが自動的に停止する仕組みである。このように、投入前の段階で数度にわたるチェックを実施して、集荷ミスを未然に防ぐ体制の構築が大切である。

　さて、チェックを終えた商品はワイヤーコンベアで搬送され、コンピュータからの信号によって指定されたシュートに仕分けられる。具体的には、仕分け先の店舗1店につき1本のシュートが設定され、商品はこのシュートに落とされた段階で仕分けが完了となる。共配センターには複数のハンガーソータが設置され、100店舗から1,000店舗分の仕分けが可能な体制が必要である。もちろん、仕分けを終えた商品についても、作業員がチェックを行い仕分けミスのないことの確認を行う。このように、アパレルごとに仕分け作業を行って全アパレルの仕分けが完了すると、ハンガーソータが読みとった実数のデータに基づいたハンガー納品明細書の作成が行われる。

(3) 共配センターにおける出荷機能

　商品をトラックに積み込む前に、最終のチェックをして間違いのないことを再度確認して、その後に積み込み作業を行う。そして、このように仕分けられた商品が各店舗に向けて納品される。納品業務においては、定められた店着時間に対

しプラス、マイナス30分の指定時間内での到着が厳守できることが前提条件であり、そのため、専任の配車係が常に道路状況の把握に努めている。

アパレルから商品を預かってから小売に納品するまでに、通常では共配センター内だけでも最低5回程度、集荷時と荷渡し時の数量確認を合わせると7回程度チェックを実施する。物流の業務委託に不可欠である信頼関係を保つためには、このような厳しいチェックを繰り返すのである。そして、このような厳格なオペレーションこそが、売場が求めるアパレル商品の納品形態なのである。

6．ハンガー共同納品代行システムによる業務改革
(1) 発注・納品業務のスケジュール化

ハンガー共同納品代行システムの導入は、単なる物流システム自体の改革のみならず、同時に、発注から納品にいたるマーチャンダイジングサイクルの改革の実現を意味している。たとえば、ここでは百貨店の紳士のスーツの追加発注のスケジュールモデルの提示を行うことにする（図表-2-3-5）。発注のパターンは、1週間の中で月曜発注で水曜納品と水曜発注で月曜納品の2サイクルのマーチャンダイジングサイクルでのオペレーションパターンという仮説の設定を行っている。もちろん、このパターン設定の意味は土日対応を意識した組み立てである。すなわち、一番売上高の高い土日を控えた木曜に納品し商品が欠落する月曜に商品を納品する、という考え方に基づいたシステムなのである。

売場では、月曜に在庫をチェックしその日のうちに発注をかける。当該取引先支店に在庫がある場合には、火曜中に商品をピックアップして木曜に売場に納品することになる。これは、もし当該取引先支店に在庫がない場合には、当該取引先支店から他の取引先支店に火曜または水曜に在庫チェックの要求を行うことで取引先の全国レベルでの在庫チェックを行い、水曜中に支店間の品振計画を策定した上で木曜に品振の指示を行い、金曜に当該取引先支店が商品をピックアップして土曜に納品する、というようなシステムである。すなわち、当該取引先支店に在庫がない場合には2日遅れで土曜には納品され、それでも、日曜には間に合わせるという仕組みである。

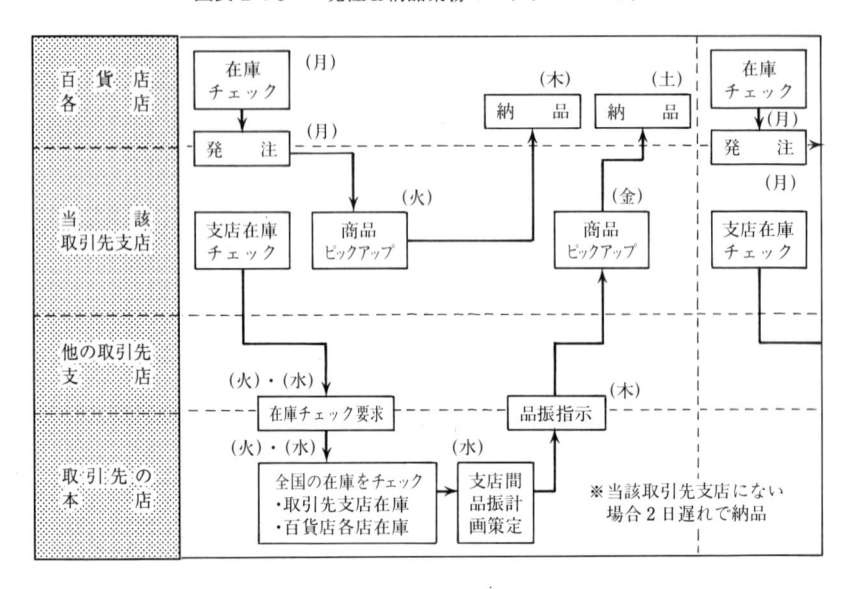

図表-2-4-5　発注＆納品業務のスケジュールモデル

(2) 店内物流の標準化とシステム化

　小売における発注と納品のシステム化を推進するには、フロアレディ指向の商品オペレーションの実現が大切で、そのためには店内物流の仕組みの再構築が不可欠の条件になる。とりわけ売場に隣接した店内のバックヤードの整備は早急に行われる必要がある。

　店内物流の導線は、とりわけ、地下または1階の納品口と一時保管機能を持った納品ステーションの整備と、各フロアの荷物用エレベータ前にフロアステーションとしての荷捌き用スペースの十分な確保が大切である。そして、次に、各フロアステーションとフロアごとのバックヤードを結ぶフロア物流導線の確保（できれば顧客導線と区別したほうが望ましい）が必要になる。また、売場のバックヤードは売場ごとに勝手な場所に勝手な大きさで設定するのではなく、商品ごとの在庫回転率から試算された売場ごとの基準バックヤードスペースを集計して、各フロア共通の位置にフロアとして集約したバックヤードを2または3個所ぐらい設定することが望ましい。当然ながら、ハンガーに掛けたままで商品をストックするための設備投資は必要になるし、店内搬送用の専用ラックなどの購入のた

めの若干の経費も必要になる。

(3) 流通ハンガーと販売ハンガーとの統一

　納品物流のシステム化を推進するためには、物流を取り巻く関連領域についての課題解決も不可欠である。たとえば、現状のようにアパレルも小売もバラバラなハンガーを使用しているようでは、作業効率はそんなには改善されない。もしも、流通ハンガーと販売ハンガーの統一ができれば、アパレルの物流センターも小売のバックヤードもハンガー対応の設備への転換が容易になる。日本百貨店協会においても、衣料品の納品から店頭における陳列や返品用の商品の保管までの、とおしで利用できる百貨店共通使用のハンガーを導入しハンガー納品の効率化に乗り出す計画が進められている。このように、アパレルの流通用と百貨店の販売用のハンガーを統合して兼用することで人手による掛け替え作業を省き各社のコスト削減に繋げることが、その狙いなのである。こうして、1着の商品を1本のハンガーで流通する仕組みづくりに取り組んだのである。現在では、都内の百貨店では、中・重衣料の80～90％がハンガーで納品されており、大手のある都心の店舗においては、納品のための流通ハンガーから店頭用の販売ハンガーへの掛け替えが年間220万本にも上っている。また、手作業のために売場の付帯業務としての負担が大きく、これが百貨店業界の高コストの一因にもなっている。ハンガーの統一化で百貨店では納品後の付け替えや返品時の箱詰め作業をなくせるし、また検品の簡略化につながり、アパレルでも作業や経費の軽減が見込むことができる。また、この統一化にあたっては、売場での見栄えと輸送やストック効率の両面の考慮が必要である、ということは当然である。また、この統一ハンガーの定着に向けては、アパレルのみならず、納品代行業者やハンガーメーカーにも協力を求めて、組織的な展開が行われている。

(4) パートナーシップ指向の納代業者の対応

　小売にとって、アウトソーシングには納代業者との信頼関係が重要なポイントになる。ハンガー納品は、納品して即座に売場に陳列される商品を取り扱っているため、車内の内装はカーペットを貼って商品が汚れないようにすることは当然

である。また、車両内や共配センターでは上履きを履くことの義務づけも必要であるし、商品を扱う際には当然ながら手袋とエプロンの着用も前提になる。さらに、アパレルや小売が安心して任せることができる仕分け設備も重要であるため、入念なチェックによって仕分けミスを未然に防ぐことも当然の作業になる。仕分け作業以外にも、たとえば、納品面で定められた店着時間に納品できるように、専任の配車係による道路状況の把握も大切なことである。

　システムのレベルアップを徹底的に行うことも大切で、現在では、アパレルが行っているタグ付け・値札付けなどの物流加工を、納代業者の共配センターで行うことで縫製工場と売場をダイレクトに結びアパレルの出荷作業を一切なくす、というようなことも必要である。これによって、より一層の物流コストの削減やリードタイムの短縮が可能になる。こうして、ファッションの個性化や価値観の多様化へ向けた多品種少量生産や品切れの防止への対応が実現する。

(5) 小売ECRへ向けたアパレル物流革新

　このシステムの導入によって、消費者たる顧客とダイレクトな接点を持つ小売を軸にした流通システムとしての小売ECRが実現し、また、このことで、より顧客志向の流通システムが確立する。

　さらには、店舗という拠点を持って営業活動を行う店頭小売業にとっては、店舗ならではのサービスの提供が、またECに代表される今後のオンラインショッピングへの競争戦略としても不可欠な基本的な要素になる。その意味では、フロアレディのマーチャンダイジングが確実にオペレーションできるロジスティクスシステムとして、個別企業の戦略の枠を超えた高効率な社会システム創造の視点に立脚したハンガー共同納品代行システムの確立が強く望まれる。そして、より顧客志向の強いさらには顧客主導の流通システムの確立へ向けて、これからは、フロアレディからカスタマーレディへというようなパラダイム転換を行うべく、流通システムの組み替えが望まれている。こういった方向性を前提にすると、衣料品部門の物流革新を指向するハンガー共同納品代行システムはそのための一里塚である、といえる。

第3部

生活者中心主義経営
リマーケティング

Remarketing

- 第1章　小売業におけるブランド戦略
- 第2章　小売業のエンタテインメント戦略
- 第3章　価格革命時代の流通システム戦略
- 第4章　ニーズ多様化時代の消費パラダイム

■ 第 1 章 ■
小売業におけるブランド戦略

1. ブランド概念の拡張

　近年、ブランドという概念に非常に大きな注目が集まっている。今や、ブランドは企業における新たな経営資源として位置づけられると同時に、経営戦略の中心的課題にもなりつつある。

　このようにブランドがクローズアップされた背景には、大別して2つの理由がある。1つは1980年代以降、ブランドがM&Aの対象となったことである。そのためブランドが企業の資産価値として評価されるようになり、経営戦略と密接に結びついた。事実ブランドの売買はさかんに行われている。たとえば、モエヘネシールイヴィトン（LVMH）社は積極的な買収・合併によって、マルチブランド戦略を推進し、ブランドコングロマリットとも称されるブランドグループを形成し、急成長を遂げている。

　もう1つは、企業間の競争の激化である。競争の質的な変化がブランド戦略の重要性を再認識させたのである。たとえば神田（1997）はブランド戦略のポイントとして「模倣不可能性」をあげている[1]。そしてハードウェアなどの目に見える資産をめぐる競争から目に見えない資産の競争へと企業間競争が変化したことを指摘し、次のように述べている。

　「競争戦略の本質は、競争優位性が模倣されず、持続的に競争力が維持され得るサステナビリティー（持続的競争力）の構築にある。～（中略）～目に見えない資産はその特質ゆえに模倣しにくい。そのためサステナビリティーの源泉としては理想的である。ここに無形資産としてのブランドの重要性がある」

　ひとたび、ブランドとして好意的に認知されれば、顧客との継続性の高い関係性が構築できるだけでなく、価格競争を極力回避するなど、収益性の改善にも繋

がる。こうした他社が模倣できないサステナビリティーとしてのブランドはけっしてメーカーだけに必要なものではない。

ブランド概念の拡張は、小売業界とも無縁ではない。従来、主としてブランド戦略はメーカーが実践するものとして、捉えられてきたが、小売業においても、店舗、サービス、品揃えなどを通じて、一貫したイメージを構築し、よりよいブランドを創り出し、それを維持していくことが、小売業の利益の源泉となるとともに、激しい環境変化の中で競争優位性を構築するために有効なのである。

2．ブランドエクイティの構成要素

ではこうしたブランド概念を小売業に活用するためには何が必要なのか、まずブランドエクイティの構成要素を考察してみよう。

ブランド論の第一人者であるカリフォルニア大学のD. A. アーカーは、その著書『ブランドエクイティ戦略』[2]の中で、ブランドエクイティを次のように定義している。

「あるブランド名やロゴから連想されるプラスの要素とマイナスの要素との総和（差し引いて残る正味価値）」

さらにアーカーは、このブランドエクイティを構成する資産として、次の5つの構成要素をあげている。

①ブランドロイヤルティ（brand loyalty）

②ブランド名認知（name awareness）

③知覚品質（perceived quality）

④ブランド連想（brand association）

⑤他のブランド資産

これらの構成資産は、より具体的には次のような意味を持っている。まず①のブランドロイヤルティとは顧客がブランドに対して有する執着心の測度を意味する。また②のブランド名認知とは、そのブランドがあるカテゴリークラスに所属していることを潜在的購買者が認識あるいは想起する能力を指している。③の知覚品質とは、ある製品・サービスの意図された目的に関して代替製品と比べた、

全体的な品質や優位性についての知覚を、そして④のブランド連想とは、ブランドに関する記憶と関連するすべてのものを意味する。また⑤の他のブランド資産とはトレードマークやパテント、流通チャネルなどを意味している。アーカーはブランドエクイティをこの5つの構成資産からなる統合的な資産セットとして認識しているのである。

このブランド概念のフレームワークは、小売業界においても、そのまま当てはめることができる。たとえば、ディズニーが経営しているディズニーストアや、ソニーが経営しているソニープラザ、また高級スーパーとして首都圏で確固たるブランドを確立している紀伊国屋やQueens'伊勢丹などといった小売店は、ブランドロイヤルティの醸成に成功し、それを大きな競争力に結びつけている。小売業においてもブランドを創り出すことは可能であり、消費が不透明な今、ブランドエクイティの構築を踏まえた戦略を探っていくことが大きな意味を持っている。

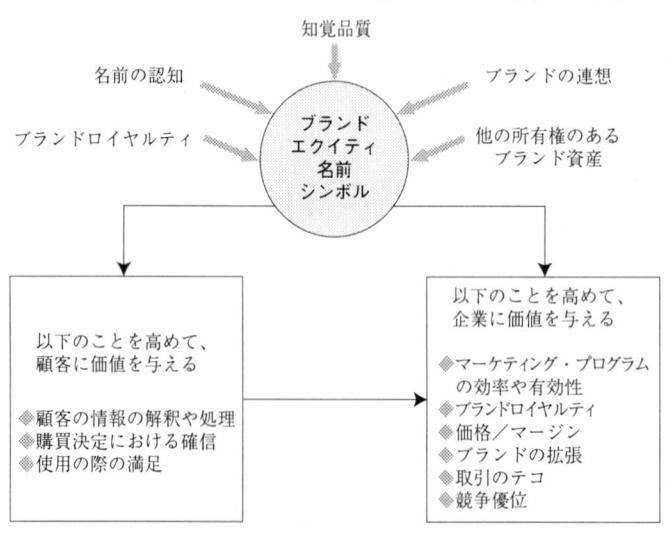

図表-3-1-1　ブランドエクイティの構成資産と「価値」との関係

知覚品質
名前の認知
ブランドの連想
ブランドロイヤルティ
ブランドエクイティ
名前
シンボル
他の所有権のある
ブランド資産

以下のことを高めて、
顧客に価値を与える

◆顧客の情報の解釈や処理
◆購買決定における確信
◆使用の際の満足

以下のことを高めて、
企業に価値を与える

◆マーケティング・プログラム
　の効率や有効性
◆ブランドロイヤルティ
◆価格／マージン
◆ブランドの拡張
◆取引のテコ
◆競争優位

3．ブランド創造型小売業

ではここで、小売業界において、すでにブランドエクイティを形成していると

考えられる先進的な企業のケースをみながら、小売業界におけるブランド創造のエッセンスについて考察してみよう。ここでは、徹底した顧客サービスによってその名を世界的なものにした百貨店ノードストローム、一躍世界的に店舗を拡大し日本でも大きな急成長をみせたスターバックス・コーヒー、そして設立当初からブランドを意識して開発された女性専門のテーマパークである、ヴィーナスフォートの3社を取り上げ、概観してみることにする。

① 「ノードストローム」のブランド戦略

　ノードストロームはこの十数年の間にアメリカで急成長した百貨店であるが、その名はアメリカ国内だけでなく世界中にとどろいている[3]。同社の急成長を支え、世界的にその名を有名にした最大の理由は全米一ともいわれる徹底した顧客サービスであった。

　従来、アメリカの百貨店の多くは、チェーンオペレーションを徹底し、セントラルバイイング（中央集中仕入れ）や本部への権限集中などによって利益を確保していた。これは、主にコストと利益といった財務の視点からの経営であり、実際には、顧客への対応はないがしろにされがちであった。

　そうした状況の中で、ノードストロームは、顧客サービスという視点から徹底的に経営の見直しを図った。まず顧客と直接対面する販売員の意見を尊重するとともに、優秀な販売員の育成に注力した。同社の販売員には、売場における全権が委譲されている。ノードストロームには「売場では一人ひとりがボス」という言葉があるが、販売員は顧客の求めに応じて上司の許可なく意思決定し行動することができる。たとえば、顧客の求めるものが売場にない場合には、ライバル店から取り寄せて顧客の要望に応えることも、上司の許可なくすぐに実行することができる。こうした販売員重視の姿勢は同社の組織図にも表れている。すばやい対応によって、顧客に最上のサービスを提供することを最大の目的として組織の仕組みがつくられているのである。また、販売員には自分の売上目標を自分で管理させ、売上に応じてインセンティブが与えられている。こうした報酬システムは、販売員自身の満足を高めることにも結びついている。

　さらに品揃えについても、地域性や顧客層を考慮して、各店で独自の仕入が行

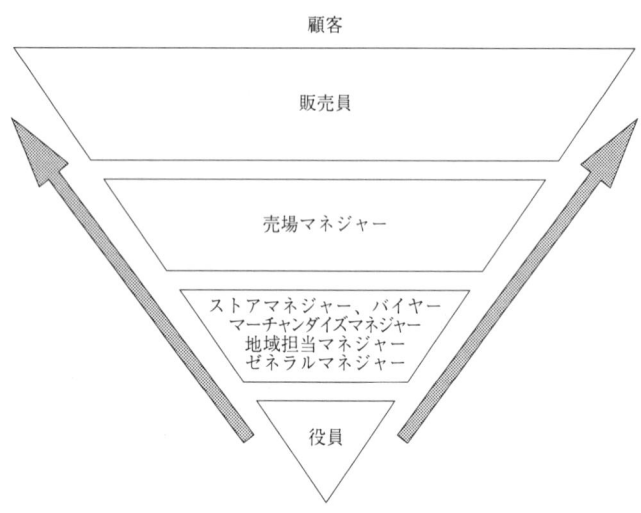

図表-3-1-2　ノードストロームの逆ピラミッド型組織

```
           顧客
          販売員
        売場マネジャー
    ストアマネジャー、バイヤー
    マーチャンダイズマネジャー
    地域担当マネジャー
    ゼネラルマネジャー
          役員
```

われている。

　こうした経営手法によってノードストロームは「絶対にノーとは言わない百貨店」とも呼ばれており、これが同社のブランドを形成するカギとなっている。同社は、「顧客第一のサービス」といういわば当たり前の視点から、従来の仕組みを破壊し、これまでにない新たなシステムをつくり出した。「お客様はどうすれば喜んでくれるのかを考える。」「顧客を王族のように扱い、尽くしたいという気持ちを伝えれば、顧客はまた戻ってくる。」同社が掲げる戦略は、CSを徹底的に高めることが結局は自社の利益につながることを示している。

②差別化をつくり出すスターバックスのブランド戦略
　日本はアメリカ、ドイツに次ぐ世界第3位のコーヒー消費国である。街では喫茶店やコーヒーショップが数多くひしめいている。中でも、近年、首都圏を中心に急速に店舗展開を進めてきているのが「スターバックス」[4]である。日本ではまだ首都圏を中心とした店舗展開しか行っていないが、その出店のスピードは他を圧倒している。
　アメリカ・シアトルで生まれたこのコーヒーショップが日本に上陸したのは

1996年のことである。しかし、この数年の間に、後発でありながら、その卓越したブランド戦略によって急成長を遂げてきた。

　スターバックスがアメリカで創業されたのは、1971年のことである。その後「グルメコーヒー」という新しいスタイルを提案し、北米を中心に一大コーヒー店チェーンに成長した。アメリカでは「おしゃれでおいしい」というブランドイメージが確立しているが、これは従来のコーヒー店にはなかったイメージである。

図表-3-1-3　　スターバックスのミッション

スターバックス　ミッション宣言

スターバックスの使命は、会社として成長しながらも主義・信条において妥協せず、世界最高級のコーヒーを供給することである

・お互いに尊敬と威厳をもって接し、働きやすい環境をつくる

・事業運営上での不可欠な要素として多様性を受け入れる

・コーヒーの調達や焙煎、新鮮なコーヒーの販売において、常に最高級のレベルを目指す

・顧客が心から満足するサービスを常に提供する

・地域社会や環境保護に積極的に貢献する

・将来の繁栄には利益性が不可欠であることを認識する

　こうしたブランドを重視した企業姿勢はスターバックスのミッションからも知ることができる。

　このスターバックスが、日本進出にあたって選んだパートナーがサザビーであった。サザビーは女性向けの生活雑貨と喫茶店の複合店「afternoon tea」などを展開している企業である。両社ともに「ライフスタイルの提案」をビジネスのテーマとして掲げており、経営の基本理念が酷似していたことが、両者を結びつける鍵となった。

　「ライフスタイルの提案」を第一に掲げるスターバックスが、出店に際して自社のブランド価値を高めるために採用している戦略には主に次の2つがある。1つは立地戦略である。都心の一等地に立地することで、ファッション性を前面に

押し出した。これによって、既存の喫茶店や他のコーヒー店チェーンに飽き足らない顧客が集まり、「ちょっとおしゃれなコーヒーチェーン店」というイメージが定着した。もう１つは店舗づくりと提供しているコーヒーのバリエーションである。遠くから見てもすぐにそれと分かるロゴマーク。店舗に一歩足を踏み入れると、少し暗めの照明の中に、ゆったりとしたソファがおかれている。こうした独特の店舗作りがスターバックスのコンセプトを強調している。またメニューには一般的なコーヒーに加え、カプチーノやラテなど、他社にはないようなバラエティにとんだメニューが提供され、マグカップやコップ、アクセサリーなどもおかれるなど、ライフスタイルを提案するような雰囲気もつくられている。

コーヒーショップという成熟化した市場にあって、他社との差別化を可能にしているのはスターバックスのブランド戦略にほかならない。ブランド価値をアピールし、それを維持する努力が、スターバックスの成長を支えているのである。

③ヴィーナスフォートのブランドを意識したSCづくり

ヴィーナスフォート（Venus Fort）は1999年８月に東京の臨海副都心に開業した女性専門のテーマパーク型のショッピングモールである[5]。このヴィーナスフォートは東京都から10年間の期限付きで借りた約３万4,000平方メートルの土地に、森ビルとこのヴィーナスフォートのコンセプトを打ち出したゲームソフトメーカー「スクウェア」の創業者である宮本雅史氏が50％ずつ出資して建設したものである。したがってこのヴィーナスフォートは期間限定のテーマパークということもできる。

ヴィーナスフォートはテーマパークではあるが従来型のテーマパークとは異なるいくつかの特徴を持っている。ヴィーナスフォートで目を引くのは何といっても内部のデザインである。17～18世紀のヨーロッパの町並みを再現したデザインと演出は、訪れた人間を非日常的な世界へと導いてくれる。

しかし、ヴィーナスフォートの本質はそうした外観だけにあるのではない。建物の外寸長さ295メートル、幅108メートルの建物の内部には様々な工夫が施されているだけでなく、美を中核としながら「ファッション」、「ビューティー」、「食」、「ライフデザイン」というテーマにそって137の店舗（開店当時）が集積している。

このヴィーナスフォートがターゲットとしているのは若い女性である。

「若い女性は、最も購買意欲が旺盛でたくさんの買い物をする。デパートの現状をみても婦人服は最も利益率がよく、さらに若い女性は可処分所得が多く不況にも強い。そして何よりも自分を満たすために世界のどこにでも飛んでいくだけの行動力がある」

この言葉に宮本氏が若い女性にターゲットを絞った理由が明確に述べられている。ヴィーナスフォートの生みの親である宮本氏がそこでつくったコンセプトは次のようなものであった。

「ビューティーがテーマといっても、単にアパレルやエステやコスメの商品を扱うのではなく、そこに行けば自分がきれいになれる、自分が美しいと感じられる場所」

このコンセプトこそが、ヴィーナスフォートのブランドそのものといってよい。ヴィーナスフォートは、こうした美というプラットフォームをつくり、「ファッション」、「ビューティー」、「食」、「ライフデザイン」といった4つのキーワードに従って、これらについて優れたブランドエクイティを持った企業を集めることによって形成された場（＝業態）として捉えることができる。低価格を1つのコンセプトとしてSCを形成している例は全国どこにいっても見ることができるが、このようなコンセプトを前面に押し出した小売店舗の開発はあまり例がない。

このヴィーナスフォートという街のブランドを構成する要素は次の3つに分類される。

○テーマパークの空間演出（集客動機づけ＆リピーター獲得）
・ヨーロッパの街並みと大規模装飾＆イルミネーション
・シーズンごとに街並みの表情が変化
・ドゴールデザインなど米国のテーマパーク等のデザイン・政策会社14社を起用
・クリスマス、バレンタイン、サマーシーズンなど教会広場でのイベントスペース展開
・レーザーアニメーションによるアトラクション
○女性を配慮した施設・女性が求めるサービス

・並ばない女性トイレ「ヴィーナスレストルーム」
・スペシャルゲストルーム「パールラウンジ」
・クイックお直しサービス
・新しいサービスの試み「アテンダントクルー」
○欲しいもの・食べたいものなどのラインアップ
・ファッションアパレルショップ
・ビューティーコスメショップ
・デザイン雑貨、生活雑貨
・カフェ、レストラン、ワインカーブ、ワイン持ち込みシステムなど
・オフィシャル・スポンサーによる販促プロモーション

　以上はいずれも、ヴィーナスフォートのブランドを生み出すための要素であるが、そのポイントは次の3点に集約することができる。
　第1点は、建物、演出などのハードからのエンタテインメント創出である。非日常的な空間を演出し、他の店舗にはない女性が求める機能を徹底して追及することによって、買い物の楽しさを演出する。ヴィーナスフォートはこれによって、顧客の来店率を向上させ、リピーターを獲得することに成功している。日常生活とはかけ離れた雰囲気をつくり出し、その中でショッピングを楽しんでもらうことが大きな要素となっている。
　第2点は、ヴィーナスフォートを実際に動かすソフトである。宮本氏はソフトの部分は一元管理が絶対条件であるとして、派遣スタッフを入れず指揮系統の統一を図った。これによってヴィーナスフォートは1つの一貫した知の下に、統一することが可能となった。またテナント戦略についても、個々のテナントの集客力に頼るのではなく、20代～30代の女性にアンケートを実施し、そのデータに基づいてテナントが構成されている。
　第3点は、このハードとソフトを括るマネジメントである。ヴィーナスフォートのコンセプトは、「そこに行けば自分がきれいになれる、自分が美しいと感じられる場所」というものである。逆を言えばこれを実現できる企業であれば、ファッション、食などにまったく関係ない業種でも、ヴィーナスフォートに参加することは

可能となる。その意味ではヴィーナスフォートはあくまでプラットフォームでしかない。美を核としたエンタテインメントを構成しているのは、このテーマを複合的に表現しているハードであり、ソフトであり、テナントであり、顧客である。

ブランドづくりに完成はなく、そのプラットフォームに何をどう組み合わせるかによって大きくその性格は変わってくる。こうした考え方は、新たなSCを開発するために不可欠な要素といえよう。

こうしたヴィーナスフォートの試みはブランドの構築を核としたマネジメントの可能性を示唆している。どういった人に来てもらい、どんなことを楽しんでもらい、どんな形でそれを提供するか。買ってもらう場ではなく、顧客に楽しんでもらえる場をつくり、その延長線上として購入を位置づけることが今、重要になってきているのである。

4．小売業におけるブランド構築の方向性

上記のケースを踏まえて考察してみると、小売業界において、ブランドを構築していくためには、次の4点がより重要になってくるものと考えられる。

第1は「顧客サービスの徹底」である。これはCRM戦略とも密接に関連するが、精細な顧客データベースをもとに、顧客個人個人により密着したサービスの提供が可能となっている。ノードストロームのように、顧客満足度を最高度に高めていく徹底したサービスを提供しうる組織体制をつくるとともに、顧客が今求めているサービスは何かを逐次見直す仕組みをつくることが必要である。

第2は「統一性」である。これは、何を提供していきたいのかという、店のコンセプトということもできる。ヴィーナスフォートのように、教育だけでなく細部にいたるまで、統一性を保つことがブランドを形成するためには不可欠である。たとえば、ブランドの構築で世界的にベンチマークの対象となっているディズニーは、すべてが一貫したコンセプトの下に統一されているからこそ、今日の地位を保ち続けているのである。

第3は「提案力」である。小売業ならではの生活に密着した提案は大きな武器となる。たとえば、新たなメニューの提案や組み合わせの提案は、スターバック

スの例からも分かるように売場の魅力をつくり出す源泉となる。

　第4は「エンタテインメント」である。これについては次章で詳しく述べるが、買物することが楽しくなるような場を創造し、そこに参加してみたいと思わせる演出を行うことが重要なテーマとなる。

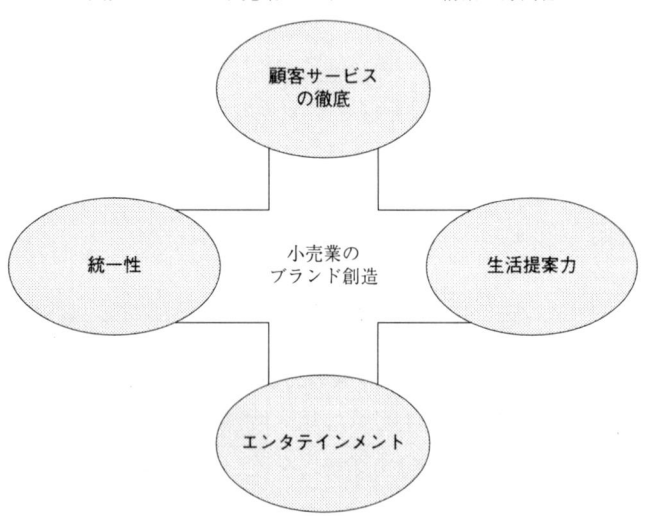

図表-3-1-4　　小売業におけるブランド構築の方向性

（注）
（1）ここでの記述は以下の文献を参考にしている。
　　『ブランド・コンシステンシー』、「戦略経営者」1997．9月号、p1、神田良、TKC
（2）『Managing Brand Equity：Capitalizing on the value of a brand name』、Aakar, D.A , New York、Free Press,1991（邦題：「ブランド・エクイティ戦略—競争優位をつくりだす名前、シンボル、スローガン」陶山計介・中田善啓・尾崎久仁博・小林哲[訳]、1994）
（3）ここでの著述は主に以下の文献を参考にしている。
　　『ノードストロームウェイ　絶対にノーとは言わない百貨店』、R・スペクター＆P．D．マッカーシー著、（山中カン監訳／犬飼みずほ訳）、日本経済新聞社、1996
（4）ここでの著述は主に以下の文献を参考にしている。
　　『スターバックス成功物語』、ハワードシュルツ，ドリー・ジョーンズ・ヤング著、（小幡照雄，大川修二訳）、日経BP社、1998
（5）ここでの著述は主に以下の文献を参考にしている。
　　『感動経営学—ヴィーナスフォート誕生秘話』、大前研一・宮本雅史著、小学館、1999

■ 第 2 章 ■
小売業のエンタテインメント戦略

1．エンタテインメントビジネスの伸張

　景気の低迷が長期化する中にあっても、ヒットしているものは数多く存在する。ここ数年、大きな話題となった製品や企業を振り返ってみると、東京ディズニーリゾート、プレイステーション2、iモード、ユニクロ、100円ショップなどをあげることができる。これらに共通したキーワードはエンタテインメント、より簡単に言えば、遊び、楽しみそしてユニークさなどといった要素が多分に含まれているということである。もちろん技術革新や各企業のマーケティング努力の結果が消費者に受け入れられ、ヒットに結びついたことは言うまでもない。しかし、いくら便利で、どんなに画期的なものであっても、楽しくなければ、おもしろそうでなければ、現代の消費者は自ら進んで購入してはくれない。消費者が楽しさを感じ取れるように購入する場をデザインするとともに、使い方を提案し、演出していくことの重要性が高まってきている。エンタテインメントはこれまで漠然と差別化の1つの手段として捉えられてきた感があるが、市場の成熟化、ニーズの多様化、そして消費者の情報武装が急速に進む中にあって、これを1つの重要な戦略要素として位置づけ、これまでの製品・サービスをエンタテインメントという知で括ってやることが競争優位を確立していくための大きな武器となりつつある。

　すでに、メーカーはこうしたエンタテインメントの重要度が高まるにつれて、その姿勢を鮮明にしつつある。例えばソニー[1]は、従来のAV（Audio Visual）事業を基幹とした事業展開から方向転換し、総合エンタテインメント企業を目指し、新たな事業展開を進めてきている。ソニーの標榜する総合エンタテインメントはまだ進化中であり、その全貌ははっきりしないが、少なくとも映画、ゲーム、音

楽、インターネットプロバイダ、金融などといった新規事業を積極的に展開し、それらを連携させることによって、e Sony への進化を推し進めていることは事実である。生活を便利にするエレクトロニクスではなく、エンタテインメントを実現するための製品・サービスを提供することがソニーの戦略目標となっている。

こうしたソニーのエンタテインメント戦略の象徴的な存在が、AIBO である。AIBO は少し乱暴に言えば、これといって何の役にも立たないロボットである。しかし、インターネットを通じて初めて販売した時には、1体20万円を超える高額商品であったにもかかわらず、あっという間に売り切れてしまった。

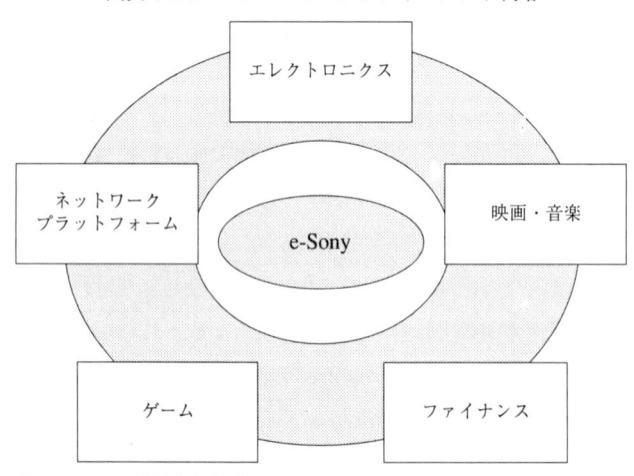

図表-3-2-1　ソニーのエンタテインメント戦略

- エレクトロニクス
- ネットワークプラットフォーム
- 映画・音楽
- ゲーム
- ファイナンス
- e-Sony

出典：So-net資料より作成

もともとソニーには、「他人がやらないことをやる」ことを尊ぶというソニー・スピリッツがあるが、他にはないおもしろさを追求することでそれを差別化の源泉にし、今日の競争力を構築することができた、という点は注目に値する。

AIBO が話題となったこの現象は、消費者はエンタテインメント性が高ければ高価格でも消費するということの証左でもある。その商品が何に使えるかというよりも、何か面白そうだというものであれば、消費者は購入してくれる。

むろん、こうした傾向は小売業界とも無縁ではない。何か楽しい、おもしろそうだ、といったエンタテインメント要素を取り込んだ売場を創出していかなけれ

ば、消費者は振り向いてはくれないのである。その意味では、次々と新たなサービスを投入し、顧客の利便性を徹底的に高めているCVSは、消費者にとって"おもしろい"場所である。いつでも開いていて、便利だからという要素に加えて、おにぎり1つとってみても、これまでは考えられなかったようなさまざまな具が入っていたり、ゲームや音楽のソフトが購入できるようになったり、銀行のATMが入ることによってお金の出し入れが容易になったりなど、生活の基盤を支える機能を果たしているだけでなく、そこに行けば何か新しいものが常にあるという期待感がある。製品だけでなく、日々刻々と常に情報が更新されているという楽しさが、若者を中心とした顧客に足を運ばせているのである。

　近年、カルフールやコストコ、メトロなどといった、世界の名だたる小売業が日本市場に本格的に進出してきている[2]。世界最大の小売業であるウォルマートの進出も秒読み段階にある。これらの巨大小売業は、日本の小売業にはない店づくりを行い、市場（いちば）の楽しさを演出するなど独自色を鮮明にしている。これが必ずしも成功する要因になるわけではないが、買物の楽しさを演出する姿勢から学べる点は学ぶ必要があろう。

　以上の問題意識から本章では、エンタテインメントの構成要素を論じるとともに、小売業界におけるエンタテインメント要素の活用について、いくつかの企業の事例をみながら、そのポイントについて考察する。

2．市場の成熟化とエンタテインメント

　なぜ、今エンタテインメントが大きな力を持つようになってきたのであろうか。その背景には市場の成熟化が大きく関係していると考えられる。周知のとおり、現在の国内市場における多くのカテゴリーはすでに成熟化している。その結果、今の消費者はその製品にこだわりがあれば多少高くても購入するが、それ以外の製品は安くなければ買わないし、不要であると判断すればたとえどんなに安くても購入しないという購買行動をとるようになってきた。たとえば、高級なブランド品が相変わらず売れ続けている一方で、100円ショップのダイソーやユニクロのような安価な製品を販売している企業が業績を伸ばしてきたのは、その好例と

いってよい。費用対効果を適切に判断して購入する消費者が増えてきたのである。
　こうした二極化現象が進んできた最大の理由は、消費者の情報武装が進んだことにある。インターネットや携帯電話が普及し、また、企業がホームページを作成し、インターネットでの取引を始めるなど、そうした情報環境を自社のマーケティング戦略に活用することによって、消費者は驚くほど簡単に情報を収集し比較することが可能となった。これにより、企業と顧客との情報格差は急速に縮まってきている。たとえば、顧客がテレビを購入したいと思えば、インターネットで24時間いつでも各メーカーのテレビのラインナップや特徴を調べ、家電量販店のホームページから価格を調べ、容易に比較検討することができる。量販店が安いと思えば量販店で購入するし、場合によってはインターネットを通じて注文したり、オークションに参加することも簡単にできる。消費者はすでにあらゆる情報を収集し、自分はどこで何を買えば最も有利なのか、自分にとってのベストは何かを簡単に調べる環境をすでに有しているのである。こうした購入形態はこうした家電製品だけに留まらず、ファッションや不動産、自動車などこれまでには見られなかったあらゆるカテゴリーへと急速に広がってきている。
　これは従来型のいわゆる刺激—反応型のパラダイムに基づいたマーケティングの限界を示す1つの証左といってもよい。企業と消費者の大きな情報格差の存在をベースとしていた既存のマーケティング・パラダイムの有効性は確実に小さなものになってきている。顧客の情報武装が進むと、顧客は比較することが容易になり、選択肢が増えるなど、移動障壁はきわめて低くなる。価格や機能が同質化した状況下にあって、また、比較が簡単にできる状況の中で、消費者が製品やサービスを選択する基準を、おもしろさ、ユニークさに求めるのは当然の帰結であるといえよう。

3．エンタテインメントの創造

　エンタテインメントはまさに不透明な競争環境の中で打ち勝っていくために不可欠な要素になりつつあり、その重要性はますます高まってきている。そして、こうした動きはあらゆる業種、業態に広がってきている。

しかしながらエンタテインメントは感動や、歓喜、そして夢といった要素を含むことから、これを意識的に生み出すのはきわめて困難である。「顧客に歓喜を与える」と言うのはやさしいが、それを生み出す方法論は決して明確なものではない。たとえばこうした困難さは、エンタテインメント産業の代名詞でもある遊園地やテーマパークの業界をみても明らかである。たとえば、東京ディズニーリゾートや大阪にオープンしたUSJ（ユニバーサル・スタジオ・ジャパン）が大きな話題を集め、予想以上の集客を記録している一方で、一時代を築いた昔ながらの遊園地やリゾート法の制定を受けてつくられた地方のテーマパークは続々と閉園に追い込まれている。同じエンタテインメントを提供するこの両者の違いはいったいどのようなものなのであろうか。

エンタテインメントをいかに自社のビジネスに組み込んでいけるかは、成熟化を打破するための鍵を握っているといっても過言ではない。では、エンタテインメントを生み出すためにはいったい何をすればよいのであろうか。エンタテインメントとは、いくつか辞書を引いてみると、その本質的な意味は「楽しむ」、「もてなす」というものであると考えてよい。製品やサービスによって消費者を楽しませることがエンタテインメントの目的とすれば、これは従来からマーケティングの目的とされてきた顧客満足（Customer Satisfaction）の充足と軌を一にするものである。

そうした観点に立ち、小売業はエンタテインメントを軸として、顧客がまた行きたいと思うような品揃えや売場づくり、演出などを行うことによって、参加しやすい場をつくり出すことが戦略目標となる。そこで次節ではエンタテインメントを活用してそれによって強力な競争優位性を構築している小売業のケースを概観することを通じて、その戦略的なエッセンスを考察してみよう。

4．エンタテインメントを軸とした小売戦略

1）ディズニーのエンタテインメント戦略

東京ディズニーランド（以下TDLに略）[3]は1983年のオープン以来、日本にお

けるリゾートの代名詞ともなっている。誕生してから20年経った現在も、連日多くの人々が押し寄せ、多くの企業がそのエンタテインメント性の高さを認め、その戦略を参考にしている。このTDLの誕生によって、日本人の遊園地のイメージは大きく変わったといってよい。昔ながらの遊園地が閉園を迫られ、地方のテーマパークが続々と破綻している中にあって、TDLは業績を伸ばし続けている。こうした両者の違いはエンタテインメントの構成力の差である、といってよい。TDLは2000年には複合商業施設である「イクスピアリ」を、2001年には東京ディズニー・シー（TDS）をオープンさせるなど、滞在型のリゾートづくりを進め、東京ディズニーリゾートとしてますますその世界を拡大させてきている。

　世界各国にあるディズニーランドの基本コンセプトは「ディズニーランドに来たゲストは物語の主人公になれる」という非日常性（ファンタジー）にある。入園したゲスト（顧客）は物語に没入できるよう外界は見えにくいような構造になっており、建物のデザインや従業員（キャスト）のコスチュームにも工夫が施されている。さらに販売されるグッズやレストランで出される食べ物など、非常に細かい点まですべて一貫したコンセプトにそって作られている。園内では、様々なイベントやパレードが時間差で開催され、毎夜花火が打ち上げられる。むろんこの世界の中で、ディズニー・キャラクターや様々な乗り物やアトラクションが重要な役割を果たしていることは言うまでもないが、ディズニーランドの強さはキャラクターや乗り物だけの強さではない。すべてがファンタジーというエンタテインメントで統一された強みなのである。

　さらに、ここで見逃すことができないのはサービス水準の高さである。一度ディズニーランドに足を運んだことのある客が必ず口にするのは、キャストの献身的なサービスである。ゲストに何かを尋ねられたときの受け答えや対応、さらには、お年寄りや障害者に対するケアなどについても高い水準で一貫性が保たれている。それ故に、キャストの採用と教育には細心の注意が払われており、勤務時間に応じた教育プログラムが実施されている。

　こうしたディズニーランドのコンセプトを踏襲して展開されているのが、ディズニーストアである。世界に650店舗以上あるこの小売店は、1987年のオープン以来、成長を続けているエンタテインメント小売業の草分け的な存在である。デ

ィズニーランドで形成されたファンタジーのイメージをそのまま持ち込んだ同店ではディズニーランドと同レベルのキャストの教育が行われ、そこでしか買えないオリジナル商品を揃えるなど、楽しみながら買物ができる様々な演出が施されている。

ディズニーでは、当然のことながらディズニーストアを単なるグッズ売場としては捉えていない。ディズニーストアも、ディズニーランドと同様に顧客に対して楽しさを提供する場であり、こうしたエンタテインメント戦略の一貫性がディズニーの世界を構成しているのである。

2）東急ハンズのエンタテインメント戦略

1976年8月に東急不動産の新規事業としてスタートした東急ハンズ[4]は、25年を経た現在、DIY（Do it Yourself）を中心とした品揃えで数ある小売店の中で確固とした地位を確立している。東急ハンズのハンズは、その名の通り"手"を意味している。これは手作りをイメージさせるもので、これはそのまま東急ハンズの「生活文化の創造」という基本コンセプトと繋がっている。

東急ハンズの品揃えの特徴は、素材、道具、部品をはじめ、プロが使うような珍しくて専門性の高いものが揃えられていることである。たとえば、歯ブラシ1つをとってみても、日本製のものはもちろんのこと、欧米メーカーの歯ブラシも数多く揃えている。また文房具や調理器具などといった他のすべてのカテゴリーも同様で、ハンズに行けば普通の店では手に入らないようなものを購入することができる。また、たとえば、カーテンでも、自分の部屋のかたちや自分のアイデアに合わせて既成ではないものを注文して作ることもできる。東急ハンズのターゲットは大量生産で作られたものに飽きたらず、自分の個性に基づいて生活を創造していきたいと考えている顧客である。さらに、こうしたこだわりを持っている顧客は、多少価格が高くても購入してくれるため、低価格競争は起こりにくい、というメリットもある。

では顧客は東急ハンズにどのような楽しさを感じているのであろうか。ここで顧客がハンズに対して感じているエンタテインメント性は、1つは専門的なものが数多く揃っている楽しさであり、もう1つは様々な素材や部品を組み合わせて

作り上げるための知識があることである。東急ハンズには素材や部品が揃っているため、商品選びや組み立て方、使用方法などについて、顧客からの相談が数多く寄せられる。これに応えていくコンサルティング能力があることが、東急ハンズの強みを形成している。また、こうしたコミュニケーションから得られる情報は品揃えやコンサルティングの手法にも生かされ、さらにその価値を増大させている。何かを自分で作り上げるためのサポートをしてくれるという楽しさが、東急ハンズのエンタテインメントを形成しているのである。

3) タカシマヤタイムズスクエアのエンタテインメント戦略

　平成8年10月に新宿に開店したタカシマヤタイムズスクエア[5]も、エンタテインメントの要素を多く取り入れたSCづくりを行っている。本来、ライバルであるはずの東急ハンズをはじめ、SEGAのジョイポリス（アミューズメント）、HMV（音楽）、紀伊国屋書店（書籍）、さらに2000年にはベスト電器（家電）などといった専門店を取り込むなどの変化を続け、百貨店単体ではなく、「マルチエンタテインメントSC」という業態を確立した。この背景には当然、百貨店という業態の長期低迷がある。新宿に進出することが高島屋の悲願であったことは間違いないが、従来通りの百貨店をつくったのではただでさえ競争の激しい新宿エリアで苦戦することは目にみえている。そこでとられたのがエンタテインメントを核とした百貨店づくりであった。このコンセプトが功を奏し、タカシマヤタイムズスクエアは百貨店業界でトップの売上高を上げている。

　ここで、タカシマヤタイムズスクエアがとったエンタテインメント戦略の特徴をいくつかあげてみよう。

　第1の特徴は、マルチエンタテインメントSCを構成するために他の専門店を活用した商業集積づくりを行ったことである。こうした商業集積づくりは地方のパワーセンターなどでは見ることができるが、都市の一等地にある百貨店でこうした方式がとられたのはきわめて珍しい。

　第2の特徴は建物のつくり方である。本館の各階には吹き抜けがあり、自然光を多く取り入れるなど、全体的に広々としたつくりになっている。これは既存の重厚なイメージの強い百貨店と一線を画しているという印象を与えることに成功

している。また、バリアフリーの設備も整っており、東京都から「ハートビル法」に適合した第1号ビルとしての認定を受けている。第3の特徴は品揃えである。高島屋の他の店舗とは異なり、ターゲットとしている顧客層の年代が少し低めに設定されていることから、マルチエンタテインメントSCにふさわしいテナント・ミックスや品揃えが行われている。

5．エンタテインメントの構成要素

以上、本章ではエンタテインメントの重要性を整理するとともに、生活者の視点からのエンタテインメント戦略の有効性について考察してきた。上記のケースをまとめると、小売業界が注目すべきエンタテインメントの構成要素は次の3点にまとめることができる。

第1は「新奇性」である。これは情報の更新性という意味である。おもしろさを感じさせるには、頻繁に訪ねても、常に売場が変わっている、提案するものが変わっている、などといったアップデートな情報の更新が必要である。1週間も間隔が空いてしまうと貴重な情報を逃すのではないか、買い損ねるのではな

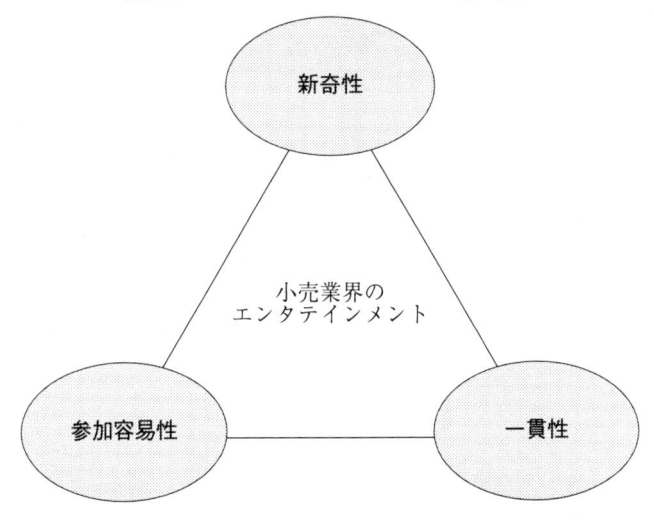

図表-3-2-2　エンタテインメントの構成要素

```
          新奇性
           /\
          /  \
         /    \
        / 小売業界の \
       / エンタテインメント \
      /              \
   参加容易性 ─────── 一貫性
```

いか、といった危機感を顧客に持たせることがここでの目標となる。

第2は「参加容易性」である。思い立ったときにすぐにそれができるということは、大きな魅力となる。インターネットによって顧客ネットワークが整備された今、いつでも参加できるということは大きな課題である。インターネットバンキングやコンビニATMの活用が増えていることからも分かるように、顧客の要望にオン・デマンドで応えることができるような仕組みを工夫していくことが大きな強みとなる可能性が高い。

第3は「一貫性」である。ここでいう一貫性とは、全体を構成するテーマの一貫性を意味している。そこには、ほかにはないどのような種類のエンタテインメントがあるのか、店舗、売場、サービス、品揃えなど一貫した考え、コンセプト、テーマにそった場のデザインが必要となる。

エンタテインメントは新しい業態を創造していく基準となるべき重要性を持つものである。たとえば、エンタテインメントの総本山ともいうべきラスベガスはカジノが自由化されたことによって、80年代に大きく凋落したが、90年代に入って、ホテルにカジノといった従来のパッケージに加え、遊園地や大型のSC、サーカス、ボクシングなどのスポーツイベントを開催し、従来の"危険なまち"というイメージを払拭し、"安全で楽しいエンタテインメントのまち"として復活することに成功している。

エンタテインメントの戦略化は、現代のマーケティングにおける有効な差別化戦略であり、その重要性はますます高まっている。しかしこれを実現していくためにはエンタテインメントとは何か、その本質をより掘り下げて理解して自社の経営戦略に組み込んでいくことが必要となる。うわべだけのエンタテインメントではあっという間に飽きられてしまう。TDLが20年にわたって顧客を維持し続けている最大の理由は、パレードにしても、アトラクションにしても常に新しいエンタテインメントを開発し続けているところにある。東急ハンズやタカシマヤタイムズスクエアでも同様である。時代によって、環境によって、何がエンタテインメントかは大きく変わってくる。その意味では、現在流行しているユニクロにしてもスターバックス・コーヒーにしても今は楽しいところかもしれないが、そのエンタテインメント性がいつまで続くかは不明である。顧客は今、何をするこ

とが楽しいと感じているのか、そうした視点からSCを構築するとともに、常にその視点から、自らの店舗を見直すことが求められているのである。

(注)
（1）ソニーのこうした戦略展開については以下の文献を参考にされたい。
　　『ソニー新世紀戦略』、松岡建夫著、日本実業出版社、1999
（2）ここでの記述は以下の著述を参考にしている。
　　『農林統計調査』、「外国資本は脅威か救世主か」、2001年4月号、（財）農林統計協会
（3）ディズニーランドの戦略について書かれている論文、文献は多いが、ここでは次の文献を参考にしている。
　　『ディズニーリゾートの経済学』、粟田房穂著、東洋経済新報社、2001
（4）東急ハンズの概要は下記のとおりである。
　　（本社）東京都渋谷区道玄坂2-29-20、年商897億円（H11年度3月期）、従業員数3,685名（H11年4月1日現在）、直営店12店舗、フランチャイズ2店舗（H11年現在）
（5）タカシマヤタイムズスクエアは新宿高島屋を中核店舗とし、専門店やアミューズメント施設、レストラン等を組み合わせた「都市型マルチエンタテインメントSC」として位置づけられている。

■ 第 3 章 ■
価格革命時代の流通システム戦略

1．小売流通システムに要請される課題

　市場には価格破壊の嵐が吹き荒れて、小売流通業界はかつてない程の苦境に遭遇していた。そして、この混乱の彼方には、21世紀の消費社会や流通構造を予見させる小売流通システムのニューパラダイムが見え始めていた。

　バブル崩壊後の価格破壊は、消費者の意識や行動の変化や価格構造の革命的変化など、価格革命といっても過言でないほどの市場の変化をもたらした。そして、市場の変化が個別企業のみならず流通システムの抜本的な再構築を要請し、小売業の競争戦略の再構築や、メーカー・卸・小売を包含した全流通プロセスを貫くサプライチェーンの抜本的組み替えを要請するまでにいたった。

　そこで、ここでは、価格革命を、小売のイニシアチブで実現するための仮説として小売ECR（Efficient Consumer Response）という概念の提言を行うことにした。また、あわせて、この小売ECRの実現に向けてアメリカの先進的ECR事例を紹介し、これを以て価格革命時代の小売流通システムの新たな提言にかえることにする。

2．価格破壊への戦略的対応方向

　平成7年の経済白書（1995）によると価格破壊の定義は以下のとおりであった。すなわち、価格破壊とは、生産性の向上やコスト削減を武器とした革新的経営者の新規参入による低価格商品の投入に加えて、競争促進が既存の国内流通業に対してマージン率の引き下げ圧力を強めていることを背景に、価格引き下げを通じて円高差益などを、これまで以上に流通業から消費者や製造業者の所得に移転する行為である。このように、白書は価格破壊に比較的好意的であり、小売業に対

しては経営改革の実現を強く要請している。とりわけ、小売業の後進性からの脱却や卸売業との取引関係や物流業務の改善を強調している。また、内外専門家の論調も大体価格破壊に支持的であり、小売業にとって価格破壊への戦略対応は業態の存亡をかけた重点課題になっている。

　また、この価格破壊の特徴は、消費者の強力な買い控え傾向と価格志向の高揚である。この結果、多くの小売業は購買単価の低下に悩まされ、このことが業績不振の大きな要因になっている。そこで、各小売企業においては、この苦境から脱却するため、単なるプロモーショナル的な安売りではない流通プロセス全体のイノベーションを目的とした、小売主導による流通システムの戦略的な構築が急務になったのである。このような観点から、小売自身が、ECRやQR（Quick Response）を、メーカーや卸の協力をえて積極的に展開することになった。

　消費者は、バブルの崩壊後、好況をリードする市場の主役から一転買い物拒否症患者的な存在へと変化した。この消費意欲の減退は、消費者所得の低減のみに原因を求めるのではなく、むしろ、サプライサイドが、消費者の消費行動の変化や国際消費マーケットの変化に対して、十分適応できないことにも原因を求めるべきなのである。現在、我が国の百貨店や大型量販店の収益はほとんど不振なのではあるが、一方で、生活のインフラを支えるディスカウンターや余暇的支出の大型海外旅行業などは順調に収益を伸ばしている。また、大型商業施設においても、郊外型ショッピングセンターは好調に推移しており、今後の出店意欲もきわめて強気の基調でもある。

　したがって、既存の大型小売業の不振を、一方的に市場要因のみに求めるのではなく、企業の戦略対応の不的確さに反省を求める姿勢が重要になる。このような視点に立ってマーケットニーズに適合したマーケティング行動を実践すれば、今後のニューマーケットの開発もそんなに困難なものではない。また、顧客志向の商品・サービスの提供や価値に見合った商品価格の設定など消費者優先のマーケティング戦略の推進によって、大型小売業の21世紀におけるリーディング産業としての再生も可能である、と思われる。

3．小売を軸にした小売ECRの仮説

　価格破壊の進展に伴って、小売業はECRに本格的に取り組むことになったのだが、消費者の支持を確実にするためには、顧客満足度の向上が前提条件になる。そのためには、製・配・販にかかわる複数の企業群が、ECRの確立へ向けた多面的なパートナーシップを締結して、消費者最優先の流通システムの構築を急ぐ必要がある。

　この小売主体のECRの推進を、従来からの卸主体のECRと区別するため、著者は小売ECRと命名したのである（図表-3-3-1）。この小売ECRは、スムーズで連続した消費に適合した商品の流れを構築する点では従来型のECRと同様だが、その情報の流れについてはまったく異なっている。この両者間の差異は、従来型ECRが卸の機能強化によるサプライチェーンの再編を指向するのに対し、小売ECRが消費者により近接した位置にある小売業が自らサプライチェーン再編へのリーダーシップを発揮するシステムである、ということにある。

図表-3-3-1　　小売ECRの概念

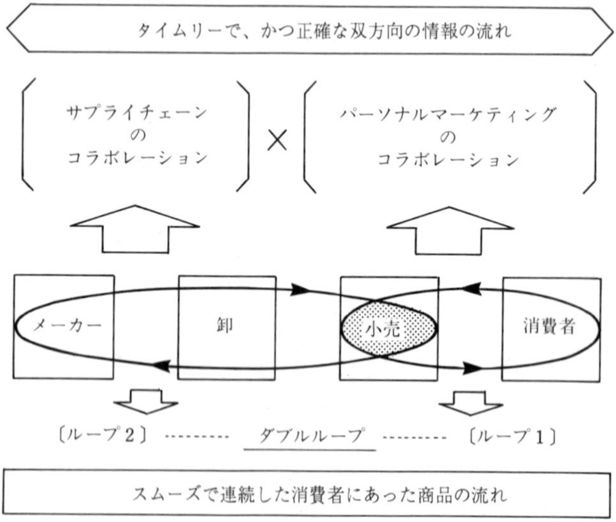

　タイムリーで、かつ正確な双方向の情報の流れ

　サプライチェーンのコラボレーション　×　パーソナルマーケティングのコラボレーション

　メーカー　卸　小売　消費者

〔ループ2〕……… ダブルループ ………〔ループ1〕

スムーズで連続した消費者にあった商品の流れ

　もちろん、従来型ECRの情報も小売ECRの情報も、タイムリーで正確な情報の流れを、メーカーから消費者までの全流通プロセスで実現するという点では同様

ではある。しかしながら、小売ECRの情報の流れは、小売と消費者間の情報サイクルとメーカーと小売間の情報サイクルのダブルループの情報サイクルであり、従来型ECRのメーカー、消費者間のシングルループの情報サイクルとはまったく異なったものなのである。

　ループ1の情報サイクルでは、消費者ニーズを、いかにきめ細かく、かつ正確に把握するかが期待されている。なお、このサイクルは、マスマーケティングからパーソナルマーケティングへのマーケティング手法の転換を適切にサポートする情報サイクルである。したがって、ここでは、顧客情報や商品情報の統合データベースを活用したマーケティングの実践と、これを可能にするフォーマット開発や品揃え計画やカテゴリーマネジメントなどが重点課題になる。

　ループ2の情報サイクルでは、品揃え計画に基づいた商品をいかに生産性を高めながら生産・流通を行うか、が課題になる。すなわち、ここでは、ECRに参加したメーカー、卸、小売のサプライチェーン全体にかかわる時間やコストが削減され、その結果から個別企業の収益が飛躍的な向上を実現することができる。この考え方は、BPRをサプライチェーンの全体に適用して企業間にコラボレーティブなネットワークを構築するもので、組織論ではエンタープライズインテグレイションの一形態になる。このような企業間連携の特徴は、個別企業は、それぞれ主体性を持ちながら、かつ柔らかなそしてテンポラリーな連携を多面的に持つべきである、という関係構築の手法である。

　このような情報サイクルを持つ小売ECRの本質的な意義は、実は小売がECRの牽引者になっていることである。小売の武器は、前述の2つのループの結節点に位置していることで、そのため、流通システムのインテグレイターであり、かつオルガナイザー的な機能を期待される。このように、消費者の利益とメーカー、卸の利益を小売のリーダーシップで統合するシステムが小売ECRなのである。したがって、小売ECRにおいては、小売業は消費者とメーカー、卸を連結するための流通産業におけるコラボレーションネットワーカーの位置が獲得できる。

4．米国におけるECRの先進形態

このように、価格革命時代の小売流通戦略の突破口として小売ECRの展開が期待されるのだが、この小売ECRのプロトタイプは未だ完全には実現していない。したがって、米国の先進的なECR事例を概括して、これを今後の小売ECR理論構築のためのいわば序論として位置づけることにする。

現在、米国で展開されているECRを小売を主体に整理すると、その製・配・販のコラボレーション形態の差異により、以下の3形態に分類することができる。すなわち、第1はウォルマートに代表される製販同盟リード型ECR、第2はスーパーバリューに代表される物流商社活用型ECR、第3はIRI（Information Resources Inc）に代表される流通情報企業活用型ECR、という3形態なのである。

この中で、小売のリーダーシップが最も強いECRが製販同盟リード型ECRで、最も弱いECRが物流商社活用型ECRなのである。また、製販同盟リード型ECRは商品の集積で規模の生産性を向上させること、物流商社活用型ECRはリテイルサポートで販売力を向上させること、流通情報企業活用型ECRはデータベースマーケティングを戦略的に活用することが、各ECRの主な方法論になっている。

（1）製販同盟リード型ECRの特徴

この小売ECRの第1類型は、小売がメーカーとダイレクトに連携することで、中間の卸を排除して流通チャネルの短縮と商品ロットの拡大をし、これを梃子に価格革命のダイナミズムを獲得して競争力を高めようとする戦略である（図表-3-3-2）。このことが、ウォルマートの圧倒的な強さの鍵になっている。ディスカウンターは、もともと低減した経費をそのまま売価に反映する価格構造となっており、販売管理費が低下すればそのぶん売価が低下するシステムを内在しており、もともと経費率の極小化を狙った経営を志向するフォーマットである、といえる。

このような観点に立って到達できた究極の戦略が、有力メーカーとの製販同盟の締結であり、昨今話題のスーパーセンター構想もその基本戦略をさらに発展させる方向に位置づけることができる。この製販同盟の導入により、エブリディロープライスも実現できたし、自動補充もEDI（Electronic Data Interchange）のバックアップでクイックレスポンスに可能になった。

図表-3-3-2　ウォルマート製販同盟の基本構図

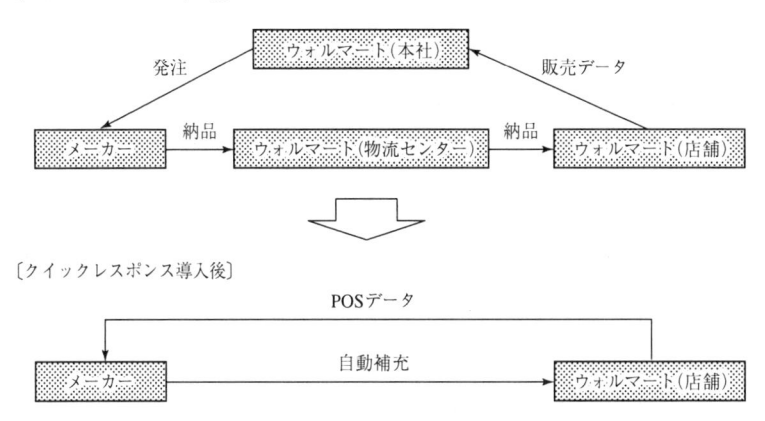

〔クイックレスポンス導入前〕

```
                    ウォルマート(本社)
              発注 ↙              ↘ 販売データ
     メーカー ──納品──→ ウォルマート(物流センター) ──納品──→ ウォルマート(店舗)
```

⇩

〔クイックレスポンス導入後〕

```
              ←──────── POSデータ ────────
     メーカー ──────── 自動補充 ────────→ ウォルマート(店舗)
```

　クイックレスポンスの全面展開で、ウォルマートの各店舗では、欠品率を大幅に削減でき、また、メーカーにとっても在庫の大幅削減が実現し、さらに、その結果ウォルマートは卸値の大幅低下を獲得できた。このウォルマートのクイックレスポンスの特徴は、物流センターとコンピュータセンターの自社保有なのである。この情報システムを整備した物流センターの運営により、ウォルマートの物流費は他社より確実に1％以上の削減ができた。また、この物流センター運営の特徴としては、店別仕分けの合理化を目指したクロスドッキング方式の導入をあげることができる。このように、ウォルマートでは、小売リード型の製販同盟を構築することにより、すべての取引をデータに置き換えた上で業務の自動化を実現するという、まさに最も科学的ともいえる小売流通のオペレーションシステムの構築に成功した。

(2) 物流商社活用型ECRの特徴

　米国の卸売業には、コーオペレイティブ型とボランタリー型の2種類あるのだが、現在成長が著しいのはボランタリー型の卸売業の方である。スーパーバリューがこの形態の代表的な企業であるため、スーパーバリューのスーパーバリューアドバンテージという戦略について紹介を行うことにする（図表-3-3-3）。昨今で

は、中小独立系の小売店は苦境にあえいでいるのだが、スーパーバリューはこの独立系の小売店を卸主導で組織化することによって、大手小売資本との競争力を獲得するという戦略を展開している。スーパーバリューは、ウォルマートのスーパーマーケット業界への参入を契機に、自らを物流商社（Logistics And Marketing Company）へ転換させ、リテイルサポートを武器とした卸主導の一大流通勢力を形成し、ウォルマート等の大手小売資本主導による流通支配戦略と正面から抗戦しようとする姿勢を打ち出している。

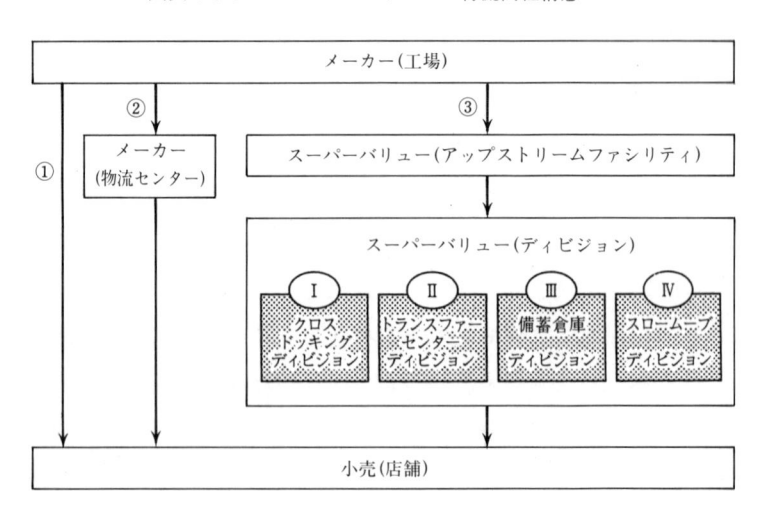

図表-3-3-3　スーパーバリューの物流商社構想

```
                    メーカー（工場）
                         │
         ②               ③
      メーカー      スーパーバリュー（アップストリームファシリティ）
    （物流センター）              │
  ①                     スーパーバリュー（ディビジョン）
                    ┌──────┬──────┬──────┬──────┐
                    │  Ⅰ   │  Ⅱ   │  Ⅲ   │  Ⅳ   │
                    │クロス │トランス│備蓄倉庫│スロー  │
                    │ドッキング│ファー  │ディビジョン│ムーブ  │
                    │ディビジョン│センター │       │ディビジョン│
                    │       │ディビジョン│       │       │
                    └──────┴──────┴──────┴──────┘
                         │
                    小売（店舗）
```

　スーパーバリューの戦略の中心は物流戦略で、物流システムの高度化により小売価格の低減や過剰在庫の圧縮を狙うことはまったくウォルマートと同様なのである。卸がECRでリーダーシップを確立するためには、メーカー、卸、小売の3者間の情報の共有が不可欠で、そのため、スーパーバリューはインターフェイス言語の統一やプロトコルの標準化を主体的に推進したりEDI導入のための基盤の整備を積極的に展開している。

　また、これからは、フォアードバイによる膨大な在庫負担を軽減させるため、従来型のトランスファー方式の物流からクロスドッキング方式の物流への転換も積極的に行っている。このことによって、製造サイクルと消費サイクルをマッチ

ングさせることができ、また、継続的なライフサイクルのサポートを狙ったジャストインタイムの納品方式を確立することができる。さらには、とりわけ小売にとってのスロームービングなアイテムは、アップストリームファシリティを設置することで対応し、このことにより、品揃え形成機能と在庫負担をセンターに集中させ流通コストの大幅な削減を実現している。

このように、小売がスーパーバリューのような革新的な卸業の物流商社への転換計画に参画することによっても、小売サイドとしてのECRの展開が可能になってくる。

(3) 流通情報企業活用型ECRの概要

IRIは世界最大の流通情報会社であり、小売店の店頭においてバーコードスキャナで読みとられた生活関連の購買データをPOSシステムにより収集し、その分析結果やソフトウエアをメーカー、卸、小売に提供し経営や意思決定への支援を行っている。また、IRIが開発したこの分析結果を活用した棚割り管理システムやマーケティング関連のデータベースも注目すべきものである。実際に、多くのアメリカの小売業はIRIの流通情報を活用しており、このことにより、小売業の競争力を圧倒的に強めている。

現在、米国ではカテゴリーマネジメントが注目されているが、IRIでは、この効果的な推進に向けた情報サービスの提供を多くのメーカー、卸、小売に対して行っている。具体的には、第1にSデータを小売店から購入すること、第2にコーザルデータを入手すること、第3にクライアントサービス＆サポートシステムを使うことによって、メーカーや小売に対して問題解決のための支援を行っている。このように、米国においては、情報流通企業の存在が、まさにカテゴリーマネジメントの成功要因になっている。

5．協創的競争による流通革新への展望

以上、米国では価格革命の進展が、第1にはメーカー、卸、小売の有力企業に対して、ECRの推進を促したこと、第2には流通プロセス全体を捉えた構造改革

や新たな競争関係を現出させたことを、3つの先進事例の紹介から論述したわけである。このECRを、消費者優先思想に立脚して日本型の小売ECRという形態で実現するためには、価格革命時代にふさわしい小売流通システムの再構築が不可欠になる。また、この小売ECRを進展させる過程では、小売流通企業における競争戦略の方向は、個別企業による企業間競争から複数異業種のコラボレーションによってもたらされるコーペティーション（協創的競争）へ、とその振り子を大きく転換させることになる。

■ 第 4 章 ■
ニーズ多様化時代の消費パラダイム

1. ハイティーン消費に顕著な微差異化現象

　産業革命以来の社会の大変革への直面、そして、また21世紀という新たな時代を迎えた現在、新しい生活価値観の獲得とそれに伴う個人の選択肢の多様化が大きな社会的なテーマになりつつある。また、このような背景には、欧米型の経済合理主義をベースにした成長と消費という経済社会のパラダイムに対して修正を求める声も強く存在している。

　だからこそ、これからの経済社会の牽引役として期待される消費について、本質的な意味を問い直すことが重要なテーマになり、このため、現在多くの人が多様な角度からの研究を行っている。そこで、今後の望ましい方向は、消費過程のみならず、対極概念の社会的そして地球的規模での再生産過程に対しても、もっと注意をすることである。しかしながら、ここでは、これらの課題を視野に入れながらも、主に個人生活の問題に焦点を当てた消費の変化について、現時点における方向性に限定した提示を行った。

　昨今では、個人生活における消費の動きは大きな変化を示しており、すでに個人の自己実現のための消費などが大きなテーマになっている。また、個人消費のみならず社会性消費や、さらには消費を心の問題として捉えることも行われている。そこで、ここでは、個人生活における自己実現消費の現象や、それに対する解釈をいくつかの事例をあげて論述を行った。

　ここ数年来、消費の問題に関しては記号論的アプローチも含めて、とりわけ、微差異化ということが強調されてきた。そこで、まず、消費の現場に立脚した視点で、とりわけ百貨店人としての目から見た微差異化現象を解釈する。

　現状では、この微差異化はハイティーンがきわめて重要なターゲットなのであ

る。そこで、ハイティーンを対象とした微差異化マーケティングがまず行われたのである。なぜなら、この層はいわゆる団塊ジュニアと呼ばれた世代であって全人口の7～8％と一定のボリュームもある上、豊富な消費や生活体験を積んでいるためマーケットリーダーとしての資質もあり、そのため、従来にも増してきめの細かいマーケティングが要請されるからである。

　ここでは、1つの事例をあげる。数年前に大騒ぎされた渋カジと呼ばれる渋谷界隈に集まる若者のファッションを見ると、外見では皆セーラー服を着て同じに見えるのだが、この中には消費の微差異化を見いだすことができる。たとえば、昔から、多くの若者は水玉模様のリボンを着けていたのだが、この水玉のリボンを昔の水玉リボンと比べてみると、同じ水玉でも紺地に白の水玉であるとか白地に紺の水玉であるとかというように少しずつ差異がある。そして、この差異をきちんと読みとれるかどうかが、消費現場におけるマーケティングの成否を分けるほど重要なことなのである。このような微差異化をベースとした品揃えがファッションの多様化への対応ということで、それが、若者たちにとっては、まさに好感度な差異として識別されていると理解すべきなのである。

　見方によっては、同じコードでしか理解しえないコミュニケーション上の差異なのだが、各人が個性を追求してこれをベースに消費行動をしていく以上、その感覚に対応したビジネスが必要になる。たとえば、紺の水玉と白の水玉、あるいは、リボンとピンの違いは彼らにとっては大問題である、というような対応が大切なのである。場合によっては、その違いは微差異どころではなく、無関係、的外れ、あるいはださいといったほどの違いである、と解釈すべきなのである。すなわち、自分たちのコードでしか理解しえないずれを楽しむような生活、それが分からない人はださいと規定することで自分なりの生活を創造しようとしている、と理解すべきなのである。このような見方に立てば、微差異がクリエイティブなものであり、最近の商品を見てもあるいは版画や印刷メディアなどの中にも、そうしたずれ感覚の微差異化を捉えたモノが散見されることが理解できるはずである。

　こうした意味では、この微差異化はまさに（基本構造×個人の創造）という方程式で説明できるわけで、これが徐々に個人のレベルから集団の合言葉に変容していく過程で、新たなマーケットが形成されるのである。このように、個性を持

った普遍的な現象としてディフュージョン（拡散）することが、流行としてビジネスベースに乗ることなのである。

2．定着しつつある高質化商品の購買行動

　このような状況下で、ここでは実際の商品動向から、購買行動の変化としての高質化、オブジェ化、そしてツール化という3つのポイントに焦点をあてた論述を行う。

　このところ、とりわけ傾向商品としての、安心、安全、健康、自然に関する商品が堅調な推移を見せている。また、そういった中で、一時よりはやや低下傾向にあるものの、相変わらずベーシックなブランド商品はそれなりに安定的な推移をみせている。このことは、ブランドの問題というより、むしろ、本質的にオリジナリティーのある商品は根強い人気を保持できる、と理解すべきなのである。全体的には、商品の素材やカラー、パーツとしてのコーディネーションのしやすさ、使い勝手といった商品そのものの持つ機能的価値にややウェイトが掛かってきているが、逆に、イメージ的に作り出す付加価値の購買決定に及ぼす影響力は低いようである。

　これを、購入者、購入時期、購入目的、選択ポイント、購入手法といった切り口から整理すると、以下のとおりである。まず、購入者については、年齢や世代による若干の差はあるものの、全体としては既存の概念にとらわれない質の追求という傾向が非常に強い。すなわち、自らの価値観による商品の質の追求が進んできている。この状況をキーワード的にいうならば、十人十色、あるいは、一人十色ということであって、各人の価値観に合わせた質が求められる、と理解すべきである。

　次に、購入時期であるが、従来は特別な日、いわゆるハレの日に高質・高額な商品を購入する傾向が強かったが、それが今や完全に崩壊しつつある。これはハレの日常化というのだが、たとえば、若者が特別の日でもないのにトータルで高価な商品をまとめて買うケースが、まさにそういうことである。

　購入目的は、大きくはギフト需要と自家需要に分けられるが、中でも近年ではパーソナルギフトの需要が増加している。ギフト需要における購買行動のポイン

トは贈る相手の反応を重視する傾向が強くなっており、商品としては作家ものの陶器など、相手が納得しやすい信頼性の高い商品が好まれている。一方、自家需要では、すでに身の回りに品物があふれているという状況もあり、上質で高付加価値型の商品が多くなっている。

選択のポイントとしては、昨今では環境問題も含めて安心や安全が重要なキーワードである。たとえば、食品の場合は賞味期間や原産地表示の確認などはもちろん、総菜などは試食してから味についても十分納得した上で購入する、ということである。

購入手法については、バブル崩壊の影響といわれるように、高額の絵画や宝飾品などにはいまだその後遺症が残っているのが、このような部分は、たとえば一人で数億円の絵画をまとめて購入していたごく少数の特殊な層の話である。マジョリティーのいわゆる普通の顧客についてはそれほど大きな影響はない、と考えるべきである。自らの裁量内で生活の質をちょっと高めるために手ごろなアートやアクセサリーを買い求める消費トレンドは、それほど落ち込まないものである。

3．高まりつつあるオブジェ化商品の購買行動

購買行動変化のポイントの第2番目として、オブジェ化商品の購買の高まりがあげられる。これは、空間演出やオーダーといったように手間暇をかけて商品を購入したり、それを使って自らの生活を演出する行動なのである。あるいは、何回かに分けて商品を買いそろえるように、シリーズで商品を手に入れていく買い方などが、そうなのである。これは、商品そのものを購入するという行為や、それを使うシーンなどに対する自分自身の思い入れを重要視する購買行動なのである。

そこで、このオブジェ化商品の購買について、購入者、購入時期、購入目的、選択のポイント、購入手法を整理してみる。購入者については、ある程度予想されるように、経済的に余裕がある層であることは間違いない。そういう意味では、やはり所得がきわめて重要な要素になっている。すなわち、ある程度のお金があることが、こだわった商品やこだわった買い方をするための条件になっている。また、急速に、このような傾向が表れたのではなく、生活の中で自然に身に着い

てきたものであって、けっして一過性のものではない。また、消費に対して強いこだわりを持っており、実際に、5年や10年という長いタームでモノを追い続ける人もいる。実は、ここ数年ずっと探してきたとか10年も前から探し続けていた、このラインについてはずっと追いかけている、子供の時から何十年もやっている、などという人たちが近年クローズアップされてきている。

　購入時期については、自分自身思い入れが強いことは、当然ながら売り手に惑わされないことであり、自分だけの買い時を持つことである。したがって、購入のタイミングを自分の価値観で決める傾向は非常に強くなり、購入目的もまた商品の機能性プラス商品が記念碑という発想が強くなる。また、記念碑的な商品であればあるほど自分の愛着が強まっていくわけで、こうした購入目的がますます増えている。また、コレクターとして百科事典のように商品を揃える、そして、揃えること自体に意味を見いだす購買行動も多くなっており、こうした購買パターンからも消費が誘発されてくる。

　オブジェ化商品の購買における選択のポイントは、質よりも形を重視することである。そういう意味では、この購買では、素材、品質、価格よりも、デザインやディテールが重視されている。ディテールにこだわるということは、ちょっとした違いを大きな差異として捉え、これは微差異化にも繋がってくる。一方、なかなか自分にフィットするものがない場合には、こうした傾向を持つ人たちは、自らの消費行動を正当化するのが上手なので、どこにでもあるナショナルブランドの商品でも自分で心地よいように編集して、それで納得してしまうといった現実性もあわせ持っている。こうした傾向からして、これらの人たちは、購入手法や買い方について販売員のアドバイスは聞かないどころか、販売員に口を聞かれるのもまったく迷惑といった様子さえも見受けられる。彼らは自らの審美眼にきわめて強い自信を持っており、販売員にはそのようなものはないという前提に基づいた購買を行っている。

4．拡大基調によるツール化商品の購買行動

　次に、ツール化商品であるが、この購買行動についても拡大基調にある。ツー

ル化商品としては、たとえば、エンタテインメント力のあるパーツ商品、機能性主体の雑貨、パーティー用品、ガジェット商品といったものをあげることができる。オブジェ化との比較でいうならば、オブジェ化の方はすでに述べたようにコレクター的購買行動であるため自分を中心とした内向的な消費行動ということだが、このツール化の場合には衣料品や雑貨といったモノを媒介とした他人との関係すなわちコミュニケーションを重視している。また、一面では、自分の趣味やセンスを他人に見せびらかすことも重要な消費行動なのである。

この購入目的については、自分流の使い方、使い道を考えた上での購入、すなわち、使い方のストーリー性を意識した買い方になっている。また、ギフトについても、ツール化商品の購入層はコミュニケーションの円滑化の手段の1つとして捉えている。商品選択のポイントとしては、贈る相手の状況、趣向、コミュニケーションの頻度などを十分把握した上で購入する一方、自分のセンスをアピールすることもきわめて重要なので、機能よりもむしろ自分の感性や気分に左右される場合が多いようである。

購入時期については、これはやや特殊な事例だが、たとえば、ギフト商品をある時にまとめ買いしてこれを年間数回に分けてギフトとして贈っている、という人たちが出てきている。これは、モチベーションと使い方がパラレルな関係でなくなってきた事例なのだが、その意味では、購入の通年化、計画化という傾向も出ている。購入者としては団塊ジュニアが中心だが、彼らにとってはストーリー性が大切で、とりわけ、高校生とその下の層についてはやはりファッションストーリー性を考えに入れることが大切である。ただ、単に安いから、そして欲しいからという衝動的な買い方ではなく、やはり、買い方にもストーリーが必要になっている。すなわち、感情表現の1つの手段として買い物を楽しむという傾向も強くなっている。

最近の我々のビジネスの中では、価格やサイズといった品揃えの基本要件が大切になっているが、長期的なレンジでは商品の質に対する消費者意識の変化とサプライサイドの対応が重要である、ということを決して忘れてはならない。そういった視点に立つと、この高質化、オブジェ化、ツール化という3つの視点で消費を捉えることが、これからはきわめて大切になってくる。

5．一物多価時代の本格的到来

　一方、バブル問題とも絡んで商品価格の問題がクローズアップされており、小売業にとっては、これも重要な課題になっている。現在の価格問題に関しては、2つの側面から捉える必要がある。

　第1は、バブル時代に対する反省も含めて、商品に対する本質的なニーズと価格のリーズナビリティーとの関係論の整理である。この点に関しては、今後の商品計画の中で実現すべき適正な商品価格と、すでに在庫として抱えている商品の市場価格との調整の問題などがあるが、いずれにしても、経営戦略上の重要なポイントとして価格戦略を捉え直す必要に迫られているのである。

　第2は、やや中長期的視点に立った消費者の価格意識の変化での対応である。現在の消費者の価格意識の中で、マーケティングを考える上で重要な変化とは、価格が一物一価でなくなってきている点である。現在では、チャネルによって価格が違っているとか、時期によって価格が変わってくるという状況になっており、消費者がそれらを巧みに使い分けている。価格と商品価値との関係が、いよいよ従来の価値観では十分説明し切れない時代に入っていることに留意することが重要なのである。

　こうした現状の価格問題を踏まえた上で、以下において、価格に関する具体的変化の事例についての論述を行う。消費者の間で、プロパーとバーゲンの使い分けが進んでいることが代表的なものである。従来では、プロパーで購入する層とバーゲンを好む層との区分けが比較的容易であったのだが、最近では多くの消費者がTPOや商品によってプロパーとバーゲンとを使い分けている。そのため、たとえばブランド商品などが行ってきた、最盛期にはプロパー価格、そして処分期にはバーゲン価格を設定しより幅広い購買層を取り込むという従来型の価格政策が、すでに消費者ニーズに適合しなくなっている。

　次に、クレジットカードや消費者信用の普及などによって、購買と消費の時間のずれも次第に顕在化している。たとえば、購買と消費の時期が半年もずれている場合には、価格の持つ季節感との関係も従来とは異なるものになる。また、クレジットの普及によって、収入と消費の関係も従来とはまったく違った構造になってきた。

このように、消費パラダイムは少しずつ転換しつつあるが、全体基調としては、より多様で複合化傾向にあることは間違いない。すなわち、消費者個人の生活観の変化に伴って、多数のそして表面からだけでは見えない、いわば人間の深層に隠されている消費願望の解釈までが、消費をビジネスとする者にとって必要不可欠な時代になってきた。もちろん、ここで論述してきたことは個人の願望を個人レベルで実現する消費にすぎないわけだが、個人の目標の多様性と、その多様性への欲求は、確かに今後のマーケティング戦略の大きな課題なのである。また、これからは個人の目標の社会とのかかわりあいの中での捉え方も大切になるし、そういった意味では精神性や思想性の問題が消費との関係を深めることにもなる。このように考えると、人間の根源にかかわる精神領域に対する動機づけと刺激という観点から消費を考えることが大切になり、これからは精神病理学や文化人類学など他の領域視点に立った消費行動の分析もますます大切な時代になる。

第4部

顧客リテンション経営
リインベンティング

Reinventing

- 第1章 流通CALSによる流通システム革新
- 第2章 CRMによる顧客との関係性強化
- 第3章 顧客データベースとPOSの戦略活用
- 第4章 小売業のマルチメディアマーケティング

第 1 章
流通CALSによる流通システム革新

1. 流通システムの再構築へ向けた課題形成

(1) 流通システム改新の方法論

　21世紀を迎えて、いよいよ流通システムの再構築が強く要請されている。しかしながら、現状では単なる課題形成や基本方向の明示を超えた提言は、ほとんど行われてはいない。そこで、通産省など行政の提言する流通ビジョンを前向きに発展させて、流通効率化のための流通システム革新の方法論について仮説構築を行った。

　具体的には、CALS（Commerce At Light Speed：光速電子商取引）の概念を発展させて流通CALSという概念を構築し、これを活用して個別企業の範囲を超えたメーカー、卸、小売にいたる流通システム全体の革新を目指すという方法論の提言なのである。

　そこで、まず、流通システムの再構築へ向けた課題形成、次にこれを克服するための流通システム効率化への基本構図、そして、流通CALSのビジネスシステム、さらには、分散統合型システムへの転換、流通CALSのコアシステムとしての商品ビジネスシステムを、最後に、流通システム化に向けた今後の課題、について論述を行った。

(2) 価格革命による流通革新

　価格破壊は、単なる一過性の流行現象ではなく、価格革命ともいうべきグローバルな構造的な流通システムの変革をもたらした。そして、この価格革命は、流通を構成するすべての機能の再構築や産業構造の再編成も要請する、きわめて多大な社会的な圧力となっている。

この価格革命のダイナミズムは、取引流通システム、物流システム、販売・管理システムなど、流通システムの全般的、そして構造的な変革を現出させている。そしてこのことは、流通産業の競争戦略軸が、メーカー、卸、小売という個別機能の単位から、メーカー、卸、小売をトータルに捉えた1つの連続したシステムの単位へと大きく転換したことを明示している。

(3) 流通システム革新への課題

　このような状況下で、高効率な流通システムの構築には、第1はベストソースからの調達、第2は在庫の極小化、第3は効率的な物流システム、第4は効果的なカテゴリーマネジメント、の4点が必要とされている。また、これらの課題を克服するためには、第1に流通市場のグローバル化と流通構造の改革、第2に市場構造の需要主導への転換、第3に流通市場における競争のシステム間競争への転換、の3点が期待されている。

　したがって、これらの課題を克服するためには、システム間競争において打ち勝てるべく、企業の壁を越えた流通システムの改革に向けた構築の必要性が生じてくる。このシステム間競争時代の流通効率化の手法としては、すでにECR、QR、製販同盟などの手法が導入されている。また、これらの戦略的な流通システムは、各システムに参加する個別企業の利益追求のみならず、同時に、消費者利益の増大という顧客満足度を追求することで、さらなる利益の増大をもたらしている。

(4) 小売を軸にしたECRの展開

　顧客満足度の追求という観点から消費者利益視点を重視したECRシステムを確実に実現するためには、従来のECRの限界を打ち破る必要がある。すなわち、より消費者に近い小売にECRの中心的役割を担わせることが大切で、このような考え方に基づいて、従来のECRにかえて小売ECRという概念設定を行うことにする。したがって、この小売ECRは、従来のECRと比較して、卸機能より小売機能の役割により大きな期待をかけたもので、小売をメーカーから小売にいたるビジネスシステムと小売と消費者を結ぶコミュニケーションシステムとの結節点として捉えるシステムなのである。

すなわち、小売ECRは小売機能を上記両システムを繋ぐインターフェイス機能と捉えて、小売を軸にした流通ネットワークシステムの形成を、流通システム効率化のための最重点課題に設定する考え方なのである。したがって、小売ECRでは、当然ながら、小売業においては流通システムの効率化へ向けて企業間連携のリーダーシップを発揮するシステムオルガナイザーの役割を果たすことが期待されている。

2．流通CALSの基本的な考え方

(1) CALSによる経営改革

　CALSが我が国に本格的に導入されかなりの期間が経過したが、未だメーカーを中心とした情報技術の開発レベルからは一歩も抜け出ていない。しかしながら、このCALSの概念は、もともと時代の流れの中で自由に発展させることが可能であることに、その最大の特徴があったわけである。したがって、ここでは、このCALSの概念を、現在、急速に近づいているマルチメディア社会のフレームの中で大きく構造化して捉えることにした。

　現在、CALSはコマース・アット・ライト・スピード（光速電子商取引）の段階に発展している。この段階では、CALSはもはや製造や商取引データ交換の標準化運動だけでなく、BPR（Business Process Reengineering）や企業間に跨がる各種企業間連携、すなわち、メーカーの場合はコンカレントエンジニアリング（同時進行的設計）、流通の場合はECR、また、両者に共通の組織問題についてはEI（Enterprise Integration：企業統合）といったビジネスシステム全体を改革する経営改革の方法論にまで、その概念を拡大することが可能な段階になったのである（図表－4-1-1）。だからこそ、CALSを導入することで、前述のインテグレイテッドチェーンシステムの効率的な構築が実現でき、流通システムの効率化へ向けた解決も可能になる。

(2) CALSの流通CALSへの発展

　このように、CALSの導入によって個別企業の経営改革は大きく進展するが、流

第1章 流通CALSによる流通システム革新　173

図表-4-1-1　流通CALSにおける戦略概念の基本構図

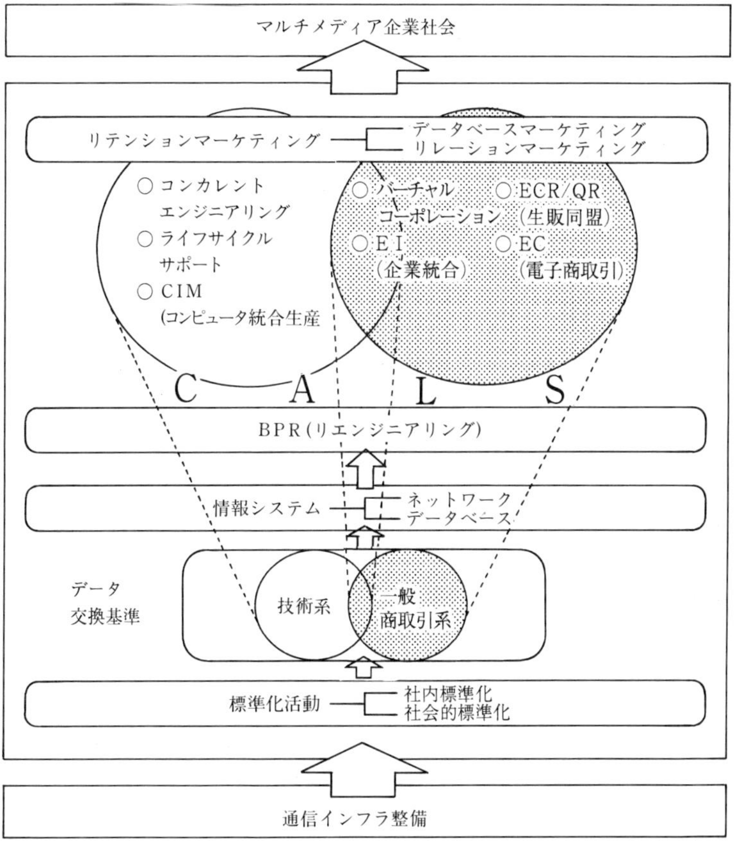

```
            マルチメディア企業社会
                  ↑
┌─────────────────────────────────────┐
│  リテンションマーケティング ─── データベースマーケティング
│                                リレーションマーケティング
│     ○コンカレント        ○バーチャル    ○ECR/QR
│      エンジニアリング      コーポレーション  (生販同盟)
│     ○ライフサイクル       ○EI         ○EC
│      サポート            (企業統合)    (電子商取引)
│     ○CIM
│      (コンピュータ統合生産)
│
│         C      A      L      S
│
│       BPR(リエンジニアリング)
│                  ↑
│       情報システム ─── ネットワーク
│                      データベース
│   データ                   ↑
│   交換基準    技術系    一般
│                       商取引系
│                  ↑
│       標準化活動 ─── 社内標準化
│                      社会的標準化
└─────────────────────────────────────┘
                  ↑
            通信インフラ整備
```

BPR：Business Process Reengineering　　EI：Enterprise Integration
CIM：Computer Integrated Manufacturing　QR：Quick Response
ECR：Efficient Consumer Response　　　　※末松千尋氏作成図表を一部修正

通システムの課題を小売ECRの発想で解決するためには、CALSの概念を、流通向けに一部修正して発展させる必要がある。言い換えれば、流通システムの改革を消費者最優先思想に基づいて展開するには、従来のメーカー重視のCALSと区別して新たに流通CALSという概念の構築が不可欠である、ということである。そして、この流通CALSの導入によって、初めて消費者最優先思想に基づく製・配・販を貫く流通システムのトータルな改革が実現することになる。

3．流通CALSのビジネスシステム

(1) 流通CALSの基本構造

このように、流通CALSの目的は、情報システムの活用によって小売を軸にしたシステムとしての競争力を獲得することで、流通システム全体にかかわる業務面の課題と情報システム面の課題を、一挙に、同水準で総合的に解決することなのである（図表-4-1-2）。

図表-4-1-2　流通CALSのビジネスシステム

システム分類	業務システム	情報システム	
〔商品システム〕	・単品管理　・QR ・自動補充発注　・ハンガー納品	・EDI（電子データ交換）・JANコード ・ASN,SCM（検品レス）・マルチメディア	C/S
〔顧客システム〕	・顧客DBの統合　・顧客分析 ・商品情報との統合	・大規模DB（オラクル） ・並列コンピュータ　・インターネット	LAN-WAN-LAN ATM-LAN 無線LAN
〔外商システム〕	・案件管理 ・受発注の整備	・グループウェア ・EDI（電子データ交換）	ネットワーク監視 /管理 ORACLE
〔人事システム〕	・目標管理　・人材活用 ・ライン部門の利用に応じた情報提供	・セクションサーバー ・マルチメディア（写真）	オープン化 サーバー (UNIX, NT)
〔会計システム〕	・キャッシュレス ・電子伝票　・簡易入力	・グループウェア ・EB（電子金銭決済）	クライアント (WindowsNT) TCP/IP
〔事務システム〕	・レスペーパー　・情報共有化 ・情報リテラシーの向上	・グループウェア、電子メール ・OAソフト統一　・インターネット	

ASN：Advanced Shipping Notice
ATM：Asynchronous Transfer Mode
EB：Electronic Banking
EDI：Electronic Data Interchange
QR：Quick Response
SCM：Supply Chain Management
TCP/IP：Transmission Control Protocol-Internet Protocol

この流通CALSを構成するシステム領域は、商品、顧客、外商、人事、会計、事務の6領域に及んでいる。これらの領域ごとに、業務システム課題と情報システム課題、そして、双方の解決方向について要約する。なお、この6領域のうち、商品、顧客、外商が営業力強化へ向けての対応、人事、会計が経営管理強化へ向

けての対応、事務が直接部門・間接部門の事務業務についての合理化と効率化への対応、を目的としたシステムなのである。

(2) 商品ビジネスシステム

第1は、マーチャンダイジングシステムやビジネスロジスティクスなど、商品にかかわる機能の業務改善と、そのための情報システムの再構築である。

業務システムでは、単品管理、QR、自動補充発注などの商品管理業務や、ハンガー納品に代表される物流管理業務についての再構築が中心となる。

情報システムでは、JAN（Japanese Article Number）コードの採用、ASN（Advanced Shipping Notice：事前出荷通知）の組み込み、EDI（Electronic Data Interchange：電子データ交換）の早期構築、マルチメディアの活用、などである。

(3) 顧客ビジネスシステム

第2は、顧客の管理や活用にかかわる領域である。業務システムでは、ポイントアップ方式を活用したパーソナルマーケティング、顧客データベースの活用によるデータベースマーケティングの本格的な導入、などである。情報システム面では、超並列コンピュータや大規模データベースの導入、インターネットのビジネス活用、などがあげられる。

(4) 外商ビジネスシステム

第3は、外商事業の管理と営業サポートにかかわる領域である。業務システムでは、受発注の整備や案件ごとの一貫したスムーズな管理を行うために案件管理システムの構築が急がれている。情報システム面では、販売先や仕入先との間でのEDIの構築、営業部門へのグループウェアの導入、などがあげられる。

(5) 人事ビジネスシステム

第4は、人的資産の管理・活用を効果的に行うための、人事にかかわるシステム化である。業務システムでは、目標管理による実績に直結した評価制度の導入、人材の活用や育成のためのローテーションの計画的実践、営業現場に必要な人事

情報の提供を重点化して実践することである。情報システム面では、部門ごとのセクションサーバーの導入とマルチメディアの活用、などがあげられる。

(6) 会計ビジネスシステム

　第5は、会計管理と財務管理の統合的な管理の実現へ向けて資金管理にかかわる領域の改革である。業務システムでは、作業プロセスの削減と作業スピードの向上を目的としたキャッシュレスや簡易入力の本格的導入、また、正確な決済を目的とした電子伝票の導入、などが考えられる。情報システム面では、この電子決済環境の早期構築と事務効率向上を可能にする有効なツールであるグループウェアの導入は不可欠な条件になる。

(7) 事務ビジネスシステム

　第6は、上記の各領域のシステム運用の効率を上げるために、日常的・定期的に行われる事務作業を機械化により合理化することである。この領域の確立が流通CALSの促進に多大な影響を与えることになり、流通CALSの中では、とりわけ重要なシステム領域である。業務システムでは、情報共有化の促進と情報リテラシーの向上、そして、ペーパーレスへの本格的取り組みがとりわけ大切になる。情報システム面では、電子メールは前提になるし、インターネットを本格的に活用したグループウェアの全面導入が必須条件になる。

4．EUC指向の分散統合型システム

(1) 分散統合型システムの構築

　流通CALSの6つの機能領域を1つの統合システムとして運営するためには、C／S型の情報ネットワークの確立が不可欠になる。すなわち、EUC（End User Computing）思想に基づき、LAN（Local Area Network：構内情報通信網）、WAN（Wide Area Network：広域情報通信網）環境で、パソコンによるネットワークを構築しよう、という方法なのである。また、情報リテラシーの向上も大切で、そのためにはデータベースの導入が不可欠になるし、データウェアハウジングの考

え方も重要になってくる。

(2) EUC（End User Computing）思想による開発

　このように、分散統合型システムが重視されると、システム開発の体制や役割分担について再考する必要が生じる。今までは、すべての開発は情報システム部門が担当していたが、これからは、かなりの部分がユーザー部門に移管されることになる。すなわち、情報システム部門は戦略策定や企画の立案や研究開発や技術基盤の整備に専念し、システム設計やシステム開発の大部分はユーザー部門が担うという考え方である。具体的な開発体制としては、情報システム部門とユーザー部門が協力した形のプロジェクト組織になるのだが、開発プロジェクトのリーダーには、当然ながら、ユーザー部門の責任者が任命されるべきである。すなわち、情報システム部門は、もっぱらインターナルサービスに徹しユーザー部門をバックアップする縁の下の力持ち的な存在を目指すのである。

(3) 手順の標準化とデータベースの重視

　流通CALS発想による情報システムの構築にとって、これから最も重視されることは標準化の推進とデータベースの活用の2点である。これからの情報システムは、個別企業内に限定されたクローズドシステムではなく、広く社会に開かれた企業間を繋ぐオープンシステムであることが期待されてくる。そのため、情報システムを開発する際には、グローバルに通用する世界標準手順の採用を義務づけることが前提になる。とりわけ、通信プロトコル等通信の標準化なしには、グローバル指向の流通CALSによる分散統合型システムの確立はまったく不可能である。

　また、データベース導入のポイントは、ユーザーの操作性や保守性にあり、とりわけ、オープンシステム環境においては情報リテラシーが十分かどうかなのである。また、流通業においては、バイヤーやトップマネジメントの意思決定にとって有益なことも基本的な条件である。さらには、オープンでスケーラビリティがあって、どんな技術革新に対しても柔軟に対応できることも、このデータベースを導入する際の必須条件である。

そこで、ECR思想に基づくデータベースを基軸におく分散統合型システムの、ホスト中心システムに対する優位性を総括するならば、以下のとおりである。それは、すなわち、ハードウェアの選択の幅が拡がることでマルチベンダーの環境づくりが容易になり、また、標準的なソフトウェアが有効なため安価な流通ソフトの利用が可能になり、開発期間や教育期間は短縮し、システムそのものにも高い拡張性や発展性が獲得できる、ということである。

(4) 流通CALS先進事例

ここでは、この流通CALSを活用して先進的な情報システムの構築を推進している百貨店の開発に適用したモデルプランの紹介を行う。このモデルプランの特徴は、基幹システムをすべてC／S型の分散統合ネットワークシステムで構築したことである。とりわけ、データベースとマルチメディアを中心的な武器に設定しているのは、きわめて挑戦的な未来指向のシステム開発である。

第1の特徴は、顧客情報や販売情報を集積させ多様な顧客に対して個別のサービスを行うリレーションマーケティングをデータベースで実現するために、大規模なデータベースとグループウェアを全社的に導入することである。第2の特徴は、店舗の業務や取引にかかわる事務作業の効率化によるコストの大幅な削減を目指して、EDIの構築を前提にしたQRシステムとハンガー納品システムの本格的な導入を行うことである。

5．流通システム化へ向けた課題

すでに確認したように、流通システムの効率化には、第1には市場のグローバル化と流通構造の改革、第2には市場構造の需要主導への転換、第3には流通市場における競争のシステム間競争への転換、という3項目の課題解決が必要なのである。この困難な課題には、個別企業が果敢に挑戦するだけでなく、個別企業の枠を超えた共通のインフラとしてシステム整備とコミュニケーションツールの標準化という、いわばバックアップ体制の確立が不可欠になる。そこで、世界的なスケールでのCALSの普及運動の推進が大きく期待されてくる。

システム化を促進する際に大切な点は、個別企業のシステム化の追求という個別最適の発想ではなく、社会システムの改革という全体最適の発想に立脚して、個別企業の改革を可能にするグローバルな観点に立つことである。したがって、標準化によるグローバルシステムの構築を目的にするCALSは、全体最適を狙うシステムとしてもきわめて有効な武器になる。そして、システム間競争に打ち勝つためにCALSを導入した企業のみが、これからは勝利を収めることを確信することになる。

　このような問題意識から、CALSを流通領域に持ち込んで流通CALSの提言を行ったのだが、この流通CALSを導入することで流通システムにかかわる多くの課題が一挙に解決することが理解できたはずである。たとえば、冒頭で確認したように商品領域における、ベストソースからの調達、在庫の極小化、効率的な物流システム、効果的なカテゴリーマネジメントなどの課題も、前述した商品サイクルサポートシステムの導入でほとんど解決してしまう。

　また、同時に、この流通CALSの導入によって流通産業にかかわる企業経営のパラダイムを大きく転換させることも可能になった。具体的には、情報システムの重視によるデジタル経営改革の追求、オープンなネットワーク組織を重視するコラボレーションの導入、消費者最優先思想に基づく小売ECRの展開などが想定される。最後に、再度流通システムの効率化に向けては流通CALSが有効な武器であることを強調し、併せて、流通システムの効率化を目指したさらなる流通CALSの発展を期待することで結びにかえる。

■ 第 2 章 ■
CRMによる顧客との関係性強化

1．CRMとは何かを考える

　前章で述べたとおり、流通CALSによって、流通システム全体における業務面と情報システム面での課題を同水準で総合的に解決することが可能となる。中でも、特に、顧客システムの活用についてのさまざまな試みが、近年、CRM（Customer Relationship Management）として、大きな注目を集めている。CRMとは個々の顧客についての詳細なデータに基づいて、個別のサービスを提供し、より親密度の高い顧客を創出する経営手法である。ITにより顧客データベースと商品情報などとの融合を図り、これを戦略的にビジネスに取り込んでいくことが急務になっている。CRMは企業と顧客（BtoC：Business to Consumer）とのこれまでの関係性の変革を促すものでもある。一元管理された顧客データベースを活用し、きめ細やかな対応を図ることによって顧客の満足度を徹底的に高め、収益の向上を図るといったCRMの手法は、とりわけ顧客と直接触れ合い、個人個人の顔を見ながらビジネスを行う小売業にとって非常に魅力的な戦略である。

　ITを活用し、顧客との関係性を強化するといった試みは今に始まったことではないが、近年その動きはより加速度を増している。あらゆるレベル、あらゆるカテゴリーでのIT活用が進み、従来では考えられなかったような製品がこれまでにはない販売方法によって提供され、画期的なサービスがスピーディーに提供されるようになった。ITの進化は企業と顧客との関係を大きく変えているのである。

　ITの進化がビジネスに与えたインパクトを整理すると、主として次の4点をあげることができる。

　第1は「ネットワーク化」である。多くの機能がネットワークで結ばれたことによって、企業が戦略的な提携関係を結びやすい環境が整った。その結果、アウ

トソーシングによる調達コストの削減や、製販の戦略同盟などを中心とした取引コストの削減、在庫調整による物流コストの削減などがさかんに行なわれ、あらゆるレベルでのコストダウンが進められた。またこれによって、取引や対応の処理スピードも圧倒的に速くなった。

　第2は情報の「共有化」である。従来は個人レベルでの経験やノウハウ、勘に頼っていた情報が一元化・共有化されることによって組織的な対応が可能となった。こうした情報の共有化は、これまでも経営における大きな課題であったが、個人レベルに情報端末が行きわたり、さらに携帯電話などを中心としたコミュニケーション環境が整備されてきたことによって、いつでもどこでも情報をやり取りできる、真の情報共有化が可能となってきた。

　第3点は「個別対応」である。質の高い顧客情報の収集による精緻な顧客データベースの構築によって、顧客一人ひとりの顔が見えるサービスの提供が可能となった。消費の多様化が進んでいる現在、企業は顧客を「個」客として識別しながら戦略を展開していく必要がある。個人を見据えながら対応できる仕組みができたことによって、マスではなく個を対象とした戦略の展開が可能となった。

　第4点は「双方向性」である。従来のマスメディアにみられるような一方的な伝達ではなく、顧客サイドが情報を発信できる環境が整い、双方向のコミュニケーションが可能となった。インタラクティブに情報交換を行える環境はこれまでにはなかったものであり、そのインパクトの大きさは、昨今のインターネットのアクセス数の増加やホームページの開設の多さをみても明らかである。

　常に進化する情報システムの可能性を、いかに自社の戦略に組み込めるかが、小売業においても大きな課題となっている。

2．CRMによる顧客との関係性強化

　では、こうした情報システムの変化は企業と消費者との関係をどのように変えたのであろうか。CRMのポイントを整理するために、まずこの点についてみてみよう。これまで企業は消費者の存在を、刺激を与えれば反応してくれる存在として位置づけてきた。この関係性の中で、企業は売上高やシェアを最重要課題とし

て戦略を展開してきた。しかしながら、消費者をパートナーとして位置づけると、売上高やシェアもさることながら、顧客との信頼関係の構築がその中心的な課題となる。顧客との長期的で良好な関係性の構築を経営目標として捉えるとき、最も重要なテーマとなるのは、顧客の価値を正確に測定することである。顧客は劇的に変化しており、価値観も大きく変化してきている。その変化に対応したビジネスモデルを構築しなければ、顧客との信頼関係を構築することはできない。

CRMの定義については、多くの論者が様々な主張を行っているが、従来のマスを対象とした戦略から、より「個」に焦点が当てられているという点では一致している。換言すればCRMとは、製品やサービスを売ることよりも、顧客の満足をより引き出しながら、顧客との絆を強めていくことによって収益を伸ばそうという方法論である。

しかしながら、顧客との良好な関係を構築するといったCRMの考え方は決して新しい概念ではない。従来から顧客との関係性の強化は重要なテーマとして位置づけられてきた。CRMが、近年になってこれほど注目されるようになったその主な理由としては次の2点をあげることができる。

図表-4-2-1　従来のビジネスモデルとCRMとの比較

	従来のビジネス	CRM
対象	市場シェア （Market Share）	CRM （Customer Share）
取引の目的	他社よりも大きな売上の獲得	生涯を通じた顧客の愛顧（ロイヤルティ）の獲得
戦略の方向性	事業ドメインの明確化 規模の経済性 経験曲線	顧客とのコミュニケーションの強化 顧客データベースの精緻化 関係の"場"の設定

第1の理由は、顧客データの収集と管理・運用が容易になったことである。顧客データベースの構築と顧客との関係性の構築は表裏一体の関係にある。言い換えれば、これまで概念としてあった個客対応を軸としたビジネスモデルの展開が、情報システムの進化によって初めて可能となった。従来は社員個人個人のノウハウや知識として断片的に存在していた詳細な顧客情報が体系化され、全社員に共有化されることによって、企業全体で組織的に個人と向き合うことが可能となっ

たということができる。

　第2の理由は、以下のような主張がなされ、それがある程度有効性を持った事実として認識されてきたことである。

「売上高の約80％は上位20％のコア・カスタマーからもたらされる」
「新規顧客の獲得には現在の顧客にサービスする約5倍のコストがかかる」

　これらの事実は、市場環境が不透明な中で、既存顧客を維持することが収益を安定させる最も重要な要件であることを意味している。より具体的なメリットをあげるならば、顧客との信頼関係を構築することで、販促コストを抑えることが可能となる。

　CRMの最大の目的は、既存顧客の満足とロイヤルティを長期にわたって維持し、信頼関係を築くことによって顧客を自社のパートナーへと高めていくところにある。強固な信頼関係によって結びついた顧客が多ければ多いほど、当然収益は安定する。

　実際に、顧客との信頼関係を構築し、顧客を維持している事例はすでにいくつかの場面でみることができる。顧客という呼び方は正確ではないが、たとえば、主治医と患者との関係はこの典型的な事例であろう。自分が病気になったときに診てもらう医者を固定している人は多い。たとえ引っ越して遠くにいっても、なるべくその医者にかかり続けたいと考える人は少なくない。その最大の理由は、自分の身体のことを一番知っている医者はこの人であるという安心感にある。1つの病気やケガを治すのであれば、どこの病院でも構わないかもしれない。しかし長い付き合いのなかで、体質や既往症など自分の身体に関してより深く理解してくれている医者に任せる方が心強いのは当然である。ここにおいて、医者と顧客である患者の間にはきわめて強い信頼関係が構築されているということができる。

　この事例から得られるCRMのポイントは、まず、精度の高い個人情報の必要性である。医師側は患者個人個人についての詳細かつ精度の高いカルテ（＝顧客情報）を所持し、治療を通じて個別のサービスを展開することができる。次に、関係を継続すればするほど移動障壁が高くなるという点である。治療経験を積み重ねるほど両者の関係性はより強固なものとなり、他の医師のところへは行きにくくなる。

精度の高い顧客情報をベースとして信頼関係を築き、顧客を囲い込む。これはCRMの目的を実現している典型的な事例といえよう。顧客を失わない努力をすることが利益の獲得に繋がるのである。

3. 顧客との関係性を維持する方法

では、企業が顧客との信頼性を築き、維持していくためにはどうすればよいのであろうか。その出発点となるのは、顧客データベースを構築し、自社の顧客基盤を明確に認識することである。精緻な顧客データベースをつくり、情報を共有化しなければ、個別のサービスを展開することは不可能であり、これが関係性構築のための第1ステップとなる。

しかし、これはあくまでも関係性を構築するための前提条件にすぎない。より重要なのは、これを活用して、顧客を自社のパートナーにまで高めていくという次のステップである。情報システムの構築は投資をすれば可能であるが、むしろ問題なのは、その情報をいかに活用して、自社の強みに結びつけていくかという点にある。

ここで考慮しなければならない点は、顧客満足を今一度捉え直してみることである。顧客満足は、企業と消費者の情報格差が狭まってきた中にあって、より細分化してきている。現在の顧客満足はきわめて多様化しており、満足、不満足といった単純な分け方で捉えることはできない。満足の中にも様々な満足があり、不満足の中にも様々な不満が存在する。こうした細分化した満足を的確に捉えなければ、今の顧客は見えてこない。

顧客はある製品やサービスについて満足していれば、喜んで購入する。このことから企業は顧客が購入してくれているのは、顧客が自社の製品に満足してくれているからであると考え、売上高や市場シェアの高さを満足度の高さとして捉えるだろう。しかしその満足は、新製品の発売によって、魅力的な価格設定よって、また画期的なプロモーションによって一瞬のうちに不満に変わる可能性を常に秘めている。

一口に顧客満足といっても、現代の顧客満足のレベルは多様である。たとえば、

図表-4-2-2　顧客満足度の解釈

回答	内容	顧客ロイヤルティ
5	完全に満足	きわめて高い
3・4	満足	簡単に他社に切り替える
1・2	不満足	きわめて低い

　W．アールサッサーJrとトーマス．O．ジョーンズは、顧客満足度調査を実施し、その結果をもとに顧客満足度のレベルを図表4-2-2のように分類している[1]。

　ここで注目すべきポイントは「完全に満足」と「満足」との間には大きな隔たりが存在するということである。顧客は完全に満足しているのでなければ、簡単に他社に切り替えてしまう。これは、満足を最大限に高めなければ、顧客との信頼関係の構築は難しいということを意味している。刻々と変化する顧客満足を的確に把握し、顧客満足度を最大限にまで高め、その水準を常に維持する。その最高度の満足こそが、顧客との信頼関係をつくり、競争力を生み出す源泉となる。

4．最高度の顧客満足がもたらすもの

　顧客は心の底から満足すれば、その製品やサービスに対して熱狂的なファンとなるだけでなく、他の顧客にもそれらの製品・サービスを勧めてくれるロイヤル顧客へと変貌する。

　たとえば、竹内（1998）はコカ・コーラの事例を用いながら、異常と思われるほどの愛着を抱き、揺るぎないロイヤルティを貫くファンの存在を「信者」と名づけ、そうした存在の重要性について述べている[2]。1983年にコカ・コーラ社が

99年間変えてこなかったコーラの味を変えたとき、熱狂的なファンはデモや署名運動などといった反対運動を行った。運動はまたたく間に全米各地に広がり、結局3ヶ月も経たないうちにコカ・コーラ社は従来の味を復活させた。このとき、当時コカ・コーラ社の社長であったキーオ社長は「愛、プライド、愛国心を計ることができないように、われわれはコークの奥に潜むものを計ることができなかった」と述べたという。

　この事例から得られる戦略上の示唆としては次の3点を指摘することができる。第1の特徴は熱狂的なファンは製品を超えた1つの価値世界を構築し、それを共有しているということである。上記のキーオ社長の言葉からも分かるように、強い関係性には製品やサービスの価値以上の何かが存在している。製品はその象徴であるかもしれないが、それ以上ではない。ロイヤルな顧客をつくり上げるには製品を超えた価値世界を構築しなければ、顧客を繋ぎ留めることは難しい。

　第2は熱狂的な顧客は、あまり関心のない顧客をロイヤルな顧客に変えるパワーを持っているという点である。自分と同じ立場にいる顧客が実際に消費する現場をみせることはきわめて有効なプロモーションとなる。ブームは、価値が共鳴することによって生み出されるものである。

　第3に、熱狂的な顧客は主役になるということである。顧客こそが主役であるということはこれまでも言われてきたことであるが、熱狂的な顧客は本当の意味での主役であり、企業はそれをサポートする存在となる。たとえば、ファンクラブの存在などはこの典型的な例である。これをうまく利用することによって、企業はコストをほとんどかけずに容易に顧客を囲い込むと同時に、これを自社の資源として活用することができる。

　顧客が主役となって情報を発信し、企業はそれに応えて顧客をサポートしながら価値を創造する。そしてそこで創造された価値を共有することによってさらに絆を深めていく。これはCRMが目指す1つの究極の形態といえよう。

5．CRM戦略の展開と課題

　さて、次に、CRM戦略の展開とその課題についてみてみよう。CRMは顧客と

の関係性を目的としており、それを実現するためには顧客の満足度を最大限に高めていく企業努力が必要であることはすでに述べた。ではこうした異なる顧客満足に対してはいかなる戦略をとっていけばよいのだろうか。

図表4-2-2の顧客満足度による分類をみると、少なくとも、3つのレベルの満足度に合わせた戦略が必要となる。まず、1、2と回答した「不満足」な状態にある顧客に対しては、自社の製品やサービスに対して、まず興味を持ってもらうことが課題となる。しかし、このレベルにいる顧客についてより重要な課題は、"あの会社の製品だけは使いたくない"というような顧客にだけは、絶対にしてはならないということである。満足と同様に不満足にも、「極度に不満である」、「不満である」、「満足でも不満でもない」などといったレベルが存在する。より大きな不満が形成されていると、それは無関心よりも大きなマイナス要因となる。これはロイヤル顧客の対極に位置するもので、企業にとっての敵にもなりかねない。こうした敵をつくってしまうことは、味方をつくるよりも避けなければならないことである。最も難しいのが3、4と回答した「一応満足している」顧客への対応である。この層はあるきっかけでロイヤル顧客になってくれる可能性が最も高いものの、逆にそれが不満足へと変わる可能性も高い層である。この層は現状の製品やサービスに対して一応満足して購入してくれているが、より以上のサービスを期待している。したがってこの層にいる顧客に対しては、その関係をより長く続けること、使い続けることのメリットを目に見えるかたちで提供するような戦略をとっていく必要がある。

そして最後の「完全に満足」している顧客については、その絆をさらに深め、その関係を維持していく戦略が必要となる。いくら現状において完全に満足していても、それは不満足に変わらないということを保証しているわけではない。顧客の満足水準は常に変化しており、その変化に合わせた関係の品質を保つためのメンテナンスが必要となる。

次に、CRMを展開していくにあたっての課題について考察してみよう。CRMを展開していく上での課題としては次の5点について注意しておく必要がある。

第1は、顧客との強い関係性の構築がすべての分野において最重要課題になるわけではないということである。従来どおりのビジネスのやり方が有効な部分は、

まだかなり存在している。関係性の重要性が高まっていることは確かだが、その有効性については注意が必要である。

第2は、顧客を囲い込むということの意味についてである。「囲い込む」ということと「満足している」という意味は同じではない。囲い込みには、逃げられないようにするという側面もあるが、これだけでは満足を引き出すことは不可能である。囲い込みが顧客にとって縛りや足かせとして意識されないような注意が必要となる。

第3は、新規顧客の開拓についてである。CRMでは現在顧客、既存顧客との強い関係づくりに焦点が当てられているが、この点のみに焦点を当てすぎるため、新規顧客の開拓がないがしろにされる傾向がある。ロイヤルな顧客は新規顧客を引きつける効果を持っているが、それだけでは不十分であり、CRMと新規顧客の開拓の2つを両輪として進めていくことが必要である。既存の顧客を維持しながら、新規顧客を開拓し、積み上げていく。そうした「収穫逓増型」のビジネスモデルを構築することが今、求められているのである。

第4は、顧客は関係と関係の間に存在し、時として一方の関係性を負担に感じる場合があるという点である。顧客はネットワークを持ち、複数のさまざまな関係性の中で生活している。関係性の構築には信頼がその媒介変数となることから、きわめて慎重な取り組みと配慮が必要である。関係のメンテナンスを怠れば、深く強力であると思っていた関係性でも瞬時に壊れてしまう危険性を持っている。その意味で関係の構築にはきわめて慎重な対応と絶えずその関係品質を維持するためのメンテナンスが必要となる。

第5は、コミュニティの構築である。一方通行ではない、インタラクティブ（双方向）な顧客とのコミュニケーションの場をいかにデザインするか。それが顧客との関係性を規定するといっても過言ではない。顧客満足は場面によって、顧客自身のエージングによっても変化する。コミュニケーションの頻度、便利さ、情報発信のしやすさ、対応のスピード、そして適度な自由さなど、企業は常にその場および空間のプロデューサーとしての役割を果たす必要がある。

6．小売業におけるCRMの活用

　こうしたCRMの枠組みの中で、特に小売業に大きなインパクトを与えている研究としては、ブライアン．P．ウルフが提唱している「個客識別マーケティング」がある[3]。ウルフのこの主張は、「フリークエント・ショッパーズ・プログラム (Frequent Shoppers Program)」とも呼ばれている。このプログラムは、自店への貢献度に応じて顧客層を選別し、その顧客層ごとに異なる価格と特典を提供することによって、最大の利益を上げようというものである。つまり、フリークエント・ショッパー（来店頻度の高い顧客）を識別し、優良顧客には優先的なサービスを提供することによって顧客の固定化を図り、逆にチェリーピッカー（あちこちの店で特売品を買い回る客）と呼ばれるような貢献度の低い顧客についてはフリークエント・ショッパーに誘導するサービスを行うべきであるというものである。

　この個客識別マーケティングでは2つの原則がおかれている。第1の原則は「すべての個客は平等ではない」という点である。ウルフはこれまで顧客がすべて平等に扱われてきた理由について、これまで一人ひとりの顧客に対する個別の対応をコスト効率よくできるシステムが存在しなかったからと説明している。それが情報システムの進展によって可能になったのならば、これまでの手法は変える必要がある。第2の原則は「個客の行動は見返りに左右される」というものである。提供される見返りの大きさが購買の直接の動機となり、行動に反映される。これは新しい発見ではないが、顧客データベースを使い、一人ひとりの顧客に異なった見返りを提供し、その情報を蓄積していくことによって顧客対応を改善させていくことができる。

　ウルフが主張したこれらの原則及びプログラムは、顧客を個として管理し識別することの有効性を示したものであり、消費を起点として捉えた関係性マーケティングとして位置づけることができる。

7．CRMを超えて

　CRMの基本的な考え方はSCMと同様に、効率性の追求がその基礎にある。現在の顧客情報から効率的にニーズを探り出し、それに対して迅速に、かつきめ細か

く対応していくことがCRM構築の目的となる。これほど消費が多様化してくると、いくらPOS情報を分析したところで、そこから新たな価値を創造することは容易ではない。そのためにも顧客ニーズに対応しうるCRMによってそうした側面を補完することが必要となる。しかしそれはCRMのゴールではない。より顧客に近づいていくためには、CRMを超えて、企業と顧客とのコミュニケーションの中からコンセプトを生み出すことができるような関係性の構築が必要になってくる。

　CRMの真の目的は、単なるアフターサービスの高度化と優良顧客へのサービス向上、優良顧客の囲い込みを実現することにあるのではない。従来の小売業と顧客の関係性を超え、顧客をパートナーと呼べるレベルにまで高めていくためには、さらに顧客に近づいていくための仕組みとコミュニティの構築が必要なのである。

（注）
（1）『顧客サービス戦略』、W．アールサッサーJr．トーマス．O．ジョーンズ、ハーバード・ビジネス・レビュー・ブックス、ダイヤモンド社、2000
（2）『顧客創造』、嶋口充輝、竹内弘高、片平秀貴、石井淳蔵編、有斐閣、1998、第15章、竹内弘高、1998
（3）ここでの著述は、以下の文献を参考にしている。
　　『個客識別マーケティング』、ブライアン．P．ウルフ著、上原征彦監訳、ダイヤモンド社、1998

■ 第 3 章 ■
顧客データベースとPOSの戦略活用

1．システム化の推進による百貨店改革

　21世紀を迎えた現在、百貨店をはじめとして消費者とのフロントエンドに位置する小売業界に、規模の経済によるマスマーケティングから範囲の経済によるパーソナルマーケティングへと、かつてないほどの急激なマーケティングパラダイムの転換が要請されている。

　とりわけ、百貨店においては、量販店がすでに確立した流通システムの近代化による商品流通システムのイノベーションと、顧客とのリレーションシップを第一義にする顧客主導型システムによる顧客マーケティングのイノベーションの、双方の統合的な実現が求められている。

　これからは、経営再建を目的とした守りの経営から利益創出のための攻めの経営への転換が、経営戦略上の重要課題である。この攻めの経営とは、挑戦的な目的を掲げ小売業の原点である顧客に喜んでもらえるビジネスシステムを構築し、小売を科学することで安定的な利益を生み出す仕組みによって、強固な企業体質を獲得することを意味している。そのため、すべての計画の基礎である営業力の修復に向けた基準品揃えの定着を目指すシステム化推進の重点項目を完全に定着させるべく多様なバックアップシステムの構築が必要である。すなわち、この連動は、ハンガー納品システムやフラット（箱物）納品代行システムなどのロジスティックスシステムの整備や、脱年功、実力主義に基づいた人事制度の導入による公正、公平で働きがいのあるオープンな社風、風土づくりの推進など、経営インフラの整備に重点をおいた強化策の推進なのである。

　そして、いよいよ、これらの自社内のBPR（ビジネスプロセス・リエンジニアリング）視点の仕組み革新を、個別企業の枠を超えた取引先とのコラボレーショ

ンによってEI（エンタプライズインテグレーション）の次元にまで踏み込んだアグレッシブな対応を行うべき段階に突入する。そのため、これをサポートする情報システムを、新しいコンセプトに基づき先進的なハードとソフトの導入を伴いながら、抜本的な再構築をすることが必要になった。そこで、西武百貨店では、前述したように、CALS（Commerce At Light Speed）の概念を流通産業に活用し、流通CALSというBPRとIT（情報技術）の統合システムの構築が必要になるのである（図表-4-3-1）。

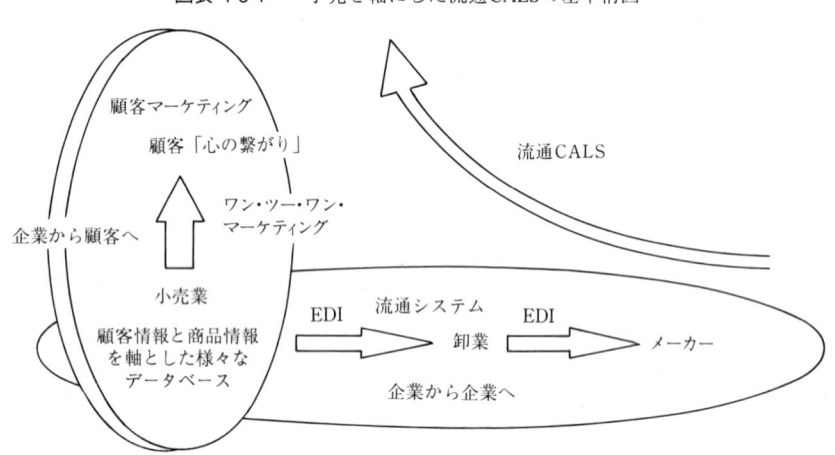

図表-4-3-1　小売を軸にした流通CALSの基本構図

（図：顧客マーケティング、顧客「心の繋がり」、ワン・ツー・ワン・マーケティング、小売業、顧客情報と商品情報を軸とした様々なデータベース、企業から顧客へ、流通CALS、EDI→流通システム卸業→EDI→メーカー、企業から企業へ）

2．エンタプライズサーバーとデータベースの導入

　流通CALSの思想に基づく先進的な百貨店の情報システム開発を推進するには、ネットワークとデータベースの整備が最重要な課題なのである。とりわけ、これからは、商品情報のみならず、顧客情報などほとんどの情報システムがデータベースを前提にシステム設計されるため、大量の生データを多様な視点から分析や管理ができるデータベースシステムと、これを効率的に運用できるサーバーが、必要になる。

　すなわち、商品情報システムでは、顧客のニーズを的確に反映した品揃えなどのカスタマーレディでのシステム構築が必要になり、そのためには、現場で発生するSKU単位での生データのデータベース化がキーポイントになる。また、顧客

情報システムでは、顧客の正確な理解や市場の変化へのリアルタイムの対応を図るべくバリュードリブン型のマーケティング戦略の展開が大切になる。

この観点に立脚すると、エンタプライズデータベースシステムの導入を決定し、それに最もフィットするシステムとしては、NCR World-Mark5100M と Teradata データベースの組み合わせが考えられる。また、このシステムを構築するにあたっての留意点は、データベースマーケティングを効果的に実践することである（図表-4-3-2）。

図表-4-3-2　ネットワークとデータベースのキーファクター連関

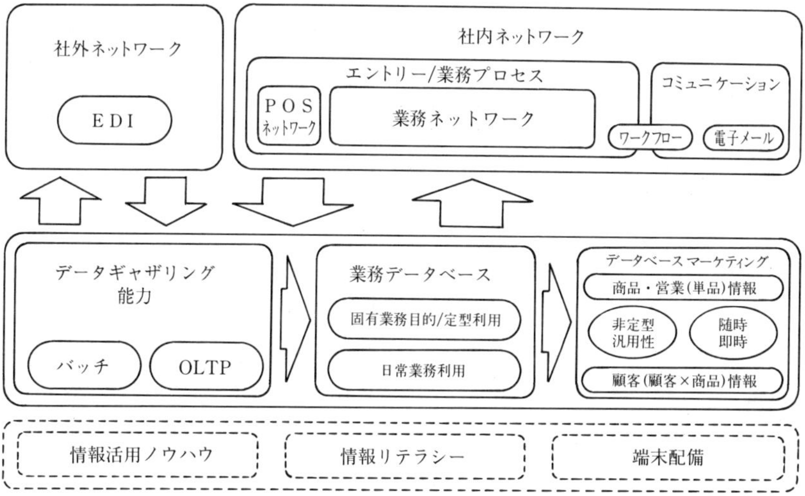

具体的には、第1には顧客情報と商品情報の統合を前提とした大容量データの検索が可能になる。第2には取引先との情報交換を電子的にやり取りするQRやEDIの展開である。そのためには、販売情報の共有化に向けたデイリーな即時情報の連動と百貨店のデータベースを取引先に開放したQRの拡大が必要になる。第3にはオペレーションの革新である。これは、仕入形態別利益管理や取引先別利益管理を確立するとともに、可能な領域からオープン・ツー・バイ手法の導入を図ることである。

3．パートナーシップによるデータベース開発

　このように、百貨店業界では、流通CALSの思想に立脚した情報システムの抜本的再構築が必要である。この再構築にあたって、従来のように個別システムごとにベンダー（ハード／ソフト双方）を選定する場当たり的な取引政策の抜本的な変更が期待される。すなわち、中期計画のグランド・デザインの策定段階から、このベンダーチームが開発、運用、教育、保守にいたる全プロセスの業務について完全な業務責任を担える体制をしく、ということである。

　これからの情報システムの中核要素は、いうまでもなくデータベースとネットワークである。そこではWorldMark5100Mのような1,000以上のCPUがコンカレントに稼動できる、そして、大規模データベースを瞬時に処理する最新ITの結集であるエンタープライズ型のコンピュータを活用したデータウェアハウスが、とりわけ不可欠なものになる。そして、その中に蓄積されるデータは、主にPOSを入口として入る売上情報をベースにして多次元的な生データで構成され、商品、顧客、人事、会計などどんな角度からでも意に応じて自由に切り張り可能なものである、ということが要請されてくる。

　また、このハードとしてのスキームと柔軟なデータベース構造に加えて、通信基盤としてもLAN-WAN-LANのオープン環境への適合性がきわめて大切になる。NCRは、たしかにその中核資産として流通業系のシステム構築ノウハウを十分蓄積しており、同時に、流通業の進むべき方向性についても確かなビジョンも持っており、また、それらに裏づけられた問題解決能力も優れている。すなわち、ここでは、WorldMark5100M超並列コンピュータ（以下ワールドマーク）に採用されているBYNETなど独自の最新ITを積極的に取り入れ、多層的CPUによる超並列処理で大規模データベースの高速検索を実現するなど、POSから始まるシステム化の適用領域を拡大させる際の必要に応じ的確に機能付加を行う力量がきわめて優れている。

　このように、NCRのハードウェアへの信頼性、どのような要求に対しても対応できるアベイラビリティ、ディスクやノードの短時間での容易な拡張、ハードウェアやデータベースの優れたメンテナンス力などが、著者がNCR製品を選択した決定要因なのである。とりわけ、新製品のワールドマークは、従来のNCR3600に

比較してコスト・パフォーマンスは1.5倍ときわめて向上しており、ユーザーとしてもこの新製品のイニシャル・ユーザーになることを検討すべきである。

このように、先進的な百貨店においては、流通CALSの思想に基づき情報システムの開発を実践している。しかしながら、昨今では、ますますカスタマーレディの思想が強調されたマーケティングが要請され始め、一方でエレクトロニックコマースの登場もあり、百貨店に代表される装置産業としての小売業の存在価値の再考も強く求められてきた。

そこで、これからの小売業にとっては、システム構築にあたり、カスタマーレディの発想に基づくリテンションの強化を目指すことが重要になる。言い換えれば、これらのことはすべての情報システムを顧客価値の創造に直結したものに組み替えなければならないことである。そのためには、顧客と直接接点を持つ売場を情報のインタフェース機能として捉え、顧客とのインタラクティブな情報交流ができる情報空間への再編が必要になってくる。

そのためにも、ネットワークとデータベースのさらなる進展がきわめて重要な課題になるし、具体的には、分散統合型データベースシステムの核心となるデータウェアハウジングにより価値創造への規範のイノベーションを目指すことになる。すなわち、データウェアハウスとしてテラデータ（Teradata）を位置づけ、これを最大限に活用することができるデータベースシステムの構築が必要になる。

ここで重要なことは、とりわけ各種のコードやマネジメント手法の標準化なのである。つまり、データベースを管理するコードが同じ尺度で計れなければ、質の高いデータは供給できないし、また、意思決定支援にも連動することができない。

いずれにせよ、このようなデータベースシステムの構築により、従来バラバラになりがちであったデータが一元的に管理され、さらにデータウェアハウスとの連携がより一層強化される。

そのためには、これからはデータベースシステムの開発体制としては、サブジェクト別の情報編集と一元管理が大切になってくる。そこでは、テラデータ（Teradata）に代表される大規模データベースと、オラクル（Oracle）に代表されるサブジェクト指向のデータベースとのハイブリッド化が不可欠になる。このハイブリッド化によって、次世代店舗データベースシステムとしてのデータウェアハ

ウスとデータマートによる分散統合データシステムが、流通業界の主力データベースシステムとしての位置を確立する（図表-4-3-3）。

図表-4-3-3　次世代リテイルシステムの全体構成

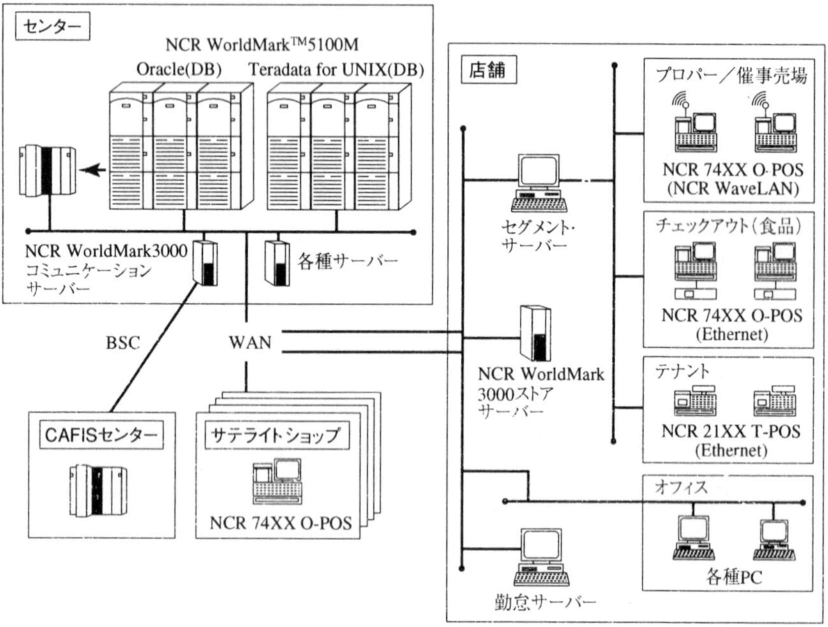

4．小売戦略の転換に向けた次世代POSの役割

(1) 流通産業のパラダイム革新

　21世紀を迎えて、小売業のマーケティング戦略はマスマーケティングからパーソナルマーケティングへ、また、小売、卸、メーカーを結ぶ流通システムはBPRからEIへ、と抜本的な転換が要請されている。

　このような状況下で、これからの小売業に期待される役割は、顧客システムと流通システムを統合するインタフェース機能で、これによりカスタマーレディ思想に立脚した小売ECRの確立が必要になるわけである。とりわけ、昨今、話題のCRM（コンティニュアルリレーションシップマーケティング）の導入に向けたデータベースマーケティングの確立は、これからの製・配・販の全プロセスをカバ

ーする流通産業全般にかかわる競争戦略上の重要課題である。

(2) 小売情報システムの革新

このことは、すなわち、情報システムにおいても、現在注目されているクライアント／サーバー型のシステム開発とEUC（エンドユーザーコンピューティング）発想でのリテラシーの実践とあわせて、従来にも増してネットワークとデータベースにウェイトをおいたオープンでスケーラビリティのある統合分散型のシステム構築が必要とされている、ということである。

そして、この開発政策の転換に従い、小売業における店舗システムの中核機能であるPOSシステムの抜本的転換と、このPOSシステムを基盤としたデータベースマーケティングへの組み込みが強く期待されてくる。言い換えれば、脱レジスターとしての次世代POSの開発と、これを活用したカスタマーレディ発想の次世代店舗システムの構築が、これからの流通産業におけるネットワークとコラボレーションを基軸としたシステム間競争（VS企業間競争）の決め手になるのである。

(3) 次世代店舗システムの確立

このようなパラダイム転換の中で、小売業が生き抜くためには、次世代店舗システムの確立に向けた次世代POSの導入と活用についての基本構想の構築が必要になる。これからのPOSシステムに期待されることは、対顧客機能の革新によるデータベースマーケティングのためのバックアップシステムとしての役割であるが、その際に、もしもPOSを単なるレジスター機能として捉えたのでは、その役割を実現することはまったく不可能である。これからは、レジスター機能から脱却して、以下の視点で、POSを位置づけて展開することが不可欠なのである。

まず、第1は、商品情報システムと顧客情報システムの一体化である。これは、何がいくつ売れたかではなく、誰が、いつ何を、また何と一緒に買ったのかというパーソナルマーケティングの実践に向けて十分な販売データを収集することなのである。

第2は、顧客へのインタフェース機能の高度化である。これは、顧客の顔が見えるECB（エレクトロニッククライアントブック）機能の組み込みや、顧客にと

って見やすく分かりやすいレシートのスピード印字の発行などで、顧客サービスの向上を意味している。

　第3は、売場情報端末としての機能の拡充である。これは、販売員、キャッシャーの操作が簡単で、かつ将来的には各種伝票送達の電子化を目指したペーパーレスでの売場運用ができ、またそこに電子メール機能も取り込めるということで電子ジャーナルや無線LANによる売場の販売付帯業務を合理化することを意味している。

(4) 次世代POSとしてのOLE－POS

　このような視点に立脚すると、次世代POSシステムの構築には、従来とはまったく異なるシステム設計の思想が必要となり、POSはまず売場における顧客への総合情報端末としての位置づけとなる。すなわち、このPOSを、商品情報システム、顧客情報システム、POS（販売）情報システムで構成される分散統合型のデータベースシステムの情報端末として機能させ、情報の共有化や組織間連携の促進を追求することが、これからの重点課題となるわけである。そして、このように課題を克服するための次世代POSシステムは、現時点では無線LAN化したOLE－POS以外を想起することはきわめて困難である。

　このOLE－POSは、電子メールやECBの画面表示に代表されるハードウェアのソフトウェア化と、催事場の設営や繁忙期、売場改装期のコスト削減、並びに、設置性におけるフレキシビリティによって、いわば空間の壁からの解放を可能にしている。このような問題意識を持ちながら、以下において、次世代POSの導入計画とデータベースマーケティングへの戦略活用について論述を行うことにする。

5．次世代POSシステムの導入基本計画

(1) POS発展過程のトレース

　まず、この次世代POSターミナルにいたるPOSの発展過程をトレースしながら、OLE－POS（WinPOS21）の優れた機能の概括的な確認を行う（図表-4-3-4）。

　OLE－POS（WinPOS21）は、NCRの最新ターミナルで、NCR2127POSの3代後

の後継機なのである。この2127POSはレジスター機能に特化したPOSで、まさに独自仕様のハードウェアやソフトウェアに特徴を持つ伝統的な機種なのである。その後、NCR7450POSやNCR7450WinPOSの登場によって、ハードウェア／ソフトウェアのみならず、通信にいたるまでの標準化が実現して、ソフトウェア開発の容易性やPOS自身の運用の容易さを獲得したことは、周知の事実である。

そして、OLE－POS（WinPOS21）の登場によって、いよいよ周辺機器も取り込んだインタフェースの標準化が実現できて、Windowsの標準技術や部品化したソフトウェア、インタフェースの利用も可能になったのである。また、あわせて、情報端末としてのアプリケーションの充実に向けてWindowsアプリケーションの

図表-4-3-4　POSの発展段階と機能比較

	NCR 2127 POS	NCR 7450 POS	NCR 7450 Win-JDS	NCR WinPOS21
○機　種				
○特　徴	・独自ハードウェア、ソフトウェア ・レジスター機能	・標準化の採用 ―ハードウェア、ソフトウェアのPC化 ―通信の標準化	・Windowsの採用 ―ソフトウェア開発の容易性 ・無線LANの採用（催事場） ―POS運用の容易性向上	・標準化の推進（OLE POS） ―Windows標準技術、インタフェースの利用 ・ソフトウェアの部品化 ・情報端末機能の強化 ―Windowsアプリケーションのサポート
○導入時期	88／09導入	93／04 A百貨店	96／04 B百貨店	96／10 C百貨店
○ハードウェア	独自ハードウェア	PCアーキテクチャー		PCアーキテクチャー
○オペレーティングシステム（OS）	独自OS	MS-DOS	Windows3.1	Windows 95　Windows NT
○通信方式 ・有線／無線 ・通信手順 ・通信速度	独自方式 ・有線通信 ・IH-DLC ・48Kbps	独自方式 ・有線通信 ・IH-DLC ・48Kbps	標準化（LAN） ・有線通信 ・Ethernet ・10Mbps	標準化（LAN） ・無線通信 ・NCR WaveLAN ・2Mbps	標準化（LAN） ・有線通信 ・Ethernet ・10Mbps	標準化（LAN） ・無線通信 ・NCR WaveLAN ・2Mbps
○周辺機器インターフェース	独自インターフェース	独自インターフェース		標準インタフェース（OLE2.0）
○主要アプリケーション	売上登録処理	売上登録処理		売上登録処理 情報端末機能 ・電子メール ・データベース検索

サポートも可能になったし、いよいよ7450Win-JDSで採用された無線LAN化の本格的な展開も可能になった。

(2) システム開発の基本方向

このように大きく革新されたOLE-POS（WinPOS21）のシステム開発の基本方向は以下のとおりである。まず、アプリケーションの開発理念であるが、単に現行のPOSのアプリケーションを移行させるだけではなく、POSをいわばPCとして捉え、その機能とツールを活用した情報端末にしようということで、具体的には、以下の3点が基本的な開発理念なのである。

第1は、メールサーバーとのインタフェースである。具体的には、各種伝達の検索表示や売場で発生する定型の事務伝票の電子化が可能になること、売上速報のメール化やPCキーボード／マウス不要のGUIを指向することで、これは、具体的には、他社のメールサーバーとのインタフェースなのである。

第2は、電子ジャーナルの導入である。これによってジャーナル保管の電子化や再登録への応用や伝票の電子化を実現する。そのためには、ジャーナルサーバーを設置することになる。

第3は、アプリケーションの統一や操作性の向上、そして、無線LANの活用に向けてWindows／ダイナキーやNCRWaveLANを導入することである。この目的の実現のためには、以下のシステム構築が計画されている（図表-4-3-5）。

(3) 電子メールのインタフェース

電子メールをインタフェースする目的はPOSの情報端末としての位置づけの強化とペーパーレス化の本格的な推進である。そのために、新POSシステムの基本ソフトであるWindowsNTを標準装備するという観点から、Microsoft Exchangeの採用を行い、あわせて、他社とのメールサーバーとのインタフェースなどにも十分配慮した対応を行うことも大切である。

(4) 電子ジャーナルの導入

電子ジャーナル導入の狙いは以下の3点なのである。

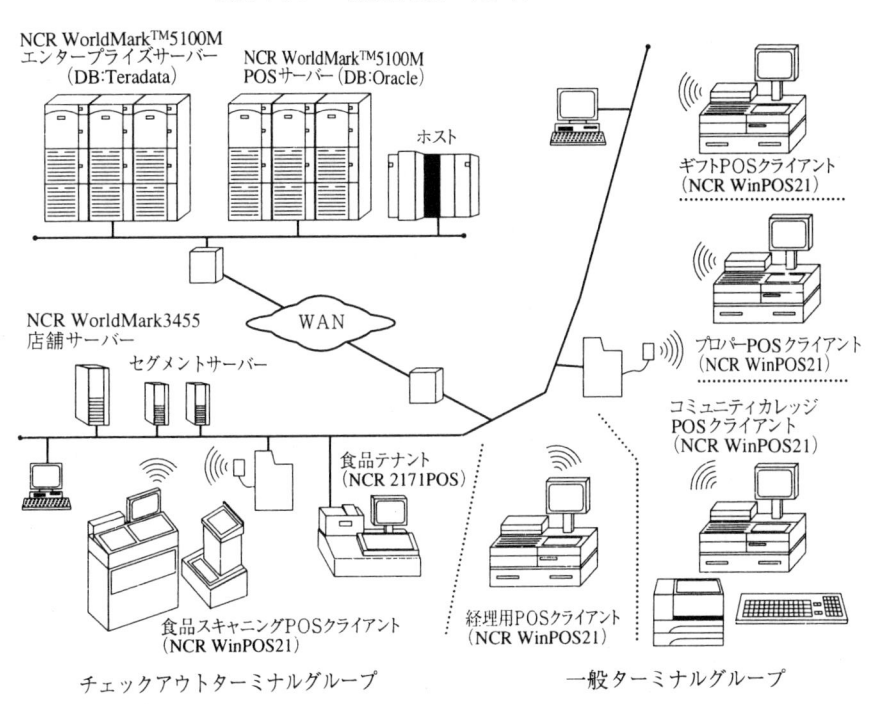

図表-4-3-5　先進百貨店の次世代POSシステム

第1は、ジャーナルの用紙や保管場所等の経費削減である。

第2は、ジャーナル用紙の交換、精算時のジャーナル回収などの売場における運用業務のスリム化並びに回収後ジャーナルの整理・保管などの後方における管理業務の簡素化などである。

第3は、取消明細の発行や電子ジャーナルとデータがリンクした再登録処理など取消・再登録への利用があげられる。そのためには、POSターミナルへの最大20日間のジャーナルの保持、ジャーナルサーバーの設置、さらには、ジャーナル検索手段の提供なども不可欠になる。

(5) 基本アプリケーションの開発

また、基本アプリケーションの開発概要については以下のとおりであり、当然ながら、これは店舗における業務負担の軽減を狙ったものである。具体的には、

操作性の向上、プリセレクトからポストセレクトによるオペレーションの簡素化、ターミナルプログラムの整理・統合による管理・運用の効率化と開発費用の削減、及び照会機能の強化による販売実績データに基づいたすばやい意思決定アクション、オペレーターリードスルーによる教育時間・費用の削減、ヘルプ機能の強化によるミス防止と高いデータ精度の維持、無線LANによる売場レイアウトの自由な変更、というような6項目の改善を期待した対応なのである。そのためには、WindowsNTベースのGUIの利用や、PC機能とツールの利用、WaveLANが必要になる。

6．次世代POSのデータベースマーケティング活用

(1) データベースシステムの基本特性

　IT（情報技術）の発展が小売と顧客との関係にも革命的な変化をもたらすことは前述のとおりである。とりわけ、データベース技術の進歩によって、顧客一人ひとりのニーズや属性を把握でき、顧客満足度の向上や顧客のリテンションを継続させる素地も整ったわけである。そのため、このデータベースマーケティングの原点であるデータをピックアップする中心的役割を顧客情報システムや商品情報システムとともに、POS情報システムに担わせるのである（図表-4-3-6）。

　そこで、まず、データベースの設計や構築のポイントについて考えてみる。最も大切なことは、その膨大な量の生データの山に埋没しないようにデータを整理・統合することである。また、データの運用にも十分な留意が必要であり、とりわけ、取引実態の再現性とデータ運用の条件をしっかり確定することが大切なのである。

　また、きわめて膨大な量の販売データをハンドリングするデータベースには、そのデータ分析時の有用性から生データでの蓄積が必要とされてくる。そして、EUCの発展もあり、現在では、データの発生現場でのデータベース格納が可能になり、データウェアハウスにより現場でのデータフォーマットを修正することなくデータベースに蓄積することが実現できる。

第3章　顧客データベースとPOSの戦略活用　203

図表-4-3-6　データベースマーケティングへ向けた次世代POSの発展構図

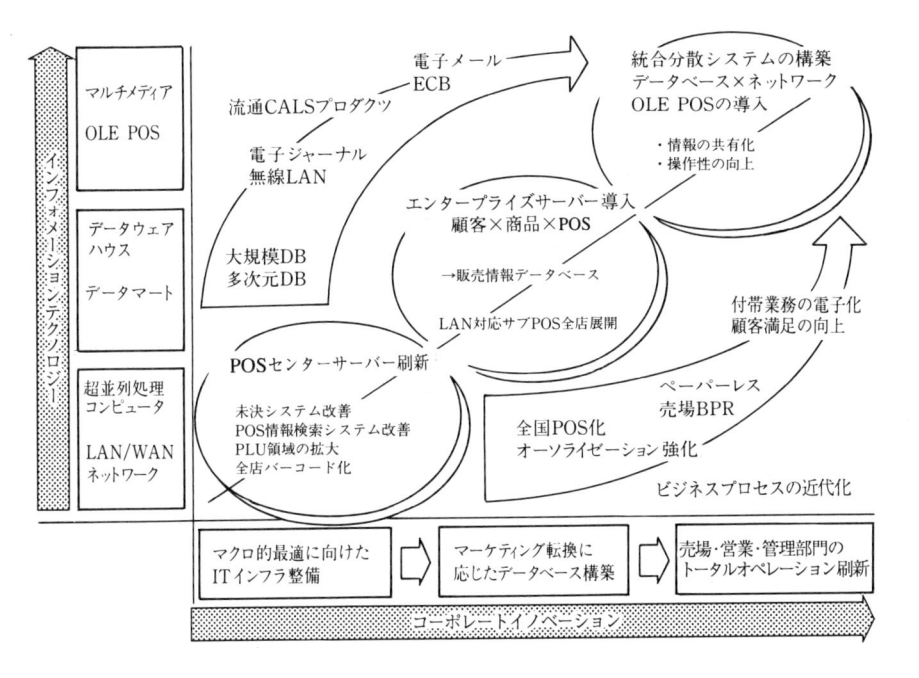

[図中テキスト]
インフォメーションテクノロジー
マルチメディア OLE POS
データウェアハウス
データマート
超並列処理コンピュータ
LAN/WANネットワーク

電子メール
ECB
流通CALSプロダクツ
電子ジャーナル
無線LAN
大規模DB
多次元DB
POSセンターサーバー刷新
未決システム改善
POS情報検索システム改善
PLU領域の拡大
全店バーコード化

統合分散システムの構築
データベース×ネットワーク
OLE POSの導入
・情報の共有化
・操作性の向上

エンタープライズサーバー導入
顧客×商品×POS
→販売情報データベース
LAN対応サブPOS全店展開

全国POS化
オーソライゼーション強化

ペーパーレス
売場BPR

付帯業務の電子化
顧客満足の向上

ビジネスプロセスの近代化

マクロ的最適に向けた ITインフラ整備 ⇒ マーケティング転換に応じたデータベース構築 ⇒ 売場・営業・管理部門のトータルオペレーション刷新

コーポレートイノベーション

(2) カスタマーレディのデータベースマーケティング

　カスタマーレディのデータベースマーケティングは以下のとおりである。すなわち、データベースマーケティングに必要なデータのうち、多くのものがPOS情報システムから提供されている。これは、データベースマーケティングの端緒となる、誰が、いつ、何を、また、何と一緒に買ったのかを捉えるには、POSから入ってくるすべての販売データをレシートの形で持つ必要があることを意味している。そして、これに適したデータベースが一般的には大福帳システムと呼ばれている。

　次世代POSの導入にあたっては、とりわけ売れ筋や死に筋の把握に留まらず、売れ方に比重をおいたPOSデータの活用まで視野に入れた推進を行うことが大切である。つまり、この大福帳システムで作成されたデータベースから、顧客の顔が見える販売情報を編集しリレーションシップマーケティングのために必要な情

報の確保を行うのである。とりわけ、クレジットカードやIDカードから得られる個人特定ができる情報はきわめて有効で、これはデータベースのキーファクターである、ということができる。このように、次世代POSの導入によって、よりカスタマーレディでの顧客マーケティングの実践が可能になるし、これを可能にする次世代店舗システムの橋頭堡を構築することができる。

■ 第 4 章 ■
小売業のマルチメディアマーケティング

1. デジタル流通革命へのパラダイム転換

　マルチメディア社会の到来は、企業戦略のみならず産業構造や社会システムの急速なパラダイム転換を要請している。そして、マルチメディア化の進展は、小売業など流通産業全体に対して、多大な影響を与えデジタル流通革命というべき地殻変動を現出させている。この変動は、従来のプロダクト起点からカスタマー起点へという、流通産業の根幹にかかわる戦略思想の大転換を意味している。具体的には、消費者と小売の間を連結する消費マーケティングにかかわるパラダイム転換、製・配・販を結ぶ流通システムにかかわるパラダイム転換、という2つの転換の同時実現なのである。

　そこで、ここではデジタル流通革命を乗り切るために流通産業の未来戦略の構築へ向けたマルチメディアカスタマーともいうべき戦略ターゲット設定と、先進小売業が展開すべきマルチメディアマーケティングの展開方向について、それぞれ若干の考察を行うことにした。

(1) パーソナルメディアに包まれた個人生活

　マルチメディア社会の本格的到来は、情報通信ネットワークの発展に伴って現出したのだが、同時に、個人の自己表現欲求の高進もまた重要なファクターである。情報化社会に期待される本質とは、そもそも、重要な情報は個人の内側から湧き出てくるもので、これは、個人と個人の関係が情報の意味や価値を生じさせることなのである。

　私たちが、現在経験している20世紀末からの情報ビッグバンともいうべきマルチメディア社会の進展は、まさにコンピュータのネットワーク化に大きく依存し

ている。とりわけ、パソコンの発展がもたらした情報変換の機械化、自動化、外部化、個人化は、社会システム全般に対して衝撃的な影響を与えている。すなわち、情報ビッグバンの到来によって、人間は個人レベルの自在な情報の受発信を可能にするパーソナルメディアに包まれた個人生活を入手したのだが、逆に、一人ひとりの生活環境は無限に拡散し続けるWebのネットワーク空間に無抵抗に依存する状況に陥ってしまった。

　もともと、人間の自己表現欲求は、他人に認められたいとか他人と結びつきたいということの表明であり、この欲求を開花させるためにパーソナルにメディアを使いこなせる能力を、すなわち、個人のメディアリテラシーを急速に高進させてきたわけである。だからこそ、マルチメディア社会を支えるインフラとして、メディアリテラシーの高進と、デジタルテクノロジーに対する開発力が強く要請されてきた。

　そもそも、マルチメディアの視点から消費マーケティングを捉える場合、普通はインタラクティブとかオンデマンドとかリアルタイムを可能にするデジタルテクノロジーを重視した議論になるが、同時に、カスタマーサイドのメディアリテラシーを重視するような姿勢も大切である。

　このメディアリテラシーを高進させることで、消費マーケティングにおいて、生活者のポジショニングを、受容や消費をする人間から情報や消費を創り出す人間へと、よりポジティブなものへと転換できる。この結果、消費マーケティングにおける戦略ターゲットの設定についても、単なる消費者しての没個性的な集団からカスタマーとしての個性的な個的存在への転換が容易に可能になる。

(2) 顔の見える顧客とのリレーションシップ

　消費マーケティングにおける戦略的重点ターゲットは、消費者からカスタマーへと大きく転換する。言い換えれば、顔の見える顧客が消費マーケティングの中心的なターゲットになり、すでに多様なパーソナルマーケティング手法も開発されている。このことは、生活者を集団としての消費者ではなく、個の顧客として捉えたマーケティング戦略への転換である。この代表的な戦略思想が、ドン・ペパーズのいうOne to Oneマーケティング（彼の提唱するパーソナルマーケティング

の一形態) なのである。ドン・ペパーズは自著で、マスマーケティングには1つの製品をできるだけ多くの消費者に売りつけるマーチャンダイズマネジャーが必要であるが、One to Oneマーケティングでは1人のカスタマーにできるだけ多くの商品を売るカスタマーマネジャーが必要になる、と主張している。

One to Oneマーケティングを実践するためには、カスタマーリレーションシップが不可欠なのである。これは、苦情の言いやすいリレーションとかダイヤローグの成立するリレーション、そして、カスタマーがどんな要求を持っているかを聞けるリレーション、さらに提案したことを受け入れた上でコラボレートできるリレーションがとりわけ大切である、ということを意味している。

また、このカスタマーリレーションを良好な形でコンティニュアスに維持するためには、超並列マシーンを利用したカスタマーデータベースの存在が不可欠になり、この科学的な活用を可能にするデータベースマーケティングの展開が要請されてくる。そして、カスタマーロイヤルティをコンティニュアスに獲得できる企業に対してのみ、これからの競争戦略における決定的な勝利が約束されている。

2．マルチメディアマーケティングの重点ターゲット

(1) カスタマーリレーションシップへの転換

小売業における今後の競争戦略の決定的な要因は、デジタルテクノロジーとメディアリテラシーによる顔の見える顧客に対するパーソナルマーケティングの展開なのである。パーソナルマーケティングを可能にするには、カスタマーリレーションシップの構築が大切になる。あわせて、両者間の良好なリレーションシップの構築によって、マルチメディアマーケティングに適合するターゲットとしたマルチメディアカスタマーの特定化が要請されてくる。

もともと、小売業の原点はビジネスを交換として、そして、メディアを媒体としたマーケティングなのであった。だからこそ、人間は言葉を介してコミュニケーションを行う以前から、相互の意思を双方向に伝えてきたわけである。すなわち、旧石器時代には物々交換が行われており、身振り、手振りがメディアの役割を果たしていた。そして、音声言語が発せられるようになり、文字も発明される

ことになったのである。

　メディアの進化に伴い、メディアを介した人と人とのリレーションは、1対1から1対N、さらには、N対Nへとより複雑なシステムへと進化してきた。このように、メディアの発展段階にふさわしいカスタマーリレーションシップの手法が開発されてきた。したがって、マルチメディアマーケティング時代のカスタマーリレーションシップは、従来のマスマーケティングのコンシューマーリレーションシップとはまったく異なった手法なのである。

(2) 退職後シニア層と若い主婦層のターゲット化

　マルチメディアマーケティングの戦略ターゲットであるマルチメディアカスタマー像は、ニューメディアとして、かつマルチメディアとしてのインターネットの利用者にこそ、典型的な特徴を見いだすことができる。インターネットを活用したビジネスとしては、オンラインによる通信販売やインターネットのホームページ上における情報公開を想起することができる。すでに、インターネット上にあるWWWサイトには、商品をオンラインで注文できるショッピングサイトが多数存在していることからも、サイバービジネスの急成長ぶりが窺い知ることができるのである。

　1995年度の野村総合研究所の報告によると、インターネットの利用については調査・研究目的の利用者が約22％、システムエンジニアが約21％、大学生と大学院生が20％となっており、いわば半数以上が仕事や教育のための利用者なのである。このように、購買目的を持つターゲットとして想定できるインターネット利用者は、当分の間は若年齢層とりわけ学生層であろう。たとえば通販会社フェリシモの場合、インターネットにアクセスしてきたカスタマーの約4割が女子大生であった。これは、インターネットというメディアにより従来とは異なったニューターゲットを引き出すことのできたというターゲット戦略の好事例である。

　しかしながら、これからは、余暇志向の強い退職後シニア層についても重要なターゲットとして期待できる。長年の間、企業というコミュニティに所属してきたビジネスマンが、退職後、社会的ネットワークを維持し続けようとすることは当然の行動なのである。このことは、ある意味では、専業主婦が各種セミナー・

サークルやお稽古ごとに参加することとも同様な行動なのである。また、この退職後シニア層の特徴は、きわめて知的でゆとりを持っていることである。このゆとりとは、単なる物理的な時間の有無ではなく、楽しみや知識を積極的に求めるパワーの発揮なのである。だからこそ、この人生経験の豊富な顧客にとっては、コンテンツの魅力によってメディアが評価されることになる。その意味で、彼らこそ、今後のマルチメディアマーケティングのリードターゲットに設定すべき顧客なのである。

　小売の主力ビジネスである店頭販売のターゲットは、圧倒的に主婦層やOL層であるが、紙ベースのカタログ通販やテレビショッピングの利用者においては、とりわけ若い主婦層が多くなっている。これは、小さい子供を連れての買物がとても煩わしいことが原因になっている。だからこそ、若い主婦層がマルチメディアカスタマーの予備軍として大いに期待されているのである。なぜならば、このような若い主婦層は、すべてパソコンを自由自在に楽しめてインターネットも巧みに使いこなせるからである。

3．マルチメディアマーケティングの店舗戦略
(1) 時間・空間の壁を越える眠らない店

　そこで次に、マルチメディアカスタマーが期待する店舗（とりわけ大型店）形態について考えてみる。彼らのライフスタイルは、1日、1週間、1ヶ月という形式的なスケジュールに当てはめることのできない行動で、実に多様な生活を実践している。やりたいことやらねばならないこと、欲しいもの知りたいことなどが溢れており、そして、一方では、十分な休息の獲得などについても巧みに行っている。

　一般的に、生活者がある物理的欲求を満たしたい場合には、特定の時間に特定の場所に行くことが必要である。もちろん、欲求は時間を選ばずに喚起されるわけで、一方、必ずしも、そのままずっと継続するとも限ってはいない。したがって、マルチメディアカスタマーが望む店舗とは、時間、空間に制約を受けることなく、かつレスポンスの良好なアクセス環境、すなわち、いわば眠らない店なの

である。
　通常顧客は、現実の店舗（閉店もするし休業もあるが）から商品を購入することができるし、情報も有料、無料で入手することができる。一方、インターネット上のホームページにおいても、現実の店舗と同様の商品や情報を取り扱うことができる。とりわけ、画像を取り込んでのインターネット通販や、データベース化した情報の提供は、遠隔地のたとえば都会の百貨店などに行くことが難しい顧客にとってはきわめて有効なチャネルとなる。しかし、インターネット上で現実の店舗とまったく同じ商品を扱ったのでは、単に店舗から取り寄せることの代替行為になってしまい、マルチメディアカスタマーの現代的な感性を満足させられはしない。その理由は、これでは彼らの知的欲求とこだわりを満たせないからである。

(2) 価値交換の場としての眠らない店

　インターネットやパソコン通信の利用者が本当に求めている商品や情報は、個人的商品であり情報である。たとえば、仕事や趣味に必要な商品や情報の入手に始まり、オンライン同好会を活用して人的ネットワークを拡げたり、小説の応募やアートの発表を行ったり、そして、自らホームページを作って出店したりなどもする。そこに求められることは、時であり、場であり、人であり、そして、自然発生的に生まれてくる商品であり、情報なのである。そこでは、求める側の個人が同時に与える側の個人にもなっている。
　眠らない店では、人と人との関係も現実の店舗で見られる関係とは異なっている。現実の店舗では、顧客は来店した上で、購買し支払いをすることで、販売員から商品を購入する。顧客がお得意様である場合には、担当の販売員はかなり顧客の個人的な欲求に応じたサービスの提供を行うが、やはり、マスマーケティングの域を越えることは難しい。
　情報マガジンの「じゃマール」が発刊されたり、公募の専門雑誌の売上が順調に伸びていることからも、個人的な情報の発信や個人的な情報の受信は、すでにネットワーク上だけの現象ではない、ということを理解できる。すなわち、インターネットの発展が、人の関係を1対多から再度自在に1対1への関係へと引き

戻してしまったのである。情報マガジンの読者は、インターネットのサイトへアクセスすることで、膨大な量の情報からでも個人の求める情報を探しあてている。

　情報受発信の関係の変化によって、インターネットが創出した眠らない店は現実の店とは異なる顧客を獲得でき、カスタマーデータは容易にデータベース化されることになった。また、刻々と変化していくカスタマーニーズをタイムリーに捉え現実の店舗に活用すれば、従来より進化した小売業態の開発が可能になる。言い換えれば、現実の店舗がインターネット通販が創造したマルチメディアマーケティングを展開することで、店舗をマルチメディア社会の価値交換の場への再生を可能にする。そして、さらに、多くの小売業が長年にわたって標榜しつつも成就できずにいたカスタマーオリエンティッドなバリューチェーンの構築も十分に可能なのである。

4．マルチメディアマーケティングのコミュニケーション
(1) コミュニケーションを重視するバーチャルモール

　インターネットを利用したバーチャルモールでは、オンラインショッピングを通じて顧客の意見を吸収すべくデータベースの活用が前提になっている。このバーチャルモールのホームページは、一般的にはインフォメーション（情報発信）、コマース（購買）、コミュニケーション（参加）、という3つのパートに分別され、また、各Webページは相互にリンクをはっている。

　インフォメーションページは店舗情報、商品情報、サービス情報を中心とした情報発信だけではなく、YAHOO!のようなナビゲーターの活用によって、カスタマーが目当てにする商品を検索できる機能を有している。さらに、人材募集やイベント情報の発信、外部のページへのリンクなど情報の幅と奥行きのあるものが多い。とりわけ、商品にかかわる情報は（商品が電子決済できる場合）コマースページにリンクされているため、店頭で商品を手にとってから購入できるしパソコン上でダイレクトに購入手続きも行える。

　コマースページでは購入目的に応じた商品の検索ができる。このページでは、特に各地のギフト商品や店頭においてもカタログで注文せざるをえない健康器具

などの購入目的の明確な商品の販売には多大な効果を発揮している。オーダーする場合には、オーダーシートに必要事項を記入してダイレクトにサーバーで注文を受けるシステムである。すなわち、オーダーの入力データを暗号化して送信できるサーバー用ソフトを利用すれば、カード利用のオンラインショッピングを安全に楽しんでもらえる。また、ブランド商品などは別のホームページへリンクしたり、海外のホームページへのリンクもできる。もちろん、海外で生産されるブランド商品やニューヨークのブランド商品などは、生産拠点の方に独自のサーバーを持つことが必要になる。

　コミュニケーションページにおいては、モニターが自由に意見を述べられるコーナーを作り、彼らの意見をデータとして蓄積できる。たとえば、顧客参加型のコンテストや、ファッションショーの投票などを行って、自主ブランドの生産に顧客の意見を生かすことができる。また、クラブ組織の申し込みのためにWebページを用意したり、インターネット上でのクラブへの加入も可能になる。これも当然ながら、インフォメーションページのクラブ情報とリンクさせることが前提になる。さらに、コミュニケーションページで交換される意見や情報は、インフォメーションページで活用され、その情報提供に満足して購買意識を喚起される顧客はコマースサイトでのオンラインショッピングが楽しめる。

(2) オンラインデータベースの現実の店舗への活用

　バーチャルモールで交換されるデータベースについては、当然ながら、現実の店舗における店頭販売に対しても多大な影響力を行使できる。顧客の静態データはもちろんのこと、顧客の真の欲求が何なのかという動態データをも入手でき、そのためこの情報を品揃え計画に活用することも可能になる。また、現実の店舗での閉店後や定休日にさえ、顧客は、どこのフロアのどこのショップにアクセスすれば自分の購入すべき商品が扱われているか、を知ることができる。

　こうして、時間や空間の制約から解放されたショッピングが可能になる。一方、オンラインショッピングは好まないが、店頭情報やコミュニケーションのサイトにはぜひ参加したいと希望する顧客にとっては、自宅などにインターネットの接続環境を持っていない場合でも、店頭に端末を設置することでバーチャルモール

へ容易に参加できる。

5．マルチメディアマーケティングによる競争優位

　マルチメディア社会の到来によって、流通産業はデジタル流通革命を迎えたが、デジタル流通革命の最大の牽引車がマルチメディアマーケティングである。そして、マルチメディアマーケティングを本格的に展開することで、従来のメーカー、卸、そして小売、さらには消費者というサプライチェーン重視のパラダイムが根本的に崩壊してしまう。

　また、マルチメディアマーケティングは商品やサービスの需給構造の存在形態を根本的に転換させ、既存の流通システムは商品やサービスの提供者であるプロバイダーと利用者である顧客間のシステムへと再編される。さらに、プロバイダーと顧客間のコミュニケーション形態はインタラクティブでコラボレイティブなものになって、このような結果から、両者間に双発的な創造性が発揮されることにもなる。

　このように、マルチメディアマーケティングの発展は、消費マーケティングをパーソナルマーケティングに、企業の戦略を売上重視から利益重視の戦略へと転換させる。すなわち、見込み客をまずファーストバイヤーに転換させ、これを最終的にはアドボケイト（口コミ顧客）にまで高めるマーケティング戦略こそが、実は、これからの先進小売企業における競争優位の獲得へ向けた最重点戦略なのである。

主な参考文献

麻生国男『西武セゾングループ』日本実業出版社、1985年
荒川圭基『ダイレクト販売』ダイヤモンド社、1996年
アル・ライズ／ローラ・ライズ著、(片平秀貴監訳)『ブランディング22の法則』東急エージェンシー、1999
粟田房穂『ディズニーリゾートの経済学』東洋経済新報社、2001
アンダーセンコンサルティング、村山徹／三谷宏治＋CRM統合チーム『CRM 顧客はそこにいる』1999
池本正義『アメリカ巨大小売業が日本を呑み込む』実業之日本社、1998
石原武政・石井淳蔵編『製販統合－変わる日本の商システム』日本経済新聞社、1996
岩島嗣吉、山本康幸『コンシューマーレスポンス革命』ダイヤモンド社、1996年
上原征彦『マーケティング戦略論』有斐閣、2000
上原征彦『マーケティング戦略論～実践パラダイムの再構築』有斐閣、1999
M・ハマー、J・チャンピー著『リエンジニアリング革命』野中郁次郎監訳、日本経済新聞社、1993年
太田充『メディアの快楽』NECクリエイティブ、1996年
片平秀貴『パワーブランドの本質』ダイヤモンド社、1998
金子郁容『ネットワーキングへの招待』中央公論社、1886年
佐々木裕『ソニーのブロードバンド戦略』日本実業出版社、2001
C．ラブロック、L．ライト、(小宮路雅博監訳)『サービス・マーケティング原理』白桃書房、2002
(社) 日本ロジスティクスシステム協会監修『ロジスティクス用語辞典』白桃書房、1997
ジャン・ボードビリヤール、竹原あき子訳『シミュラークルとシミュレーション』法政大学出版局、1984年
ジョン・P・コッター『パワーと影響力』ダイヤモンド社、1990年
末松千尋『CALSの世界』ダイヤモンド社、1995年
清尾豊治郎『ハイパーマーケットがやってくる 日本市場を揺さぶる流通メガ・バトル』ダイヤモンド社、2000
セゾン研究フォーラム『西武セゾン連邦』日本ソフトバンク、1988年
セゾンコーポレーション編『生活総合産業論』リブロポート、1992年
ダイヤモンド・ハーバード・ビジネス編集部『サプライチェーン 理論と戦略』ダイヤモンド社、1998
田島義博、原田秀生『ゼミナール流通入門』日本経済新聞社、1997年
D．ペパーズ、M．ロジャース、(邦訳：井関利明／㈱ベルシステム)『One to Oneマーケティング』ダイヤモンド社、1995

寺本義也、岩崎尚人『ビジネスモデル革命』生産性出版、2000
寺本義也・岩崎尚人『ビジネスモデル革命　競争優位へのドメイン転換』生産性出版、2000
寺本義也・原田保編『ブランド経営』同友館、2000
トム・ダンカン／サンドラ・モリアルティ『ブランド価値を高める統合型マーケティング戦略』有賀勝訳、ダイヤモンド社、1999
ドン・ペパーズ、マーサ・ロジャーズ『One to Oneマーケティング』井関利明監訳、ダイヤモンド社、1995年
西村哲『世界的流通革命が企業を変える－QR、ECR、カテゴリーマネジメントの衝撃』ダイヤモンド社、1996
野中郁次郎、竹内弘高、榎本勝博訳『知識創造企業』東洋経済新報社、1996年
原田保、寺本義也『インターネット時代の電子取引革命』東洋経済新報社、1996年
原田保・三浦俊彦編『ｅマーケティングの戦略原理』有斐閣、2002
原田保『デジタル流通戦略』同友館、1997年
原田保『小売進化論　企業戦略のスパイラル循環』大学教育出版、1998
古川久致『構造こわし』試信書房、1990年
水野誠一『ネオアキンドノート』TBSブリタニカ、1989年
矢作敏行、小川孔輔、吉田健二『生・販統合マームティング・システム』白桃書房、1993年
矢作敏行『現代流通－理論とケースで学ぶ』有斐閣アルマ、1996
山根節『エンタテインメント発想の経営学　"遊び"が生む現代ヒット戦略』ダイヤモンド社、2001
由井営彦『セゾンの歴史　下巻』リブロポート、1991年
和田充夫『ブランド価値共創』同文舘出版、2002

初出稿リスト

第1部　第1章　「百貨店の革新に向けた組織革新のニューパラダイム」野中郁次郎（監）『百貨店の新・組織学』日本百貨店協会、1992
　　　　第2章　同上
　　　　第3章　「流通業の国際化戦略」『流通政策　No.34』流通政策研究所、1987
　　　　第4章　「総合生活産業へ向けてのグループ総合力の強化」企業研究会（編）『経営イノベーションと組織開発』企業研究会、1990
第2部　第1章　「流通革新への物流エンジニアリング」『Business Research No.8379』企業研究会、1994
　　　　第2章　初出
　　　　第3章　「QRで流通システムの改革」『流通ネットワーキング　84号』日本工業出版、1996
　　　　第4章　「百貨店のハンガー共同納品代行システム」『流通ネットワーキング　93号』日本工業出版、1996
第3部　第1章　初出
　　　　第2章　「エンタテインメント型SCの創造戦略」『香川大学経済学部研究年報』香川大学、2002
　　　　第3章　「価格革命時代の小売情報システム」『オフィス・オートメーション Vol.16、No.5』オフィス・オートメーション学会、1996
　　　　第4章　「生活者行動に見る消費トレンドとその解釈」『NIRA政策研究　No.261』総合研究開発機構、1992
第4部　第1章　「流通CALSによる流通システムの革新」『流通情報　No.322』流通経済研究所、1996
　　　　第2章　初出
　　　　第3章　「エンタープライズサーバーとデータベース・システムの戦略的導入」『NCR SOLUTION　No.326』日本NCR、1996
　　　　　　　　「OLE－POSの導入とデータベース・マーケティングへの活用」『NCR SOLUTION　No.327』日本NCR、1996
　　　　第4章　「先進小売業のマルチメディア・マーケティング」『オフィス・オートメーション　Vol.17、No.5』オフィス・オートメーション学会、1997

以上、いずれも一部削除と修正を行うと共に、著書全体の整合性との関係で改題を行った。

索引

【あ】
IRI *156*
IT *192*
アイディア *52*
アイデンティティ *33*
アウトソーシング *11, 101*
アジア・オセアニア圏 *56*
アジア地域 *8*
アスクル *101*
ASEAN諸国 *56*
アパレル *115*
アプリケーション *200*
アベイラビリティ *194*
アメリカ *78*
アライアンス事業 *2*
アンカー *48*
案件管理システム *175*

【い】
EC *110*
ECR *171*
EC圏 *56*
EDI *111, 156, 175*
EUC *177*
イオングループ *7*
イギリス *63*
イタリア *63*
一物多価時代 *167*
イトーヨーカ堂 *88*
イノベーション *4*
イノベーター *52*
イベントプロデュース *71*
今井賢一 *40*
衣料品 *110*

色 *112*
インキュベート *75*
インストアオペレーション *48*
インターネット *4*
インターネットプロバイダ *142*
インターネット通販 *211*
インターフェイス *158*
インタラクティブ *5, 188*
インテグレイテッドチェーンオペレーションシステム *81*
インテグレイテッドチェーンシステム *172*
インテグレート事業 *2*
インバランス *57*
インフォメーション *211*

【う】
ヴィーナスフォート *133, 136*
Web *206*
ウォルマート *156*
売上 *21*
売上至上主義 *12*
売場 *93*
売れ筋 *109*

【え】
営業企画 *74*
営業部門 *70*
影響力 *28*
ASN *112*
エージェントシステム *5*
エージェント事業 *60*
SCアイデンティティ *51*
SCM *11, 97, 112*
SC開発 *8*
SPA *80*

エブリディローブライス　156
M＆A　65
MDC　105
LAN　109
円環　5
エンタテインメント　12, 139, 141
エンタテインメントビジネス　141
エンタプライズサーバー　192
エンタプライズデータベースシステム　193
縁の下の力持ち　39

【お】
OLE－POS　198, 199
大型商業施設　153
大型複合拠点　50
大型物商品　69
大手量販店資本　7
オープン　177
オブジェ化　163
オブジェ化商品　164
オペレーション　42
オペレーションシステム　157
オペレーターリードスルー　202
オルガナイズ　33
卸　3
オン・デマンド　5
オンライン　88
オンラインショッピング　212
オンラインデータベース　212

【か】
海外拠点　63
海外生産基地　63
会計　174
会計ビジネスシステム　176
外商　174
外商ビジネスシステム　175

開発輸入　60
価格　165
価格革命時代　12
価値交換の場　210
科学的経営　11, 44
科学的経営　7
科学的システム経営　11
価格破壊　8, 152
獲得形質　21
加工食品　110
カスタマーサティスファクション　12
カスタマーサポートシステム　3, 13
カスタマーレスポンス　10
カスタマーレスポンス経営　13
カスタマーレディ　202
カスタマーロイヤルティ　207
寡占　3
壁くずし　72
カルチャー　72
カルフール　143
関係性　181
韓国　63
感情表現　166
管理職　27
管理プロセス　27

【き】
企業システム　114
企業集団　55
基準バックヤードスペース　126
企業ロイヤルティ　32
規制緩和　8
規程くずし　72
機能集中　42
ギフトセンター　94
ギフト需要　163

索引

キャスト　146
キャッシュフロー　98
QR　11, 105, 171, 175
QRシステム　178
QRセンター　108
旧ソ連・東欧圏　56, 58
業種　8
競争形態　1
競争主体　1
競争戦略　1
競争段階　2
協創的競争　159
業態　8
業態アイデンティティ　51
共同納品代行システム　85
共配センター　119
業務改善　95
業務システム　175
業務プロセス　7
【く】
クイックレスポンス　156
クリエイティビティ　68
グループ　47
グループウェア　178
グループマネジャー　35
クレジット　167
グローバルスタンダード経営　3, 13
グローバルリストラクチャリング　65
グローバルロジスティクスシステム　45
グローバル型　2
グローバル資本　54
クロスボード　29, 34
計画支援システム　108
経営軸　1
経営情報のシステム　45

権限規程　74
【こ】
コアコンピタンス経営　13
郊外立地　8
高コスト経営　43
高質化　163
高質化商品　163
構造こわし　24
購入時期　163
購入者　163
購入手法　163
購入目的　163
小売　3
小売ECR　128, 154
小売企業　1
小売情報システム　197
効率化戦略　9
小売流通システム　152
コーディネート商品　69
コーポレートガバナンス　10
コーポレートカルチャー　8, 54
顧客　174
顧客サービス　133, 139
個客識別マーケティング　189
顧客志向　80
顧客主導　128
顧客情報システム　43
顧客対応力　74
顧客データベース　13, 175, 180
顧客ビジネスシステム　175
顧客満足　145
顧客リテンション経営　12
国際会計基準　98
国際化　54
国際コンサルテーション事業　60

国際流通業　59
個人的能力　28
コスト　12
コストコ　143
個店主義　43
個別事業　2
個別事業経営　2
コマース　211
コマース・アット・ライト・スピード　172
コミュニケーション　211
コミュニティ　190
コラボレーション　3, 12
コラボレーションネットワーカー　155
コラボレーション経営　13
コンセプト　150
コンティニュアルリレーションシップマーケティング　196
コントロールセンター　63

【さ】
サービス　5
サービス施設　51
サービス水準　91
在庫管理システム　108
在庫生産注　88
サイズ　112
再生化戦略　10
サイト　210
サイバー世紀　4
サステナビリティー（持続的競争力）　130
サテライト　70
サブジェクト　195
サプライチェーン　3, 78
サプライチェーンオペレーション　79
差別化戦略　9
産業化　44

産業革命　52
産業政策　1
産地開発　60

【し】
CRM　13, 180, 196
CRP　111
CALS　170
CAO　111
CVS　143
仕入部門　36
JAN　175
自我　96
自家需要　163
刺激―反応型のパラダイム　144
自己実現　39
自己増殖型組織　24
自己増殖活動　25
市場　8
市場構造　171
システムオルガナイザー　172
システムクリエイト　11
システム化　42
システム経営　8
次世代店舗システム　197, 204
次世代POS　202
失敗恐怖症　24
自動補充発注　175
指導力　27
品切れ　95
シナジーマーケティング　69, 75
シナジーマネジメント　74, 75
シナジー効果　7
品揃え位置　87
品振り　95
事務　174

索引　221

事務ビジネスシステム　176
ジャーナルサーバー　200
社会システム　4
社風　191
「収穫逓増型」のビジネスモデル　188
シュート　124
主体性　37
出庫商品　109
循環サイクル　7
商店街　3
消費意欲　153
消費革命　52
消費経済　52
消費者　5
消費者所得　153
消費マーケット　58
商品　5, 174
商品開発　60
商品構成　43
商品サイクル　115
商品仕入　47
商品情報システム　43
商品政策　8
商品販売　47
商品ビジネスシステム　175
商品流通　5
情報　28
情報化　43
情報システム　157
情報商品　69
情報伝達　5
情報ビッグバン　205
触媒　39
ショッピングセンター　3
仕分け　123

進化論　1
新規事業　10
シンクロナイゼーション　5
人事　174
【す】
垂直統合　79
スーパーバイザー制度　36
スーパーバリュー　156
数量確認　88
スクリューコンベア　124
スケーラビリティ　177
スコープ　3
スターバックス・コーヒー　133
スタイル　112
スタッフィング　27
ストアイメージ　110
ストアマネジャー　35
スパイラル的な循環　6
スパン・オブ・コントロール　25, 44
スピード経営　13
スペイン　63
スポーツイベント　150
スポーツ事業　74
【せ】
生活者最優先　68
生活者中心主義経営　12
生活者マーケティング　16, 66
生活情報産業　9, 54
生活創造　68
生産基地　62
生産性　5
精神病理学　168
製販同盟　156, 171
製販同盟リード型ECR　156
世界標準手順　177

セクター　38
セゾングループ　7
セパレーションハンガー　124
専業店　2
全国型　2
選択ポイント　163
全担型オルガナイザー　40
専門職制度　31
専門大店　47
専門店　51
全融EDI　113
専用ラック　126
戦略循環　9
戦略遂行　74
戦略の重要性　130
前例こだわり病　23
【そ】
総合生活産業　7
総合マーケティング活動　62
創造的マネジメント　72
ゾーンマネジメント　55
素材　165
組織化　28
組織革新　8, 28
組織の神話　26
組織病理　17
組織編集者　29
組織有機体　24
ソニー　141, 142
ソフト　68
ソフトウェア　178
ソフトコネクション　7, 10, 74
【た】
ダイエーグループ　7
大企業病　20

大規模データベース　175
対人関係　28
ダイソー　143
ダイレクト　4
ダイレクトマーケティング　70
台湾　63
多角化事業　2
多角化戦略　64
タカシマヤタイムズスクエア　148
多拠点化戦略　64
多国籍企業　54
多重契約型　37
多層的CPU　194
脱池袋　9
脱小売　9
脱小売資本　9
脱西武　9
脱店舗　48
多店舗化　2
W. アールサッサーJr　184
WAN　109
単店　2
単品管理　175
単品情報　111
単品販売　69
段ボール納品システム　116
【ち】
地域　35
地域化戦略　64
地域間　2
地域事業　3
地域軸　1
チェーンオペレーション　3, 41
チェーンストアオペレーション　79
チェーンストアオペレーションシステム

　　　　41, 79
地区　35
知識　28, 52
チャネルビジネス　62
チャネル形成　62
チャネル政策　3
中央集権　43
中期計画　54
直接サポート　99
直接販売　99
直送ハンガー共同納品代行システム　116
陳列　114
【つ】
ツーウェイ多層型のマーケティング活動
　　　60
通商産業省　13
ツール化　163
ツール化商品　165, 166
【て】
提案力　139
D. A. アーカー　131
TPO　167
定期・定時配送　118
ディスカウンター　80
ディスク　194
ディズニーストア　146
ディズニーランド　146
ディベロッパー　48
データウェアハウジング　176, 195
データウェアハウス　195
データベース　178, 197
データベースシステム　195
データベースマーケティング　193
テーマ　150
テーマパーク　136

デザイン　165
デジタルエコノミー　4
デパートメント　48
デマンドチェーン　5
テラデータ　195
テリトリーの王様　17
テリトリーマネジャー　36
テリトリー主義病　23
デルコンピュータ　99
デルモデル　99
電子ジャーナル　201
電子取引　112
電子メール　200
店長　18
店頭非物販　70
店内物流　126
店舗　35
店舗運営　43
店舗ネットワーク　67
店舗パターン　44
テンポラリー　33
【と】
ドイツ　63
統一性　139
東急ハンズ　147
東京ディズニーランド　145
東京ディズニーリゾート　145
統合型チェーンシステム　78
統合チェーンシステム　11
トータルコスト　114
トーマス．O．ジョーンズ　184
独占的な競争　2
都市型百貨店　50
トップマネジメント　75
トランスファー　158

トランスファーセンター　85
トロリー　124
ドン・ペパーズ　207
【な】
内部空間　20
ナショナルブランド　165
納得性　19
【に】
ニーズ多様化時代　12
荷受　114
日米経済摩擦　56
荷作り　123
日本　65
日本資本　63
日本商工会議所　13
日本百貨店協会　127
入荷検品　88
【ね】
ネットワーキング　81
ネットワーク　5, 197
ネットワークシステム　5
ネットワーク型組織　26
ネットワーク組織　29, 32
【の】
納品ステーション　126
納品物流　11
納品待ち　95
納品リードタイム　119
ノード　29, 194
ノードストローム　133, 134
野村総合研究所　208
【は】
バーゲン　167
バーコード　113
パーソナルマーケティング　4

パーソナルメディア　205
バーチャルコーポレーション　3, 79
バーチャルフロンティア　5
バーチャルモール　211
ハードウェア　178
パートナーシップ　194
配送クォリティ　90
配送出し　93
配送リードタイム　92
ハイティーン消費　161
ハイブリッド化　195
バイヤー　36
パソコン　206
バックヤード　115
発注支援システム　108
バブル　7
パラダイム　5
パリ　63
バリューチェーン　211
パワー　28
パワーリテイル　7
範囲の経済　7
ハンガーソータ　123
ハンガー共同納品代行システム　11, 114
ハンガー共同配送センター　116
ハンガー納品システム　178
ハンガー納品の共同代行システム　87
ハンガー納品明細書　124
ハンディターミナル　123
販売員　165
販売管理システム　108
販売計画　106
販売ハンガー　127
【ひ】
POS　13

索 引

B-to-C　*110*
BtoC　*180*
BPR　*191*
ヒエラルキー組織　*29*
微差異化　*162*
ビジネスコンサルティング　*71*
ビジネスシステム　*170, 191*
ビジネスストラクチャー　*81*
ビジネスライフサイクル　*16*
ビジネスロジスティクス　*83*
ピッキング　*88*
非店頭非物販　*70*
非店頭物販　*70*
百貨店　*7*
百貨店型チェーンオペレーション　*41*
百貨店の再生　*52*
百貨店病　*19*
評価　*27*
標準化　*42*
評論家病　*23*
品質　*165*
品番　*22*
【ふ】
ファン　*185*
ファンクション　*35*
VMI　*111*
風土　*191*
風土の刷新　*95*
ブーム　*186*
フォアードバイ　*158*
複合業態コンプレックス　*50*
複合商財　*71*
ブシコー　*53*
物品販売　*67*
物流EDI　*113*

物流革新　*84*
物流管理　*175*
物流商社活用型ECR　*157*
物流センター　*157*
物流プロセス　*87*
ブライアン．P．ウルフ　*189*
フラットな組織　*42*
ブランド　*130*
ブランドエクイティ　*131*
ブランドビジネス　*62*
ブランドロイヤルティ　*131*
ブランド戦略　*12, 130*
ブランド創造型小売業　*132*
フリークエント・ショッパーズ・プログラム（Frequent Shoppers Program）　*189*
古川久敬　*24*
ブレイクスルー　*28*
フレキシブルマネジメント　*72*
フロアマネジメント組織　*70*
フロア構成　*43*
プロジェクトチーム　*25*
プロシューマー　*4*
プロシューマーネットワーク　*5*
プロセスカット　*117*
プロセス革新　*80*
プロダクトパイプライン　*3*
プロデューサー　*29, 39*
プロパー　*167*
プロフィットプロダクツ　*11, 12*
文化人類学　*168*
分業　*95*
分業段階　*2*
分散統合型システム　*170, 176*
【へ】
ペーパーレス　*200*

ヘゲモニー 52
ベテラン社員 32
編集力 40
【ほ】
報酬システム 133
報復措置 57
ホームページ 144
北米圏 56
ポストモダン 83
本支店経営方式 43
本社 35
本社スタッフ 19
【ま】
マーケッタビリティ 75
マーケット創造 61
マーケティング 4
マーケティングサーベイ 61
マーケティングセンター 75
マーケティング戦略 42
マーチャンダイジングサイクル 105
マーチャンダイジングシステム 89
マーチャンダイズマート 60
マイカルグループ 7
街づくり 50
街づくりのサポート 71
マッチング 44
マニュアル 44
マニュアル化 42
マネジメント 3
マネジメント組織 36
マネジャー 27
マルチメディア 175
マルチメディアマーケティング 13, 205
【み】
水玉のリボン 162

ミッション 33
見本市 60
無競争 2
【め】
メーカー 3
メールサーバー 200
メトロ 143
【も】
モザイク組織 29, 34
モジュールネットワークオペレーション
　　　41, 44, 45
模倣不可能性 130
モラル 32
柔らかい関係性 40
柔らかい組織 28
【ゆ】
USJ（ユニバーサル・スタジオ・ジャパン）
　　　145
遊園地 145
輸出 60
ユニクロ 143
【よ】
ヨーロッパ 56
ヨドバシカメラ 103
【ら】
ライフスタイル 69, 135
【り】
リアクター 49
リアルタイム 109
リーダー 53
リーダーシップ 3, 25
リーディングインダストリー 44
リーディング業態 16
リインベンティング 7
利益 12, 21

リエンジニアリング　*7, 11, 78*
リストラクチャリング　*7*
リテイルサポート　*158*
リマーケティング　*7*
流通EDI　*111, 113*
流通革新　*159*
流通革命論　*6*
流通業　*45*
流通システム　*3*
流通資本　*9*
流通情報企業活用型ECR　*159*
流通CALS　*13*
流通ハンガー　*127*
料金体系　*91*
量販店　*7*
量販店の経営　*44*
リレーション　*29*
リレーションシップマネジメント　*25*

リレーションマーケティング　*178*
リレーション構造　*37*
リンケージ　*79*
【る】
ルール　*44*
【れ】
レスポンシビリティ　*33*
連結培養器　*49*
【ろ】
ロジスティクス　*11*
ロジスティクス世紀　*96*
ロット形成　*87*
【わ】
ワールドマーク　*194*
WorldMark5100M超並列コンピュータ　*194*
ワイヤーコンベア　*124*
ワンウェイ単層型のマーケティング　*60*

■著者紹介

原田　保（はらだ　たもつ）

1947年、神奈川県生まれ
早稲田大学政治経済学部卒業、株式会社西武百貨店取締役（企画室長、情報システム部長、商品管理部長、関東地区担当、国際業務担当などを歴任）、香川大学経済学部、及び大学院経済学研究科教授（経営戦略論、経営管理論などを担当）などを歴任。現在、多摩大学ルネッサンスセンター教授（チーフプロデューサー）、岡山商科大学大学院商学研究科客員教授、経営情報学会理事、日本経営品質学会理事、Ph.D（Business Administration）。
専門は、経営戦略論、マーケティング論、経営情報論
主要著書
『インターネット時代の電子取引革命』東洋経済新報社、『デジタル流通戦略』同友館、『コーディネートパワー』白桃書房、『知識社会構築と組織革新：関係編集』日科技連出版社、『21世紀の経営戦略』新評論、『図解インターネット・ビジネス』東洋経済新報社、『戦略財務経営』中央経済社、『知の異端と正統』新評論、『ビジネスプロデューサー入門』中経出版、『eマーケティングの戦略原理』有斐閣、『境界融合』同友館

木村　剛（きむら　つよし）

1968年、新潟県生まれ
明治学院大学大学院博士後期課程修了。
現在、成城大学、桜美林大学ほかで非常勤講師を務める。
専門は、マーケティング論、経営戦略論
主要著書
『よくわかる経営のしくみ』日本能率協会マネジメントセンター、『ブランド経営』同友館、『eマーケティングの戦略原理』有斐閣、『マーケティングイノベーション』千倉書房（全て共著）

新小売進化論
― 企業戦略のスパイラル循環 ―

2003年9月20日　初版第1刷発行

■著　者――原田　保／木村　剛
■発行者――佐藤　守
■発行所――株式会社大学教育出版
　　　　　〒700-0953　岡山市西市855-4
　　　　　電話(086)244-1268㈹　FAX (086)246-0294
■印刷所――互恵印刷㈱
■製本所――㈲笠松製本所
■装　丁――ティーボーンデザイン事務所

Ⓒ Tamotsu Harada and Tsuyoshi Kimura 2003, Printed in Japan
検印省略　　落丁・乱丁本はお取り替えいたします。
無断で本書の一部または全部を複写・複製することは禁じられています。

ISBN4-88730-530-3